创新理论指导
与中国企业管理实践
案例精选

李善民　刘静艳　梁剑平◎主编

中国财经出版传媒集团

经济科学出版社
Economic Science Press

图书在版编目（CIP）数据

创新理论指导与中国企业管理实践案例精选／李善
民，刘静艳，梁剑平主编 . —北京：经济科学出版社，
2022. 3
ISBN 978 - 7 - 5218 - 3461 - 1

Ⅰ. ①创… Ⅱ. ①李… ②刘… ③梁… Ⅲ. ①企业创
新 - 创新管理 - 案例 - 中国　Ⅳ. ①F279. 23

中国版本图书馆 CIP 数据核字（2022）第 037160 号

责任编辑：李　军　刘　莎
责任校对：徐　昕
责任印制：范　艳

创新理论指导与中国企业管理实践案例精选
李善民　刘静艳　梁剑平　主编
经济科学出版社出版、发行　新华书店经销
社址：北京市海淀区阜成路甲 28 号　邮编：100142
总编部电话：010 - 88191217　发行部电话：010 - 88191522
网址：www. esp. com. cn
电子邮箱：esp@ esp. com. cn
天猫网店：经济科学出版社旗舰店
网址：http://jjkxcbs. tmall. com
北京季蜂印刷有限公司印装
710 × 1000　16 开　16. 25 印张　270000 字
2022 年 3 月第 1 版　2022 年 3 月第 1 次印刷
ISBN 978 - 7 - 5218 - 3461 - 1　定价：78. 00 元
（图书出现印装问题，本社负责调换。电话：010 - 88191510）
（版权所有　侵权必究　打击盗版　举报热线：010 - 88191661
QQ：2242791300　营销中心电话：010 - 88191537
电子邮箱：dbts@ esp. com. cn）

序言：中国特色社会主义理论与 企业管理实践的深度融合

开创改革开放和社会主义现代化建设新局面，必须以理论创新引领事业发展，中国共产党从新的实践和时代特征出发坚持和发展马克思主义，形成中国特色社会主义理论体系，实现了马克思主义中国化新的飞跃。当前我们奋进在中国特色社会主义新时代，全面把握和深刻理解这一科学理论体系，推动中国特色社会主义理论与企业管理实践的深度融合，助力夺取全面建成小康社会新胜利，实现中华民族的伟大复兴，具有重大而深远的意义。

当今世界，国际力量对比变化和大国博弈加剧，外部风险不容放松警惕；经济全球化退潮和全球产业链调整，机遇与挑战并存；新一轮科技革命和产业变革正在孕育兴起，"卡脖子"科技难题依然突出。世界潮流浩浩荡荡，历史车轮滚滚向前，中国企业要在世界商海中沉浮而行、脱颖而出，必须探索中国特色的管理之道。

以习近平新时代中国特色社会主义思想为指导，在中国企业管理实践中，已经涌现出一大批将中国特色社会主义理论与企业管理实践深度融合的优秀案例型企业，总结和提炼这些优秀案例，对于进一步推动中国企业走向国际化具有重要的战略意义。在此背景下，中山大学管理学院陈瑞球亚太案例开发与研究中心联合中山大学管理学院 MBA 教育中心，面向全球商学院开展的第一届中国特色社会主义理论与中国管理实践相结合的案例征集活动，获得了热烈的社会反响和众多国内外知名高校和企业的关注。我们对来自国内外多所知名高校以及著名企业的案例投稿进行公平、公正和规范评审后，呈现一些中国特色社会主义理论与企业实践深度融合的优秀案例，以飨读者。其中包括精准扶贫（另行出版）、绿色能源创新、践行群众路线基层党组织价值创造、"两山理论"实践、爱国主义与商业文化的融合等具有中国特色的企业管理实践，彰显了中国特色社会主义理论指导企业实践的强大思想力量和理论武器。

中国特色社会主义理论与中国管理实践融合案例集的编写和出版工作得到了社会各界人士的关心和支持，这极大地鼓励和鞭策我们把这项有意义的工作越做越好，同时也期望社会各界人士和朋友们继续关心和支持中国特色社会主义理论与企业实践的深度融合不断发展。我们坚信，在以习近平同志为核心的党中央坚强领导下，中国企业管理实践一定能够走出自己的路，为世界商业发展做出示范。

是为序。

李善民

2021 年 11 月 21 日于广州康乐园

鸣谢：

本书的出版得到教育部重大专项课题（19JZDZ026）、国家自然科学基金项目（72132010，72074233，71672201，71832015）、中山大学高校基本科研业务费－青年教师重点培育项目（20wkzd18）、中山大学管理学院陈瑞球亚太案例开发与研究中心以及 MBA 中心的资助。

感谢中山大学管理学院的大力支持！

由于编著者水平有限，难免有谬误和不妥之处，尚祈专家、读者不吝指正。

目　录

案例一　广州发展的绿色能源创新转型之路①

案例正文

【摘　要】　广州发展集团股份有限公司从一家地方发电企业成为华南地区的大型清洁能源供应商，年经营收入超过 296 亿元，综合实力进入广东省工业企业 50 强和《财富》中国 500 强。广州发展是我国能源企业进行绿色能源创新转型的典型，成功的关键在于坚持了创新驱动发展战略，进而形成了电力、天然气、能源物流、新能源、能源金融等产业体系。2017 年 10 月，习近平总书记的"两山"理论被写进党的十九大报告。2020 年 11 月，董事长伍竹林在准备"十四五"规划设想时思考，广州发展作为一家市属能源企业，应如何更好地践行"两山"理论？如何平衡传统能源业务、清洁能源和新能源技术业务的关系？在激烈的市场竞争中，广州发展在不同产品的创新技术应用上，应该如何优化技术开发和技术引进之间的关系？

【关键词】　"两山"理论；五大发展理念；绿色能源；转型创新；可持续发展

一、引言

广州发展集团股份有限公司（以下简称广州发展）是由广州国资控股的国有能源企业（详见附录 1-1）。近年来，作为广州市大型国有控股上市公司，

---

① 本案例由中山大学管理学院的梁剑平、聂康、廖平、曹春方、刘静艳撰写，作者拥有著作权中的署名权、修改权、改编权。本案例授权陈瑞球亚太案例开发与研究中心使用，陈瑞球亚太案例开发与研究中心享有复制权、修改权、发表权、发行权、信息网络传播权、改编权、汇编权和翻译权。由于企业保密的要求，在本案例中对有关名称、数据等做了必要的掩饰性处理。本案例只供课堂讨论之用，并无意暗示或说明某种管理行为是否有效。

围绕建设华南地区有重要影响力的大型清洁能源供应商的战略定位和发展目标，集中打造了电力、天然气、能源物流、新能源、能源金融协同发展的产业格局，并建立了安全、健康、环保管理体系和投资社会事务管理体系。

2020 年 11 月 6 日，党委书记、董事长伍竹林正准备向即将来访的各级领导汇报广州发展的发展历程和"十四五"规划的设想。同时，他也在思考：广州发展的绿色能源创新之路在艰难转型过程中已经取得了一定的成绩，但作为一家广州市属能源企业，接下来应如何更好地践行习近平总书记提出的"绿水青山就是金山银山"的"两山"理论，实现更高的可持续发展与创新的目标？如何平衡传统能源业务、清洁能源和新能源技术业务的关系？在激烈的市场竞争中，广州发展在不同产品的创新技术应用上，应该如何优化技术开发和技术引进的关系？伍竹林董事长的思绪回到了广州发展多年来的绿色能源创新历程。

二、广州发展简介

1. 国有企业和能源行业

广州发展设立于 1992 年，1997 年在上海证券交易所挂牌上市。上市以来，广州发展围绕建立高效、清洁、安全的能源产业体系，目前已拥有近 60 家全资或控股企业，员工约 5300 人。2019 年底总资产规模为 424 亿元，净资产规模为 205 亿元，年经营收入为 296 亿元，综合实力进入广东省工业企业 50 强和《财富》中国 500 强。①

中国能源产业的发展经历了能源供给短缺、能源多元化、发展新能源三个阶段，目前已进入改变传统能源生产和消费观念、开启能源革命、构建现代能源体系的新时代。广州发展坚持创新驱动发展战略，已初步形成了电力、天然气、能源物流、新能源、能源金融等业务协同发展的产业体系。

2. 党委会和董事会的关系

我国的国有企业普遍设立了党委会。设立企业党组织是落实党对国有企业全面领导的组织设置，而保证和监督企业经营的政治方向是企业党委的重要职责。《中国共产党章程》规定，"企业凡是有正式党员三人以上的，都应当成立

---

① 广州发展集团股份有限公司. 公司简介 [EB/OL]. http://www.gdg.com.cn/cn/guanyuwomen/gongsijianjie/ [2022 - 01 - 25 查阅].

党的基层组织。"① 还规定了，"国有企业党委（党组）发挥领导作用，把方向、管大局、保落实，依照规定讨论和决定企业重大事项。"②《公司法》第十九条规定，"在公司中，根据中国共产党章程的规定，设立中国共产党的组织，开展党的活动。公司应当为党组织的活动提供必要条件。"③

从组织架构和组织运行上看（详见附录 1-2），广州发展的重大项目决策首先要经过党委会会议讨论研究，以保证重大项目决策开发的正确方向。广州发展集团有关职能部门负责人指出，"明确党组织研究讨论是董事会、经理层决策重大问题的前置程序，是落实党组织在公司治理中的法定地位，把党的领导融入公司治理各环节的制度性安排。一般来说，党委会会议的决策出发点更多是考虑落实中央决策部署、国家政策以及合法合规、企业战略方面、防范重大风险等因素。到了董事会之后必然也要考虑股东利益最大化的问题。这实际上兼顾了落实党对企业全面领导和完善现代企业制度两方面要求。"

3. 董事长伍竹林

伍竹林，1964 年出生，硕士研究生，高级工程师。1997 年任广州发电厂总工程师，2003 年起任广州发电厂有限公司总经理；2006~2020 年担任广州发展集团有限公司总经理；2013 年以来担任广州发展集团股份有限公司党委书记、董事长。伍竹林说，"要说到电力系统，我跟个老猫一样的，一进到厂里面，你不用说，我转一圈就知道有没有什么问题，就知道这个厂怎么样。"伍竹林具有深厚的技术背景，在广州发电厂工作多年，任职期间主导了多项重大决策，对传统能源如何转型到清洁能源和新能源的创新过程深有体会。

4. 传统能源、清洁能源、新能源

传统能源是指已经大规模生产和广泛利用的能源，例如，煤炭、石油、天然气等。大量消耗传统能源所带来的环境污染需得到有效的治理，而且传统能

---

① 中国共产党第十九次全国代表大会. 中国共产党章程［EB/OL］. http：//www. 12371. cn/special/zggcdzc/zggcdzcqw/（2017-10-24）［2022-02-1 查阅］.
② 中国共产党第十九次全国代表大会. 中国共产党章程［EB/OL］. http：//www. 12371. cn/special/zggcdzc/zggcdzcqw/（2017-10-24）［2022-02-1 查阅］.
③ 全国人大. 中华人民共和国公司法［EB/OL］. http：//www. npc. gov. cn/wxzl/gongbao/2014-03/21/content_1867695. htm，2014-03-21［2022-01-25 查阅］.

源的储藏量是有限的，因而是不可持续的。① 清洁能源（又称绿色能源），是指不排放污染物、能够直接用于生产生活的能源，它包括核能和"可再生能源"。② 新能源一般是指在新技术基础上加以开发利用的可再生能源，包括太阳能、风能等，而在中国可以形成产业的新能源主要包括水能、风能、太阳能等。新能源产业的发展是环境治理和生态保护的重要措施，是满足人类社会可持续发展需要的最终能源选择。③

5. 主要业务领域

（1）电力业务。广州发展是广东省最大的三家电力供应商之一和广州市最大的电力供应商，目前正在运营的可控发电装机容量近 500 万千瓦（含新能源）。

（2）燃气业务。公司属下全资子公司广州燃气集团有限公司作为广州市天然气高压管网建设、运营主体和广州市天然气的主要购销主体，统筹建设广州市全市高压管网和全市上游气源的采购和分销。

（3）能源物流。公司已形成煤炭资源开发、运输、中转、销售一体化经营。广州发展在南沙建立自有码头及煤场中转设施，位于珠三角几何中心，是华南地区最大的煤炭经营企业。此外，公司还与 BP 公司、广州港务集团在广州南沙开发区共同投资建设了 67 万立方米油库及配套的 8 万吨石油化工码头。

（4）新能源。公司积极开发风力发电、太阳能等可再生能源业务，同时研究、布局环保能源、可燃冰、氢能等领域。目前已建成投产光伏项目 66.4 万千瓦、风力发电项目 30.3 万千瓦，储备了一批光伏及风电项目正在推进。

三、绿色能源创新转型之路的障碍：成本、价格和利润

广州是改革开发的先行地之一，高速发展的经济和环境保护之间的矛盾也较为突出。政府、企业、社会群体三方在经济发展和环保等问题上产生了不少的争议，甚至引发了法律诉讼。

---

① 百度百科. 传统能源 [EB/OL]. https：//baike. baidu. com/item/% E5% B8% 8% E8% A7% 84% E8% 83% BD% E6% BA% 90/1633630？fromtitle = % E4% BC% A0% E7% BB% 9F% E8% 83% BD% E6% BA% 90% 20% 20% 20% 20% 20&fromid = 10762443&fr = aladdin［2022 – 01 – 10 查阅］.

② 百度百科. 清洁能源 [EB/OL]. https：//baike. baidu. com/item/% E6% B8% 85% E6% B4% 81% E8% 83% BD% E6% BA% 90/22708［2022 – 01 – 10 查阅］.

③ 百度百科. 新能源 [EB/OL]. https：//baike. baidu. com/item/% E6% 96% B0% E8% 83% BD% E6% BA% 90/53368［2022 – 01 – 10 查阅］.

在传统能源行业，是否要进行绿色能源转型和创新一直有很多争议。实际上，广州发展内部也出现过困惑，因为绿色能源的创新接受也必然会带来一系列的成本问题，一方面，技术创新需要投入大量资金，另一方面，投入大量资金导致成本提高也必然导致价格的上升，作为国有企业，是否能够通过提升价格将成本转嫁给消费者也是需要慎重考虑的。很多民营企业就不愿意投入巨资进行转型创新，一方面是资金投入大，融资成本高，另一方面是资金回笼慢，过多的成本转嫁给消费者也会导致政府和群众的抵制。集团新能源负责人冯广健（化名）表示："2020 年，整个广州发展56％的投资花在了新能源上，融资成本大幅上升，我的利润压力就更大了。"如果大量的成本投入无法通过提升价格回收，利润将会受到挤压，上市公司业绩将面临一定压力。广州发展到底应该如何抉择？作为国企应该履行社会责任，但作为上市公司，对于股东和利益相关者的权益如何保障？即使投入了资金进行技术改造和创新，但绿色能源的创新转型效果是否明显？这些也是广州发展的创新转型过程中需要认真考虑的问题。

四、广州发展绿色能源创新转型的压力和催化剂

1. 国家相关法律法规

为了控制工业生产中的污染物排放，我国早在 1974 年就已制定了《工业"三废"排放试行标准》，明确规定了二氧化硫等 13 种有害物质的排放标准。2000 年，《中华人民共和国大气污染防治法》正式颁发实施，其中第三章对防治燃煤产生的大气污染做了细致明确的规定[①]。2012 年，我国进一步完善了国家标准《环境空气质量标准》（GB3095 – 2012），严格规定企业生产排放必须低于法律规定的环境空气污染物基本项目浓度限值（详见附录 1 – 6）。2015 年，全国人大进一步修订了《大气污染防治法》，环保标准进一步得到提升。

2. 《可持续发展报告》

自 2009 年以来，按照国际和行业的先进做法，广州发展每年向社会公众定期发布《年度可持续发展报告》，已经持续了 11 年，该《报告》详细披露公司

---

① 全国人大．中华人民共和国大气污染防治法 ［EB/OL］．http：//www.npc.gov.cn/npc/sjxflfg/201906/daae57a178344d39985dcfc563cd4b9b.shtml（2018 – 11 – 05）［2022 – 02 – 01 查阅］．

可持续经济发展、可持续环保发展和可持续社会发展三个方面的进展情况。例如，《2019 年度可持续发展报告》披露，"公司属下各燃煤电厂脱硫、脱硝、除尘等环保系统运行稳定。脱硫系统投运率 100%，脱硫效率 96% 以上；脱硝系统投运率 98.5%，脱硝综合效率 85% 以上；除尘系统投运率 100%，除尘效率 99.9% 以上；运行机组烟气排放达到超洁净或超低排放标准，各项指标均超过国家标准并在同类型机组中处于领先水平。"①

3. 亚运会提出了更高要求

2010 年，广州主办第 16 届亚洲运动会。广州市政府提出了"绿色亚运"的目标和让市民享有更优质生活环境的美好愿景。《2010 年第 16 届广州亚运会空气质量保障方案》以实现广州"天更蓝"为环境治理方向，要求 2010 年空气质量优良天数比例进一步提高至 96%，18 个国控大气监测点和主要亚运场馆监测点的每日可吸入颗粒物浓度等指标应优于国家二级标准。②《方案》还着重强调了要抓好对火电厂、工业源等五大污染源的控制。

伍竹林说，"亚运会也是我们自己的一个目标，我们是市属国企，这个事情必须得做。"为了保障亚运会顺利举行，市政府决定在中山大道修建一条快速公交试验线（BRT），以缓解中山大道主干道的交通压力，而原来铺设在绿化带下的管道设备就要被迁移到主干道下面，不料这个问题引起了广州人大代表的反对，"他（该名人大代表）看到《羊城晚报》刊登的报道，而且广州的朋友请他一定要向市政府反映这个问题（指市政施工"乱挖马路"）。"挖还是不挖，伍竹林陷入了沉思。如果保持原状，地下燃气管道就可能发生安全性能故障，甚至发生燃气泄漏，给人民群众带来不可估量的损失。面对人大代表和社会舆论的巨大压力，伍竹林反复思考后决定，不能无视安全隐患的存在，不能漠视人民的生命安全，这是企业必须履行的社会责任，因此，在经得市政府的同意后，广州发展重新铺设了管道，保证了管道设备的安全运行，排除了安全隐患。

4. 社会和群众

2015 年，北京发生大面积雾霾，雾霾成为全社会高度关注的环境事件，有

---

① 广州发展集团股份有限公司. 2019 年度可持续发展报告［EB/OL］. http：//www. gdg. com. cn/upfile/2020/08/12/20200812153103_201. pdf［2022 - 01 - 30 查阅］.

② 广东省生态环境厅. 印发 2010 年第 16 届广州亚运会空气质量保障方案的通知［EB/OL］. ht-tp：//gdee. gd. cn/xgwj4206/content/post_2350554. html［2022 - 02 - 01 查阅］.

关雾霾的成因成为社会讨论的热点话题。作为能源企业的广州发展，又有了新的压力。伍董事长提到，"当雾霾出现的时候，我们认为不是我们造成的，但是社会认为是和我们有关。我敢说雾霾主要不是能源生产领域造成的，为什么呢？能源生产导致的粉尘出来是圆珠状的，雾霾的主体成分主要是破碎状的，尖角的建筑粉尘。"囿于专业知识所限，社会群众却不这样看，认为雾霾就是这些能源企业直接造成的，这给广州发展带来了不少的舆论压力。

新能源汽车的兴起，导致居民小区电力供应和需求出现较大的不稳定，也让社会和群众对电力供应提出了更多要求。伍董事长说道，"当这个小区的电动汽车都在充电的时候，由于容量不足会导致跳闸，群众就会有意见了。假如不跳闸，也可能会发生过度发热。"伍董事长继续解释道，"这是因为市区里没有土地建设配电设施，居民有邻避效应，都不愿意建在我家门口，就说有很多什么辐射，其实我们高标准的安全生产没有这些公众担心的问题。但是可能有的人就是比较敏感这个事情。我们现在的配电站基本上都要建在地下室。"

虽然社会和居民群众有很多要求，但伍董事长也总结道，"我们也在这里生活，我们也会感觉到空气好了以后对大家都是有好处的。只要技术上能做到的，我们肯定愿意去把它完成的。"

5. 管理层和员工

2009 年以前，煤气公司因为经营问题每年亏损几千万。面临转型升级，政府采取市场化政策，将煤气公司整体移交给发展集团，同时取消了原有的补贴，煤气公司当时的处境突然非常艰难；700 多名员工要面临分流，处理起来也极为棘手。"当时我（伍竹林）也有压力，你不能说大家不好，不好是很难接受的，是说他们打了胜仗，这个企业历史上是做出了重要贡献的。那时，我们开会分析过很多次。"通过一系列的调整，"2009 年就实现了 5000 万元的净利润，2010 年盈利又增加 5000 万元，2011 年就过亿元了，整个燃气集团完全改头换面了，精神面貌都不一样了。"

事实上，由于整体的资源限制，集团将众多人力、物力投入到新能源集团后，部分传统部门也出现了对于集团资金投入不足、人力投入不足的抱怨。某传统能源部门负责人表示，"我们这个研究院，竟然不招一个研究生，我们要怎么做科研创新？"也有某部门负责人认为，"虽然新能源是未来发展的大方向，但是天然气还是未来几十年里国家最重要的能源，打通整个天然气的产业链，才是我们目前最主要的任务；打通了产业链我们的成本才能大幅下降，不受制于人。"

在社会生活中，会因为各种原因发生燃气泄漏事件。所谓燃气泄漏，是指由意外导致燃气从管道、钢瓶中泄漏到空气中。燃气泄漏可能产生爆炸、起火等严重灾难。伍竹林也在思考，如何才能避免居民生活中燃气泄漏的发生。广州发展为此在2017年开始开发智能燃气表，智能燃气表内置了小电池和动作阀门，监测到燃气泄漏后便可及时预警并自动关阀。然而，智能燃气表的生产成本比普通的燃气表高出不少，居民替换新智能燃气表的费用由谁负担也尚存争议。市场部门首先质疑，一是大面积更换智能燃气表的成本高；二是既然受益的是居民，是否也应让居民共同承担一部分成本。

居民意见分歧也很大，有的人认为更换燃气表应是企业提供服务应负有的义务，不应由居民分摊成本。另一些人认为，可以适当承担一部分费用以换取更智能的服务，但并不清楚智能燃气表具体成本多少。还有人担忧智能燃气表监控居民生活可能涉嫌侵犯隐私，或被不法分子利用。

6. 习近平"五大新发展理念"

2015年10月，习近平总书记在中国共产党第十八届中央委员会第五次全体会议上提出了创新、协调、绿色、开放、共享的五大新发展理念①，并写进党的十八届五中全会所通过的"十三五"规划《建议》之中。《建议》指出：创新是引领发展的第一动力；协调是持续健康发展的内在要求；绿色是永续发展的必要条件和人民对美好生活追求的重要体现；开放是国家繁荣发展的必由之路；共享是中国特色社会主义的本质要求②。"五大新发展理念"是"十三五"乃至更长时期我国发展思路、发展方向、发展着力点的集中体现，也是改革开放40多年来我国发展经验的集中体现，反映出我们党对我国发展规律的新认识。坚持五大发展理念，既是实现全面建成小康社会的路线图，也是关系我国发展全局的一场深刻变革。习近平"五大新发展理念"的提出也为广州发展

---

① 习近平. 坚持以创新、协调、绿色、开放、共享的发展理念为引领促进中国特色新型城镇化持续健康发展［EB/OL］. http://cpc.people.com.cn/n1/2016/0224/c64094 - 28144604.html, 2016 - 02 - 24［2022 - 02 - 02查阅］.

② 中国共产党第十八届中央委员会. 中共中央关于制定国民经济和社会发展第十三个五年规划的建议［EB/OL］. http://www.gov.cn/xinwen/2015 - 11/03/content_2959432.htm., 2015 - 11 - 03［2022 - 02 - 03查阅］.

在"十三五"期间的战略决策提供了指引。

五、可持续的产品与技术创新

针对上述问题，对于广州发展来说，如何满足政府、社会、客户以及企业内部的管理层和员工等利益相关者的诉求是最首要的问题。因此，广州发展在2000年就开始思考，在国企里面较早地探索通过技术创新、改进和应用进行绿色能源创新转型。伍竹林说到，"我们是市属国有企业，一定是听政府号召的。我们于2006～2007年实现湿法脱硫技术改造，2010年亚运会提出了更高要求后，我们投入10个亿进行绿色电力改造。"

广州发展在2010年亚运会之前成为全国第一家完成了所有电厂脱硫脱硝改造的能源集团，确保亚运盛会成为中国的一张亮丽的国际名片。其中，广州发展属下的珠江电厂和天然气发电公司作为广州市亚运保电的骨干支撑电源，精心组织和落实了各项"涉亚运"能源供应保障措施，共计发电达95亿千瓦时以上。[①] 在保障能源正常供应的同时，广州发展将工作重点放在了高标准节能减排和清洁生产上，为广州亚运"蓝天碧水工程"做出了贡献。

"2015年北京雾霾，广州也有压力，空气不好也会被批评。我们因此提出超洁净排放，并按照国家要求除尘限制在5mg/Nm³以下，现在燃煤电厂比公园还漂亮，排放比天然气电厂还干净。"

而上面这些成本最终也反映在市场电价里。"虽然投入了很多资金，但还可以承受。电价的核定刚开始不是都一样的，因为涉及各种成本。现在慢慢标准统一了，有了标杆电价。""刚开始成本比较高，可能是1.5分，大家做开以后1.2分就可以了。装备费用也开始便宜了，因为形成规模以后，设备厂家的制造成本也降低了"，后来"我们可能说都成熟了给1.2分，或者说1分的话也可以"。广州发展以技术创新来保持成本优势，在国家开始大力提倡脱硫脱硝发电的时候，广州发展已经完成了脱硫脱硝改造，在市场上和政策上产生了一定的示范性，保持了0.8分/度的电价浮动优势。

广州发展近年综合能源业务保持平稳发展，特别是近年来新能源业务发展

---

① 广州发展集团股份有限公司.2010年度可持续发展报告［EB/OL］. http：//www.gdg.com.cn/upfile/2014/10/11/20141011161401_852.pdf［2022－02－01查阅］.

迅猛（详见附录5）。"2019年，广州发展的新能源业务实现了翻倍式增长，去年（2018年）是40万~80万千瓦，那么今年（2019年）预期可以达到80万~160万千瓦。"

2019年智能燃气表投入使用，主要用于传送信息，但其未来能提供的技术服务和功能还有很大进步空间。装上它企业便可通过传感器监测用户用气情况，为用户提供安全保障。至于成本问题，广州发展作为一家从事公共事业的市属国有企业，承担起了社会责任，承担了智能燃气表更换的大部分成本。智能燃气表项目可能不会给企业带来利润，但从长期看，该项目能为企业和社会带来极高的整体利益。除了数据和技术更新，广州发展在管理上也有了相应提升。

除此以外，广州发展还进行了一系列的绿色能源创新转型。

1. 传统能源的技术创新

2009年，为应对燃煤火力发电存在的污染问题，广州发展投资建设了广州首个天然气清洁发电项目。截至2020年9月，在控制大气污染方面，广州发展全部电厂实施了脱硫脱硝改造和节能减排系列技术改造。为应对随着经济发展不断扩大的天然气供应缺口，2019年9月，广州LNG应急调峰气源站项目工程正式开工，广州市的天然气应急保障能力将提升到10天以上[①]。

2. 清洁能源的技术创新

2014年，为了回应当前城市污泥处理的需求，广州发展控股的广州中电荔新电力实业有限公司建设了燃煤耦合污泥发电技术改造项目。技改前后发电规模不发生改变，可实现年均掺烧污泥约73000t/a，有效实现污泥减量化、稳定化和无害化，达到生态环境保护和资源综合利用双赢的目标[②]。

3. 新能源的技术创新

2014年，广州发展开启惠东风电项目，每年可提供约1亿千瓦时的绿色电

---

① 广州日报. 广州LNG气源站2座16万方储罐成功升顶，预计明年建成投产 [EB/OL]. https://baijiahao.baidu.com/s? id=1698196662707362485&wfr=spider&for=pc [2022 – 02 – 01查阅].

② 广州发展集团股份有限公司. 广州中电荔新电力实业有限公司燃煤耦合污泥发电技术改造项目环境影响评价公众参与第一次公示 http://www.gdg.com.cn/cn/xinwenzhongxin/2337.html [EB/OL]. [2022 – 02 – 01查阅].

力,有效减少因燃煤排放的有害气体①。

2016 年,广州发展投资建设的珠江啤酒 4.19MWp 光伏发电项目正式并网发电。该项目投产后年发电量约 420 万千瓦时,平均每年节约标煤 1191 吨,减少二氧化碳排放量 2980 吨,二氧化硫排放量 8 吨,烟尘 1 吨,氮氧化物 8 吨,具有良好的节能减排效果②。同年,广州发展投资建设的台山渔业光伏产业基地开工,预计 25 年的运营期内年均发电量约 5000 万千瓦时,每年可节约标煤 1.58 万吨,减少二氧化碳约 4.74 万吨,一氧化碳约 4.14 吨,烟尘 213.10 吨③。

2018 年,广州发展布局充电基础设施建设,这是电动汽车推广应用产业链上重要的环节和基础保障④。

2019 年,广州发展建设韶关武江光伏发电项目。该项目预计年均发电量约 8069.09 万千瓦时。项目建成投产后,通过与当地旅游业结合,可以形成集发电、种植、观光于一体的综合性项目⑤。

六、未来发展之路

1. "两山"理论

2005 年 8 月,习近平总书记首次提出"两山"理论⑥。2017 年 10 月,"必须树立和践行绿水青山就是金山银山的理念"被写进党的十九大报告。报告明确提出,建设生态文明是中华民族永续发展的千年大计,是构成新时代坚持和发展中国特色社会主义的基本方略之一,"两山"理论成为我们党重要的执政

---

① 北极星风力发电网. 广东惠东县首个风电项目 25 台风机已全部吊装完成 [EB/OL]. https://news.bjx.com.cn/html/20150907/660691.shtml. [2022 - 02 - 01].

② 广州发展集团股份有限公司. 广州发展属下新能源公司投资建设的珠江啤酒 4.19MWp 光伏发电项目正式并网发电 http://www.gdg.com.cn/cn/xinwenzhongxin/1332.html [EB/OL]. [2022 - 02 - 01].

③ 雪球网. 广州发展:台山渔光互补产业园,助力乡村振兴. https://xueqiu.com/2733868088/2023103081 [EB/OL]. [2022 - 02 - 01].

④ EV 世界. 促发展广州全面布局电动汽车充电桩运营 https://www.evlook.com/news - 27592.html [EB/OL]. [2022 - 02 - 01].

⑤ 澎湃新闻. 投资 3.5 亿元!广州发展韶关武江光伏项目开工 http://static.nfapp.souther.com/content/201903/30/c2065202.html? group_id = 1 [EB/OL]. [2022 - 02 - 01].

⑥ 习近平.《之江新语》. 绿水青山也是金山银山 [EB/OL]. https://topics.gmw.cn/2015 - 07 - 17/content_16337747.htm (2015 - 07 - 17). [2022 - 01 - 19].

理念之一①。"两山"理论随着时代进步，愈益彰显出强大的生命力，科学指导了中国特色社会主义的伟大实践。

广州发展董事长伍竹林表示，"公司坚持以习近平新时代中国特色社会主义思想为指导，牢固树立新发展理念，按照高质量的发展要求，以发展清洁能源为中心，全面完善电力、能源物流、天然气一体化产业链，着力加快新能源产业的规模化发展，积极推动企业改革创新和转型升级，努力为社会经济发展提供稳定、安全和清洁的能源保障②。"广州发展如何创造更好的条件落实党的"两山"理论呢？

2. 传统能源、清洁能源、新能源的比例之争

《中国电力行业年度发展报告2020》显示，火电仍然是我国的主力供电，占比达59%。火力发电其主要能源就是煤炭。③作为传统能源的煤炭，受目前技术条件限制，在开采方面对环境有一定影响，在使用方面，在煤炭综合利用、碳捕捉技术尚未成熟前，对环境存在二氧化碳排放方面的影响。但是不可否认的是，在未来一段时间里包括煤炭、天然气在内的一系列传统能源都仍将占据整体能源消耗的主流。自2009年以来，广州发展不断进行技术升级改造，向绿色能源之路转型。2013年开始发展分布式光伏发电业务，2015年开始发展风电，到了2018年底，广州发展的清洁能源业务已经形成规模效应，而新能源业务也取得了较大进展。广州发展在"十四五"规划中明确提出要重点提升清洁能源和新能源的比例，"清洁能源的利润贡献率要达到80%"。同时，正如伍竹林董事长所指出的，"我们城市在规划时就没有考虑到未来新能源发展的基础设施，大力推广新能源不仅是技术研发上的投入，更多的包括许多基础设施的建设投入，这个数目就非常大了。"广州发展接下来应该如何合理分配资源来发展这些能源技术的创新和应用，进而能达到这个预定的目标呢？

① 习近平. 决胜全面建成小康社会夺取新时代中国特色社会主义伟大胜利——在中国共产党第十九次全国代表大会上的报告［EB/OL］. https：//www. 12371. cn/special/19da/bg/. （2017 – 10 – 18）［2022 – 01 – 19查阅］.

② 广州发展集团股份有限公司. 广州发展集团荣获改革开放40周年广东省优秀企业称号［EB/OL］. http：//www. gdg. com. cn/cn/xinwenzhongxin/2366. html. （2018 – 09 – 29）［2022 – 01 – 19查阅］.

③ 中国电力企业联合会. 中国电力行业年度发展报告2020［EB/OL］http：//www. chinapower. com. cn/zx/zxbg/20200615/22414. html. （2020 – 06 – 15）［2022 – 01 – 18查阅］.

3. 技术开发还是技术引进？

电力设备行业中，基本所有的产品都与节能减排有关。由于小火电机组煤耗高，排污量大，不符合节能环保要求，国家逐步限制了该类机组的投产。对于水电、核电、风电等新能源发电企业来说，不仅符合节能环保要求，也符合国家产业政策，无疑是一个发展机遇。但是和大多数能源企业一样，广州发展在转型过程中也面临着技术开发还是技术引进的平衡问题。一方面，技术引进时效快，成本低，但是不利于企业核心竞争力的提升，加之新冠疫情之后，欧美各国疫情得不到有效控制，国际环境不确定，集团某工程师也表示，"由于疫情的发生，我们许多引进技术的外籍工程师现在都还来不了中国，我们自己只能做基础的运行和维护，出了问题就很麻烦。"而自主技术开发虽然有利于塑造企业核心竞争力，但是时间长，风险高，伍竹林董事长在回顾集团的技术创新时表示，"我们走在前头，意味着我们花的钱比别人都多，等我们成熟之后，别人学我们的技术就行了；还有个问题，我们走在前头，别人跟不上，给我们提供设备的企业的相关技术和设备跟不上，满足不了我们的要求。除非整个产业链的步调达成一致，要不然这方面的成本降不下来。"两种技术创新方式都在企业发展历史上发挥了重要作用，也在企业内部形成了技术研发部门，那广州发展到底该如何平衡技术开发和引进的关系呢？

4. 结语

伍董事长的思绪又被拉回到 2020 年 11 月 6 日，广州发展接下来在"十四五"规划中，将如何更好地践行习近平总书记提出的绿色发展理念，实现更高的可持续发展与创新的目标？在习近平总书记的五大发展理念基础上，如何平衡传统能源业务、清洁能源和新能源业务的关系？在激烈的市场竞争中，广州发展在不同产品的创新技术应用上，应该如何优化技术开发和技术引进的关系？这些问题的解决既有利于进行党建和业务的深度融合，也有利于在新兴市场进行创新技术扩散的实践探索。

七、附录

附录 1-1　广州市属国有企业的组织结构

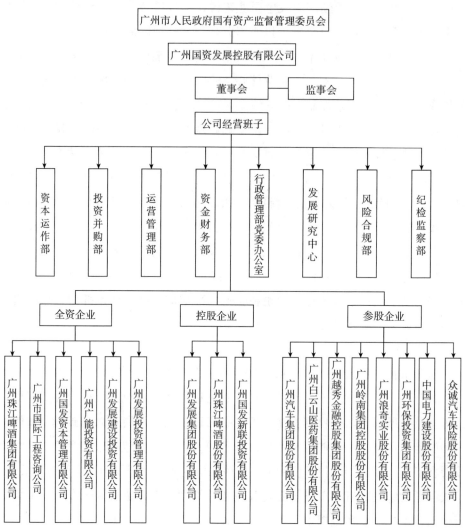

资料来源：广州国资发展控股有限公司. 组织架构〔EB/OL〕. https：//www. gz - gofar. com/in-dex. php？ ac = article&at = list&tid = 14〔2021 - 01 - 10 查阅〕.

附录1-2 广州发展集团股份有限公司组织架构

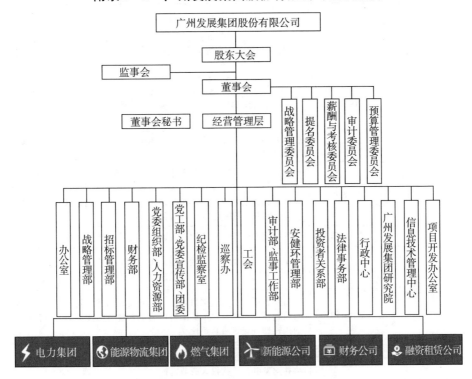

资料来源：广州发展集团股份有限公司.2019年度可持续发展报告［EB/OL］. http：//www.gdg.com.cn/upfile/2020/08/12/20200812153103_201.pdf［2021-01-10查阅］.

附录1-3 广州发展的主要历程

发展阶段	年份	关键事件
起步初生期	1997年	广州电力企业集团有限公司整体改制为股份有限公司，伍林时任下属企业广州发电总工程师、副厂长
	2000年	开始考虑烟气治理，广州发电厂着手开发干法脱硫技术，碍于技术受限，脱硫率通常维持在40%左右
	2002年	电力系统开展厂网分离改革，成立南方电网，广州发展不再承担供电业务
	2002年	旗下燃气集团率先响应国家发改委号召，进行进口天然气试点

续表

发展阶段	年份	关键事件
调整发展期	2004 年	广州控股属下企业珠江电厂投资约 5 亿元资金，全面启动 2 × 600MW 烟气脱硫工程项目（湿法脱硫），并于 2007 年彻底完成，达到国际先进水平
	2006 年	广州发展控股广州珠江 LNG 联合循环机组发电项目第一台容量为 390 兆瓦的天然气发电机组顺利通过 168 小时试运行，正式进入商业运行阶段
	2007 年	广州发展正式启动惠东县东山海风电项目，进入新能源和清洁能源领域
	2008 年	广州发展与美国卡万塔控股集团组建合资公司，正式进军新能源业，积极开拓珠三角地区垃圾焚烧发电业务，引入国际垃圾焚烧发电最先进的技术和世界级管理标准，在珠三角地区建立提供无害化、减量化和资源化的环保能源产业
	2009 年	煤气集团改组为燃气集团，开始大力发展天然气业务
转型突破期	2013 年	广州发展环保建材公司太阳能光伏发电项目投入试运行，该项目是发展新能源公司第一个开工建设的光伏发电项目
	2015 年	广州发展第一个风电项目观音山风电场成功并网发电，该风电场的顺利建成投产，对于集团公司加快实现清洁能源为主线的产业结构转型升级具有重要意义
	2016 年	广州发展属下新能源公司投资建设的珠江啤酒 4.19MWp 光伏电站并网发电，正式投入商业运行
	2017 年	全球首艘千吨级内河新能源电动船整体建成下水调试，为世界上第一艘千吨级纯电池推动载重船舶，填补了世界同吨位内河双电驱动散货船的空白
	2017 年	广州发展属下广州珠江电力有限公司、广州中电荔新电力实业有限公司荣获"绿牌"环保诚信企业殊荣
	2019 年	广州发展陆续在清远市全资建设 4 个光伏发电项目，为当地拉经济、增就业、促环保贡献了广州国企力量

资料来源：本文根据访谈资料和公开资料整理。

附录 1-4 广州发展四大业务板块 2015~2019 年的发展情况

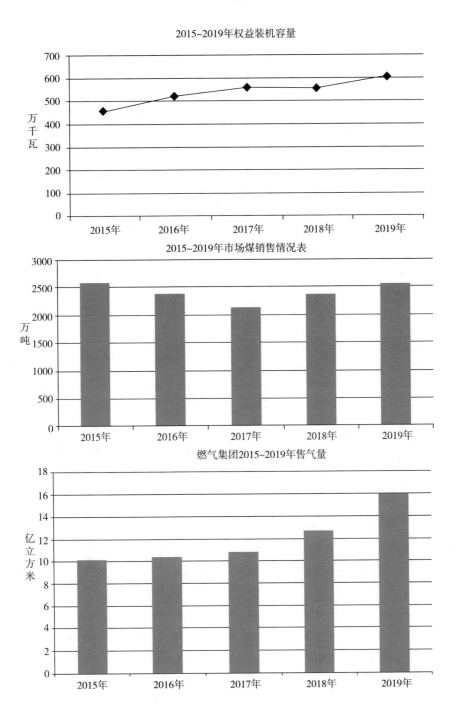

2015~2019年权益装机容量

2015~2019年市场煤销售情况表

燃气集团2015~2019年售气量

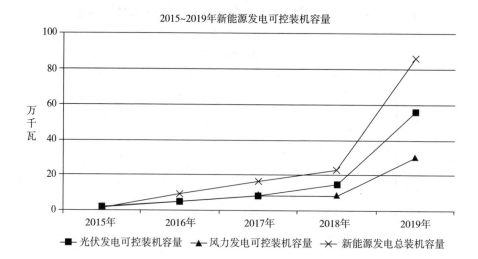

2015~2019年新能源发电可控装机容量

资料来源：广州发展集团股份有限公司财务报告。

附录 1–5　广州发展 2009～2019 年营业收入和利润增长情况

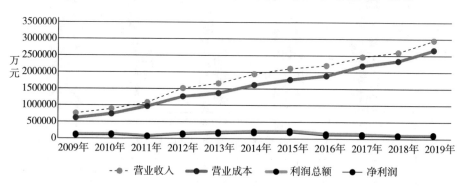

资料来源：广州发展（股票代码：600098）财务报表整理。

附录 1－6　GB3095－2012《环境空气质量标准》

环境空气污染物基本项目浓度限值

序号	污染物项目	平均时间	浓度限值		单位
			一级	二级	
1	二氧化硫（SO_2）	年平均	20	60	$\mu g/m^3$
		24 小时平均	50	150	
		1 小时平均	150	500	
2	二氧化氮（NO_2）	年平均	40	40	
		24 小时平均	80	80	
		1 小时平均	200	200	
3	一氧化碳（CO）	24 小时平均	4	4	mg/m^3
		1 小时平均	10	10	
4	臭氧（O_3）	日最大 8 小时平均	100	160	
		1 小时平均	160	200	
5	颗粒物（粒径小于等于 $10\mu m$）	年平均	40	70	$\mu g/m^3$
		24 小时平均	50	150	
6	颗粒物（粒径小于等于 $2.5\mu m$）	年平均	15	35	
		24 小时平均	35	75	

资料来源：GB3095－2012《环境空气质量标准》。

教学笔记

一、教学目的与用途

本案例适用于战略管理、创新管理等相关课程，特别是工商管理类的 MBA 和 EMBA 学生。

本案例的主要教学目标是通过剖析案例企业的创新驱动发展战略，系统学习新兴市场创新的主要驱动因素及其基本路径，深入了解和思考如何践行习近平总书记提出的绿色发展理念和"两山"理论，并结合企业实践实现可持续发展之路。

二、启发思考题

1. 请结合案例内容谈谈广州发展的创新驱动发展战略体现在什么地方？

2. 通过广州发展的主要历程，请就广州发展创新战略的主要驱动因素和路径展开讨论和分析。

3. 结合案例，请谈谈"两山"理论对广州发展来说意味着什么？

4. 伍竹林董事长应该如何平衡传统能源业务、清洁能源和新能源技术业务的关系？

5. 伍竹林董事长应该如何优化技术开发和技术引进的关系？

三、分析思路

教师可以根据自己的教学目标和目的灵活使用本案例，我们在此处仅提出本案例的分析思路，供教学参考。

1. 通过战略管理视角下对广州发展立足于绿色能源创新转型系列举措的分析和讨论，引导学生了解和掌握创新战略管理的基本要素和条件等内容，以及创新战略对企业发展的重要作用和基本逻辑。

2. 基于新兴市场企业创新理论框架，通过梳理和归纳广州发展创新发展的主要历程、系列举措和结果，引导学生讨论和分析企业创新发展的政治、经济、社会等驱动因素，以及具体实施路径。

3. 结合广州发展案例的具体情况，引导学生讨论"两山"理论对广州发展的重要意义和指导作用，分析如何贯彻落实习近平总书记的"两山"理论和绿色发展理念。

4. 结合案例和时代背景，基于波士顿矩阵视角，引导学生分析和讨论广州发展如何平衡传统能源业务、清洁能源和新能源技术业务的关系。

5. 通过对案例进行反思与总结，结合创新生态理论框架，引导学生深刻理解优化技术开发和技术引进的关系。

四、建议的课堂计划

本案例课堂计划建议如下，共计 90 ~ 120 分钟。

1. 课前预习。教师课前分发案例材料，给出启发思考题，让学生分好小组，并带着问题课前完成案例阅读。

2. 课堂教学。教师简要介绍案例主题，介绍背景 5 分钟。主要围绕 5 个启发性思考题进行逐一讨论。教师通过引导学生参与讨论和分析，逐一讲解理论和案例分析，课堂教学 75 分钟。

3. 老师进行点评和归纳（5 分钟）。关于本案例教学的具体安排，授课者可以根据具体上课场景自主决定，也可以参考表 1 - 1。

表 1 - 1　　　　　　　　　　　　案例教学计划

内容	教学目标	理论框架	建议授课时间（分钟）
授课者开场互动	了解学生对案例背景的熟悉程度，同时激发学生参与案例讨论的学习热情		5
作业思考题1：请结合案例内容谈谈广州发展的创新驱动发展战略体现在什么地方	引导学生梳理和总结广州发展进行创新驱动发展战略的具体步骤，重点总结广州发展在传统能源创新、清洁能源创新和新能源创新三个方面的内容		10 - 15
作业思考题2：通过广州发展的主要历程，请就广州发展创新战略的主要驱动因素和路径展开讨论和分析	分析企业创新发展所面临的内外部因素、市场类型和基本路径	尚卡尔和纳朗（Shankar and Narang, 2019）新兴市场企业创新理论，以及阎俊爱等（2020）资源型企业转型理论框架	15 - 20
作业思考题3：结合案例，请你谈谈"两山"理论对广州发展来说意味着什么	引导学生分析国有能源企业如何贯彻落实习近平总书记的"两山"理论	习近平总书记的"两山"理论	15 - 20

内容	教学目标	理论框架	建议授课时间（分钟）
作业思考题4：你认为广州发展应该如何平衡传统能源业务、清洁能源和新能源技术业务的关系	学会分析企业如何结合习近平总书记的"两山"理论，进行业务结构调整，通过主动适应市场变化而实现战略性可持续发展	尚卡尔和纳朗（2019）新兴市场企业创新理论、波士顿矩阵	20～25
作业思考题5：假设你是广州发展的主要负责人，你认为应该如何优化技术开发和技术引进的关系	学会如何结合习近平总书记的"两山"理论，从创新生态关系视角，分析企业如何优化技术开发和技术引进的关系	创新生态关系理论	20～25
总结案例	提炼本案例所涉及的重要概念、框架和方法，强调教学目标所涉及的教学点		5～10

五、理论依据与分析

1. 请结合案例内容谈谈广州发展的创新驱动发展战略体现在什么地方？

教师在讲这部分内容的时候，可以结合案例中提到的几个要素来开展讨论：

（1）首先是广州发展所处的行业特性。由于是能源企业，因此其产品就会不可避免地面临能源行业的转型升级，特别是案例中提到的"中国能源产业的发展经历了能源供给短缺、能源多元化、发展新能源三个阶段，目前已进入改变传统能源生产和消费观念、开启能源革命、构建现代能源体系的新时代"。因此，广州发展的创新驱动发展战略首先是体现在与时俱进的转型升级过程中。

（2）其次是广州发展在不同的发展阶段中，与行业中的其他企业面临着类似的问题，广州发展总是能超前的规划和安排其产品和服务的转型、升级和迭代，更早地开发和采纳相关创新技术和产品。教师可以结合案例中的附录3关于广州发展的主要历程，在不同历史阶段以及不同的产品和服务中所开发和采纳的创新技术和产品进行归纳总结。最后可总结如下：

从1997年广州电力企业集团有限公司整体改制为股份有限公司至今，广州发展锐意进取，不断创新发展，经历了三个发展阶段：①1997～2002年为起步初生期：2000年开始考虑烟气治理，广州发电厂着手开发干法脱硫技术，碍于技术受限，脱硫率通常维持在40%左右。2002年旗下燃气集团率先响应国家发改委号召，进行进口天然气试点。②2003～2010年为调整发展期：从2004年全面启动2×600MW烟气脱硫工程项目（湿法脱硫），到2009年开始大力发展天然气业务。③2011～2020年为转型突破期：从2013年的太阳能光伏发电项目投入试运行，到2019年在清远市全资建设4个光伏发电项目。

（3）最后，教师总结广州发展在不同的能源产品类型中的创新。

①传统能源创新。为应对燃煤火力发电存在的污染问题，广州发展采取以"上大压小"的方式，关停煤耗高、产能小的电厂，投资建设一批大容量、高参数电力项目。同时对旗下控股的电力公司的发电机组全部实施了脱硫改造，并在广东省内燃煤发电机组中率先实施脱硝技改工程，积极实施工业废水循环利用和专项整治等节能减排系列技术改造。作为广州市大型国有控股上市公司，广州发展集团主动承担广州市天然气供应保障的社会责任，积极推动广州市天然气应急保障体系建设和城市燃气安全稳定供应发展。

②清洁能源创新。广州发展2014年上马首个清洁能源风电项目——惠东风电项目，促进当地旅游业和带动地方经济发展，同时助力惠东县打造珠三角清洁能源基地。为配合城市污泥处置需求，广州发展2014年上马燃煤耦合污泥发电技术改造项目，为城市生活污泥提供一条环保、经济、可持续的处理途径。为进一步提升节能减排，广州发展新能源公司2016年投资建设珠江啤酒4.19MWp光伏发电项目，促进企业能源结构转型升级和清洁能源的推广应用。

③新能源创新。广州发展2016年开工建设台山渔业光伏产业园，实现多产业复合发展的经济发展模式，增加当地财政收入，更能有效结合台山当地旅游资源推进"美丽乡村建设"，达到了经济发展性和环境友好性的有效结合。广州发展2018年助力南沙公交汽车系统的升级换代，为安全充电做好保障工作，提供优质的充电服务，为推动南沙区公交全面实现电动化提供充电基础设施保障，保障广州的蓝天白云和绿水青山。广州发展新能源公司2019年在粤北地区的第一个光伏发电项目——韶关武江光伏发电项目，打造发电、种植、观光一体的综合性项目，具有显著的环境效益、经济效益和社会效益。广州发展2020年启动金融城起步区综合能源项目，探索优化用能源新模式，开启综合能源新起点，有效缓解城市中央商务区的用能紧张难题，保障区域供用能的经济性与持续性，助力广州国际金融城建设成为低碳、节能、绿色、生态的城市金融中

心，也标志着广州发展电力集团开启面向综合能源发展和服务模式探索的新起点、新机遇。同时，广州发展将新能源储能项目正式进入商业化运营，实现人机交互、数据分析、报表生成、站级监控和远程数据传输等功能，为新能源公司研发光储充一体化、风储一体化、充储一体化项目提供了技术基础。

2. 通过广州发展的主要历程，请就广州发展创新战略的主要驱动因素和路径展开讨论和分析。

（1）新兴市场企业创新理论。尚卡尔和纳朗（2019）通过回顾大量的相关文献，整理并提出了新兴市场创新理论（见图1-1）。新兴市场创新的驱动因素主要包括经济驱动、政治驱动、社会驱动、技术驱动、环境驱动等，其基本路径是通过需求和供给两条路径产生创新绩效。本案例重点展示了环境驱动、政治驱动、经济驱动、社会驱动、技术驱动的基本过程和结果。从环境因素看，企业随着人们环保意识的增强而不断改进产品和服务标准。从政治因素看，国家政策一定程度上对企业转型升级具有重要的倒逼作用。例如，案例中广州市亚运会对能源企业的排放提出了更高的要求，倒逼企业加快了转型升级的步伐，广州发展投入10亿元进行绿色电力改造。从技术因素看，企业通过不断的技术创新提升了市场竞争力。例如，案例中广州发展在国家开始提倡脱硫脱硝发电时，已经提前完成了脱硫脱硝改造，通过技术创新保持成本优势，相对于同行而言，广州发展至少保持了0.8分/度的电价浮动优势。从经济驱动看，企业对经济利润和盈利增长点的追求使得企业创新具有可持续性。从社会因素来说，涉及重大公共利益的能源行业创新不能不考虑社会整体利益。例如，案例中广州发展在推行智能燃气表更新时，尽管遇到居民的收费质疑，广州发展从社会燃气使用安全的社会利益出发，主动承担了相当分量的更新成本，这必然会影响企业的营业利润。从技术驱动看，在这一过程中，创新技术的需求以及创新技术的供应，起到了重要的中介作用。例如，在广州发展的起步期（1997~2002年），广州处于改革开放的前沿，其对创新的需求更多的是因为政治、社会和经济因素的驱动，2000年就开始考虑烟气治理，广州发电厂着手开发干法脱硫技术，但在这个阶段，创新技术的供给受到很大的限制，导致脱硫率只能维持在40%左右。企业对创新的需求和供给产生了不平衡，企业需要考虑自主开发或者引进国内外的先进技术。

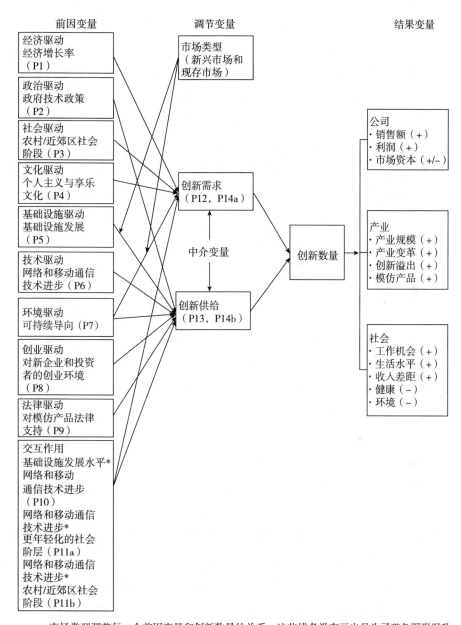

市场类型调节每一个前因变量和创新数量的关系。这些线条没有画出是为了避免图形混乱。

图 1-1　新兴市场企业创新理论框架

资料来源：Shankar V, Narang U. Emerging market innovations: unique and differential drivers, practitioner implications, and research agenda［J］. *Journal of the Academy of Marketing Science*, 2020, 48.

另外，市场类型和市场的不同发展阶段都会起到重要的调节作用，例如行业是处于成熟阶段还是新兴发展阶段？产品类型是属于成熟市场还是新兴市场？广州发展在不同阶段所面临的这些影响因素也会有不同的重要性，甚至产生交互作用（超出了原有模型的局限）。例如，在广州发展的调整发展期（2003～2010年），政治因素会因为社会因素增强，习近平"五大新发展理念"①的提出给出了方向性指引，相应也会增强相关的法律法规的影响作用。同时由于行业和技术的发展，创新技术的供给得到改善，企业经济因素也会因为企业前期的超前发展得到强化，因此可以更好地开展创新技术的开发和引进，从而使这个阶段的创新技术需求和供给更好地达到平衡。到了转型突破期（2011～2020年），绿色发展的理念更加深入影响企业的文化，也影响了社会群众的因素，法律法规更加完善，而基础设施的影响因素显得更加重要，经济因素的影响更加突出，国企相对于一般民企来说，在融资和成本等经济因素上有更多的优势，从而能更好地投入巨大的成本创新转型，这个阶段的关键事件包括全球首艘千吨级内河新能源电动船、光伏发电项目、风电项目等，同时也有较多并购其他中小型能源企业的事件，不但更多地应用新技术，也成立了技术研发部门，进行自主创新。教师可结合以上模型，围绕案例内容进行讲解。

（2）案例分析概述：从经济视角看，广州发展从一家从事电力生产和燃气供应的地方性企业转型为综合能源服务提供商，保持核心市场竞争力的关键在于创新发展，扩大市场业务，提升企业利润。从政治视角看，广州发展作为国有能源企业，肩负着一定的政治任务，通过创新发展来追求国有资产保值和增值，同时为环境质量改善和生态文明建设贡献力量。广州发展燃气集团从2017年起就在全集团范围内推广应用物联网智能燃气表，成为全国首批推广物联网表的燃气企业，也是国有企业在国民经济高质量发展方面责任和担当的体现。从法律视角看，《环保法》《大气污染防治法》等法律为广州发展等能源企业提供了法律准则和环保要求，必然要进行技术创新等为节能减排做出贡献。从社会视角看，广州发展从事的电力供应和燃气供应具有一定的公共属性，必然要考虑到社会公众的消费需求和公共利益诉求。亚运会期间，广州市政府对烟气处理的要求更高，对环境改善限定的时间更紧迫，广州发展成为为数不多的能兼顾企业本身生产任务正常运作和响应亚运会空气治理号召的企业，得益于其对能源绿色发展的前瞻性规划和创新战略。从环境视角看，随着工业化程度的加深，环境污染对人类生存环境的压力越来越大，社会公众对环境保护的诉求越来越强烈。作为能源企业的广州发展，在追求经济利润的同时需要综合考虑环境保护，这也是作为上市公司的企业社会责任的体现。在过去很长一段时间（包括未来一段时期内），火力发电仍然是我国主要的能源供应方式。广州发展在业务结构中保留了传统主营业务，这是延续企业利润增长的一个重要方面。另外，随着社会发展和经济转型，清洁能源和新能源的市场需求逐渐增强，因此我们看到，广州发展近年来不断加大对清洁能源和新能源的技术研发和投资，这是主动适应市场变化的战略抉择。

（3）资源型企业转型理论框架及分析。针对广州发展的产品创新战略，教师可结合该理论框架进行讲解。资源型企业是指集合各种不可再生资源生产要素，进行资源开发和利用的企业。随着国家供给侧结构性改革的不断推进，资源型企业具有的产业结构单一、资源消耗量高、环境污染严重等特点日渐凸显，传统的高投入、高消耗、高污染的粗放型增长方式已经不能适应新的市场环境，企业为了可持续发展而进行战略转型是必然趋势。如案例所述（详见案例正文附录3：广州发展的主要历程），本案例重点展示了广州发展集团这家典型的能源企业进行绿色能源可持续发展的战略转型过程、路径以及绩效。结合阎俊爱等（2020）提出的资源型企业转型模型，本案例重点剖析广州发展从最初的一家地方电力公司逐步成为华南地区的大型清洁能源供应商，主要是通过产业结构调整（例如，从传统火力发电逐步调整为火力、燃气、风电、能源金融等综合业务结构）、管理模式转变（例如，兼并燃气公司，参股或控股上游煤炭企业，与国际企业合作开发项目）、技术创新（例如，脱硫技术升级、智能燃气等）、主动适应行业发展（例如，紧跟甚至超前达到国家环保排放标准，提升市场竞争优势）等路径实现的（见图1-2）。

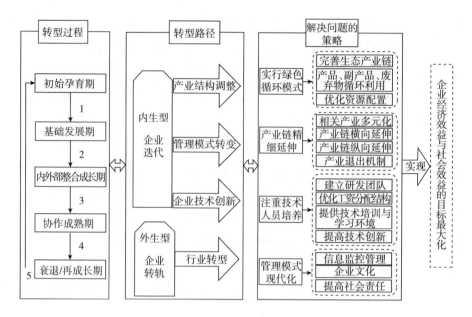

图 1 - 2　资源型企业转型路径

资料来源：阎俊爱，安韬，周芳玲，候丹丹．资源型企业转型路径研究——基于四家企业的案例研究［J］．经济问题，2020（04）：104 - 113.

3. 结合案例，请谈谈"两山"理论对广州发展来说意味着什么？

（1）"两山"理论的由来。2002 年 12 月，来浙江工作不久的习近平同志提出，要积极实施可持续发展战略，以建设"绿色浙江"为目标，以建设生态省为主要载体，努力保持人口、资源、环境与经济社会的协调发展①。2003 年 1 月，在习近平同志的重视和推动下，浙江成为全国第五个生态省建设试点省②。2003 年，时任浙江省委书记的习近平同志在《求是》杂志上发表署名文章，提出"生态兴则文明兴、生态衰则文明衰"的重要论断。2003 年 7 月，在浙江省委十一届四次全会上，习近平同志把"进一步发挥浙江的生态优势，创建生态省，打造'绿色浙江'"作为"八八战略"的重要一条正式提出③。

① 习近平．浙江省委十一届二次全会［EB/OL］．http://tjj. zj. gov. cn/art/2021/6/21/art_1229129214_4667418. html（2022 - 06 - 21）［2021 - 01 - 29 查阅］.

② 浙江日报．绿色发展，浙江脚步［EB/OL］．http：//zjrb. zjol. com. cn/html/2016 - 01/25/content_2944919. htm? div = - 1（2016 - 01 - 25）［2022 - 01 - 29 查阅］.

③ 习近平．浙江省委十一届四次全会［EB/OL］．http：//politics. people. com. cn/n/2014/1226/c1001 - 26281737. html（2014 - 12 - 26）［2021 - 06 - 29 查阅］.

　　（2）"两山"理论的提出。2005年8月，时任浙江省委书记习近平同志来到了浙江余村进行调研，发现该村依靠发展生态旅游让农民借景发财，习近平同志给予了高度的肯定。习近平同志说，"我们过去讲既要绿水青山，又要金山银山，实际上绿水青山就是金山银山。"① 后来，习近平以笔名"哲欣"在《浙江日报》头版"之江新语"栏目中发表《绿水青山也是金山银山》短评。文中指出，"我们追求人与自然的和谐，经济与社会的和谐，通俗地讲，就是既要绿水青山，又要金山银山。"习近平同志还进一步论述了绿水青山与金山银山的辩证关系，"绿水青山可带来金山银山，但金山银山却买不到绿水青山。绿水青山与金山银山既会产生矛盾，又可辩证统一。"这就是习近平同志提出的著名科学论断"绿水青山就是金山银山"，后来被称为"两山论"②。

　　（3）"两山"理论的发展。2018年5月，习近平总书记在全国生态环境保护大会上强调，要自觉把经济社会发展同生态文明建设统筹起来，充分利用改革开放40年来积累的坚实物质基础，加大力度推进生态文明建设、解决生态环境问题，坚决打好污染防治攻坚战，推动我国生态文明建设迈上新台阶。习近平总书记明确提出，新时代推进生态文明建设必须坚持好六个原则：一是坚持人与自然和谐共生原则。坚持节约优先、保护优先、自然恢复为主的方针，像保护眼睛一样保护生态环境，像对待生命一样对待生态环境，让自然生态美景永驻人间，还自然以宁静、和谐、美丽。二是绿水青山就是金山银山原则。贯彻创新、协调、绿色、开放、共享的发展理念，加快形成节约资源和保护环境的空间格局、产业结构、生产方式、生活方式，给自然生态留下休养生息的时间和空间。三是良好生态环境是最普惠的民生福祉原则。坚持生态惠民、生态利民、生态为民，重点解决损害群众健康的突出环境问题，不断满足人民日益增长的优美生态环境需要。四是山水林田湖草是生命共同体原则。要统筹兼顾、整体施策、多措并举，全方位、全地域、全过程开展生态文明建设。五是用最严格的制度、最严密的法治保护生态环境原则。加快制度创新，强化制度执行，让制度成为刚性的约束和不可触碰的高压线。六是共谋全球生态文明建设原则。

---

　　① 习近平.《之江新语》. 绿水青山也是金山银山［EB/OL］. https：//topics. gmw. cn/2015－07/17/content_16337747. htm（2015－07－17）［2022－01－10查阅］.

　　② 习近平.《之江新语》. 绿水青山也是金山银山［EB/OL］. https：//topics. gmw. cn/2015－07/17/content_16337747. htm（2015－07－17）［2022－01－10查阅］.

深度参与全球环境治理，形成世界环境保护和可持续发展的解决方案，引导应对气候变化国际合作。结合这六大原则，习近平总书记在讲话中还重点提出了五大任务。这五大任务分别是：加快构建生态文明体系、全面推动绿色发展、把解决突出生态环境问题作为民生优先领域、有效防范生态环境风险、提高环境治理水平。① 这六个原则、五大任务是对习近平生态文明思想的一次比较完整的表述，而"两山论"作为六项重要原则之一，成为习近平生态文明思想完整理论体系的核心蕴涵和重要支撑。

（4）"两山"理论对广州发展的意义。对于广州发展而言，习近平总书记提出的"两山"理论和绿色发展理念不仅是党和国家对企业的战略要求，也是企业发展的内部目标和实际追求。广州发展是一家市属国有企业，国家对其资本拥有所有权或控制权，政府的意志和利益很大程度上决定了国有企业的行为。所以，广州发展同时具有商业性和公益性目标，其商业性体现在追求国有资产保值和增值，其公益性体现在企业社会责任和环境保护方面走在前列。另外，设立企业党组织是国家行使资本所有权和控制权的重要途径，而保证和监督企业经营的政治方向是企业党委的重要职责。从组织架构上看，伍竹林不仅担任集团党委书记，同时担任集团董事长，这一双重身份决定了广州发展的政治导向和市场导向。正如案例所述，伍竹林说，"未来公司将以习近平新时代中国特色社会主义思想为指导，全面贯彻落实党的十九大精神，牢固树立新发展理念，围绕打造华南地区有重要影响力的大型清洁能源供应商的战略定位和发展目标，按照高质量的发展要求以发展清洁能源为中心，着力加快新能源产业的规模化发展，努力为社会经济发展提供稳定、安全和清洁的能源保障。"

面对国际能源发展新趋势、能源供需格局新变化，以习近平同志为核心的党中央高瞻远瞩，坚持绿色发展理念，大力推进生态文明建设，为我国能源发展指明了方向、明确了目标，推动能源事业取得新进展。如案例所述，广州发展紧跟国家能源政策部署，甚至在某些方面走在国家政策的前面，高质量地完成国家任务。如何进一步贯彻坚持绿色发展理念？在集团党委书记伍竹林的带

---

① 习近平. 习近平在全国生态环境保护大会上强调坚决打好污染防治攻坚战［EB/OL］. http：// www.gov.cn/xinwen/2018－05/19/content_5292116.htm（2018－05－19）［2021－01－10查阅］.

领下，广州发展坚持用创新理论武装党员干部头脑，在创新学习方式、拓展学习渠道、增强学习效果上下功夫，打造了全景透视学、融合业务学、联动共建学三个理论"充电桩"，不断夯实企业发展的思想政治基础。各级领导干部紧密联系基层，到基层一线调研、讲授党课；通过总部与基层共建、内部跨板块共建、内部与外部共建，加强资源共享、学习交流。各级党组织共开展学习共建活动，有效促进了共同进步、共同提高①。

4. 伍竹林董事长应该如何平衡传统能源业务、清洁能源和新能源技术业务的关系？

理论基础：习近平总书记在党的十九届五中全会上提出了《中共中央关于制定国民经济和社会发展第十四个五年规划和二〇三五年远景目标的建议》，会议提出，"推动绿色发展，促进人与自然和谐共生。坚持绿水青山就是金山银山理念，坚持尊重自然、顺应自然、保护自然，坚持节约优先、保护优先、自然恢复为主，守住自然生态安全边界。深入实施可持续发展战略，完善生态文明领域统筹协调机制，构建生态文明体系，促进经济社会发展全面绿色转型，建设人与自然和谐共生的现代化。要加快推动绿色低碳发展，持续改善环境质量，提升生态系统质量和稳定性，全面提高资源利用效率。"②

波士顿矩阵，又称市场增长率—相对市场份额矩阵，最初是由美国著名的管理学家、波士顿咨询公司创始人亨德森于1970年首创的一种市场战略方法。波士顿矩阵认为，决定产品结构的基本因素通常有两个：销售增长率与市场占有率，通过这两个因素相互作用，一般会出现四种不同性质的产品类型，形成不同的产品发展前景：①销售增长率和市场占有率"双高"的明星产品群；②销售增长率和市场占有率"双低"的瘦狗产品群；③销售增长率高、市场占有率低的问题产品群；④销售增长率低、市场占有率高的金牛产品群（见图1-3）。

① 广州发展微信公众号推文《以高质量党建引领企业高质量发展——广州发展集团创建"赋能发展"党建品牌纪略》，2020年10月10日。
② 十九届中央委员会. 中共中央关于制定国民经济和社会发展第十四个五年规划和二〇三五年远景目标的建议［EB/OL］. http：//www. gov. cn/zhengce/2020－11/03/content_5556991. htm（2020－11－03）［2021－01－10查阅］.

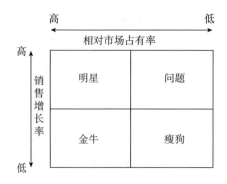

图1-3 波士顿矩阵

新兴市场企业创新理论框架：作为能源企业，坚持绿色低碳发展，提高资源的利用率，是其未来发展的必然要求。但是结合之前提出的"新兴市场创新理论框架"（图1-1）我们可以看出，影响企业创新的因素有很多，并且存在生态创新的投资大、起效慢、回报周期长等客观限制，是企业在进行生态创新时不得不面对的挑战；与此同时，考虑到传统能源业务在案例企业中所占的比例巨大，进行生态创新和新能源技术的研发，是一步到位还是亦步亦趋？

案例分析概述：结合上述理论和案例具体情境，教师可引导学生提出具体的方案，也可以提供以下两种观点让学生进行选择，然后给出各自的具体实施方案（包括短中长期的战略）和理由：

（1）观点一：基于火力发电不可动摇的地位和新能源发展的巨大潜力，短期内以传统能源业务为主，兼顾新能源技术发展；长期以清洁能源为主，加大新能源技术的研发。

《中国电力行业年度发展报告2020》指出，"2019年底，全国全口径发电装机容量201006万千瓦，其中，火电118957万千瓦，占比达59%。"说明火电仍然是我国的主力供电。针对广州发展集团，根据《广州发展集团有限公司2020年主要经营生产数据报告》，2020年1~12月属下电力公司合并口径发电企业累计完成发电量166.46亿千瓦时。其中，火电发电合计153.8千瓦时，占总发电比的92.3%；风力发电7.51千瓦时，占总发电比的4.5%；光伏发电5.15千瓦时，占总发电比的3.2%。但是，对比去年同期，火电的发电量降低了1.4%，风力发电的发电量上升了23.41%，光伏发电的发电量上升达到了147.18%。

不可否认的是，火力发电仍然占据目前电力业务的绝大部分。如果说清洁能源是"价值理性"的体现，那么传统能源则代表了"工具理性"。生态创新固然重要，但是稳住集团基本面，才是企业的生存之本。

（2）观点二：基于广州发展集团在清洁能源和新能源领域的先发者优势，短期和长期内均以清洁能源业务为主。同时，在短期内迅速增加清洁能源的业务量，大力研发新能源科技，同时降低传统能源业务比例，率先开拓市场蓝海。

作为中国最早涉足清洁能源并研发新能源技术的能源企业之一，广州发展集团早在2015年就被选为光伏发电的第一批试点企业。2016年，集团下属的第一个大型光伏发电项目就投入了商业化运营。

在多年的技术积累及政策扶植之下，广州发展集团作为清洁能源业务的领跑者之一，有资本也有能力进行大踏步的改革。借由这样的改革，集团能在未来的发展中进一步占据先发者优势，开拓市场蓝海，进而推动企业发展的生态创新及业务的结构升级。

5. 伍竹林董事长应该如何优化技术开发和技术引进的关系？

理论基础：创新生态关系理论（见图1-4）。到底应该自主研发还是技术引进？关键是从创新效率角度考察一种或多种技术创新方式对企业创新效率的贡献率，以及不同创新投入方式的企业投资回报率。从根本上讲，企业技术创新生态系统中自主研发与技术引进之间实际上是一种竞争合作、协同共生的生态关系。一方面，自主研发和技术引进两种技术创新方式均可增加企业技术储备进而促进企业的发展；另一方面，企业将资金过多地投入到其中一种技术创新方式上，势必导致其他技术创新方式资金投入减少。

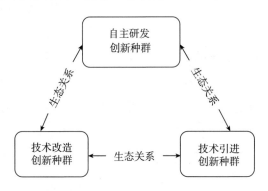

图1-4　创新生态关系理论框架

资料来源：何向武，周文泳，李明珠. 自主研发、技术改造与技术引进生态关系研究——以中国高技术产业为例［J］. 科技进步与对策，2020，37（08）：59-67.

案例分析概述：教师可通过两种方式引发学生思考，一种是问学生觉得应该如何平衡，一种是直接给出以下两种观点，然后问学生的选择和了解他们的分析过程。

（1）观点一：广州发展应该在技术开发和技术引进方面采取平衡战略。技术引进时效快，成本低，但是不利于企业核心竞争力的提升；而自主技术开发虽然有利于塑造企业核心竞争力，但是时间长、风险高。第一，加强核心技术自主研发力度。自 2009 年以来，广州发展集团不断对燃煤机组超洁净排放技术升级改造，其下属的燃煤电厂烟气排放已达到超低排放标准。广州发展坚持走绿色发展之路，积极响应国家绿色发展政策，努力探索清洁能源、新能源为主的发展模式，不断加大对清洁能源的投资力度，并发展多样化的新能源业务，开拓新的能源品种。第二，加强国际合作和技术引进。当前，广州发展将产业链向上游延伸，通过直接或间接参股广东大鹏液化天然气有限公司、珠海 LNG 一期项目等方式与上游供应商保持了密切良好的合作关系，增强燃气业务竞争力，提升公司面向珠三角综合能源供应商的战略地位。未来广州发展仍然需要进一步加强与国际企业的技术引进和合作。

（2）观点二：由于技术开发的成本高、时间长，广州发展应该更加注重创新技术引进。广州发展集团在早期进行脱硫脱硝的技术开发时，投入了大量资金，虽然之后效果显著，但是却耗费了大量的人力物力。同时，由于技术过于先进，其他企业的相关配套设备难以跟上，导致其花费了许多不必要的时间和金钱。创新固然是企业的核心竞争力，但是如果能在技术引进的基础上进行二次创新，将引进的技术结合企业的实际情况和新时代的行业标准，进行进一步内化，不失为一种事半功倍的策略。无论是从"手把手"的合作中学，还是从"面对面"的竞争中学，集团都有更多的机会接触、了解、学习国际先进的技术以及管理方法。与此同时，广州发展集团通过自身多年的技术积累，已经积累了一定的技术能力和资源，能够广泛地获取、利用、整合来自供应商、客户、合作伙伴甚至竞争对手的分散的技术知识，以满足客户迅速增长且日益多样化的需求。

六、背景信息

1. 目前我国仍然存在局部地区电力供需不均衡问题,进一步突显了我国电力市场深化改革的迫切性。近期我国"南方多省限电"事件深刻反映出我国电力资源与负荷中心分布不平衡,我国需要进一步加快推进电力市场改革。详见:周景彤,汪惠青. 从"南方多省缺电"话我国电力市场改革〔EB/OL〕. 国际能源网,https: //www. in – en. com/article/html/energy – 2300371. shtml. (2021 – 01 – 14)〔2021 – 01 – 14 查阅〕.

2. 广州发展集团股份有限公司《2009 – 2019 年可持续发展报告》。详见:广州发展集团股份有限公司网站:http: //www. gdg. com. cn/cn/shehuizeren/she-huizerenbaogao/.

七、关键要点

1. 习近平总书记的"两山"理论和五大发展理念
2. 新兴市场企业创新战略理论和方法
3. 创新生态关系理论和方法
4. 企业的技术能力构建模式

八、案例的后续进展

2021 年 1 月 31 日,据了解,广州发展集团党委已将绿色低碳战略写入集团"十四五"发展规划初稿,对照党中央提出的"十四五"经济社会发展主要目标和 2035 年远景目标,结合企业电力、天然气、能源物流、新能源、能源金融等产业体系实际情况,加强科学谋划,努力推进企业在建设国内知名的大型绿色低碳能源企业集团的道路上行稳致远。

九、案例研究方法说明

2020 年 6 ~ 9 月,案例调研组对广州发展集团进行了多次实地考察和深度访谈,访谈对象包括伍竹林董事长在内的 11 位企业高管,获得了大量一手资料。

访谈对象	职位	时长（分钟）	字数（万字）
伍先生	集团党委书记、董事长	354	5.4
吴先生	集团党委副书记、副总经理	174	3.3
申先生	集团副总经理	115	2.3
李先生	集团战略发展部经理	122	2.5
乔先生	燃气集团总经理	183	3.6
冯先生	新能源集团总经理	179	3.5
谢女士	能源物流集团总经理	127	2.7
许先生	燃气集团总工程师	186	3.5
施先生	燃气研究院院长	81	1.5
陈先生	气源市场部经理	74	1.1
张女士	安健环部经理	80	1.6

十、参考文献

［1］Shankar V，Narang U . Emerging market innovations：unique and differential drivers，practitioner implications，and research agenda ［J］. *Journal of the Academy of Marketing Science*，2020，48.

［2］叶冬娜．习近平"两山理论"对马克思主义生产力理论的丰富和发展［J/OL］.广西社会科学，http：//kns. cnki. net/kcms/detail/45. 1185. C. 20201215. 1433. 004. html.

［3］赵腊平．"两山"理论的历史、理论和现实逻辑——写在习近平总书记提出"两山"理论十五周年之际［EB/OL］. http：//www. mnr. gov. cn/zt/zh/xjpstwmsx/zypl_36556/202008/t20200816_2542131. html.（2020－08－16）［2021－01－13查阅］.

［4］习近平．生态兴则文明兴——推进生态建设 打造"绿色浙江"［J］.求是，2003（13）：42－44.

［5］任恒．习近平生态文明建设思想探微：理论渊源、内涵体系与价值意蕴［J］.贵州大学学报（社会科学版），2018，36（06）：7－14.

［6］朱东波．习近平绿色发展理念：思想基础、内涵体系与时代价值［J］．经济学家，2020（03）：5 – 15．

［7］肖红军，阳镇．可持续性商业模式创新：研究回顾与展望［J］．外国经济与管理，2020，42（09）：3 – 18．

［8］解学梅，朱琪玮．企业绿色创新实践如何破解"和谐共生"难题?［J］．管理世界，2021（1）：128 – 149．

［9］王浦劬，汤彬．基层党组织治理权威塑造机制研究——基于 T 市 B 区社区党组织治理经验的分析［J］．管理世界，2020，36（06）：106 – 119，248．

案例二　聚沙成塔：民营企业集团如何在健康发展中践行群众路线①

案例正文

【摘　要】　非公有制经济领域的健康发展一直备受重视，在 2015 年的中央统战工作会议上，习近平总书记强调，非公有制经济的健康发展和非公有制经济人士的健康成长，不仅是重大经济问题，也是重大政治问题。作为由村办小厂逐渐成长起来的民营企业集团，天津华源工业集团公司（以下简称"华源集团"）一直通过践行群众路线②，以推动企业的健康长远发展。本案例以华源集团践行群众路线为明线，以企业与员工的共同事业发展为暗线，探讨了华源集团在发展问题与挑战面前，如何通过践行"一切为了群众""一切依靠群众""从群众中来，到群众中去"，来体现"党和国家利益高于一切，公司和员工利益重于一切"的企业核心价值观，形成员工凝聚力，挖掘员工智慧，为企业健康发展提供坚实的群众基础。

【关键词】　民营企业集团；群众路线；"两个健康"③

一、引言

为全面总结 2020 年度工作，科学制定 2021 年度任务目标、计划措施，全

---

① 本案例由南开大学商学院的许晖、刘田田、周琪撰写，作者拥有著作权中的署名权、修改权、改编权。本案例授权陈瑞球亚太案例开发与研究中心使用，陈瑞球亚太案例开发与研究中心享有修改权、发表权、信息网络传播权、改编权、汇编权和翻译权。由于企业保密的要求，在本案例中对有关名称、数据等做了必要的掩饰性处理。本案例只供课堂讨论之用，并无意暗示或说明某种管理行为是否有效。

② 群众路线：党在自己的工作中实行群众路线，一切为了群众，一切依靠群众，从群众中来，到群众中去，把党的正确主张变为群众的自觉行动（源引自《党章》）。

③ "两个健康"：非公有制经济领域统战工作的重要指导思想，通过引导非公有制经济人士健康成长，促进非公有制经济健康发展（源引自《中国共产党统一战线工作条例（试行）》）。

面总结"十三五"工作，科学编制"十四五"战略规划，华源集团从 2020 年 10 月份开始便着手准备。

从周一至周五晚上 6 点加班到 8 点，周六日放弃休息时间，公司上下全体科级及以上干部和部分普通管理人员，以部门为单位认真总结谋划未来发展规划。2020 年 11 月 23 日下午，华源集团在党群活动中心召开学习领会党的十九届五中全会精神和年度工作任务学习推动会。华源集团各公司负责人依次汇报 2020 年度总结，董事长王立福对华源集团 2020 年在疫情防控、复工复产、区域清洁化等方面做出的成绩给予充分的肯定，鼓励华源员工继续发扬井冈山精神①，形成"星星之火可以燎原"之势，共同推动华源集团健康长远发展。

听着大家慷慨激昂地讨论着 2021 年度的工作计划和"十三五"工作总结，董事长王立福思绪万千，华源从一个村办小厂发展成为大型民营企业的过程中，如何保障华源人的生活需求与未来发展？如何带领华源人共渡难关？如何充分挖掘全体华源人的智慧与力量？看着面前的党徽和士气高昂的各级员工，华源近 30 年的发展历历在目，如电影般浮现在王立福的脑海中……

二、一切为了群众：不忘初心齐致富

1. 返乡建厂创事业，邻里乡亲发动难

王立福，1955 年出生自天津团泊洼张家房子村的一个普通农户家庭，那里流行着一首民谣："苦水盐边老东乡，旱了收蚂蚱，涝了收蛤蟆"，二十世纪六七十年代的北方农村生活条件仍旧十分艰苦。1984 年，王立福放弃镇上水利站的"铁饭碗"，决定下海经商，他说，"老家的贫困在我心里总有一种压力，想着发展吧，就得自己先强大起来，1984 年赶上改革开放的大好形势，心里还是有想法向前奔"。

在外多年的摸爬滚打，王立福积攒了一定的资产和经验，怀揣着对团泊洼父老乡亲的惦念，1992 年，他再次回到家乡，承包濒临倒闭的村办铁丝加工

---

① 2016 年 2 月 1 日至 3 日，中共中央总书记、国家主席、中央军委主席习近平在江西考察调研时指出，井冈山是中国革命的摇篮。井冈山时期留给我们最为宝贵的财富，就是跨越时空的井冈山精神。今天，我们要结合新的时代条件，坚持坚定执着追理想、实事求是闯新路、艰苦奋斗攻难关、依靠群众求胜利，让井冈山精神放射出新的时代光芒（源引自共产党员网，http://www.12371.cn/special/zgjs/jg-sjs/）。

厂，建立华源线材厂①，并担任张家房子村党支部书记，但万事开头难：当时由于村里大多数人主要从事农活，没有经营的概念，大家对新书记王立福和新厂子的发展前景并不看好，企业迫切需要打消职工长此以来形成的"等、靠、要"思想，可如何调动村民职工的积极性？如何让大家认识到华源的发展与个人的利益息息相关？又怎样使大家将发展华源当作自己追求的事业？

王立福带领支部一班人反复商量、研究改变被动局面的办法，他们深知团泊洼百姓的生活拮据，清楚此时大家最需要的就是实实在在的经济利益，只有拥有改善生活条件的经济保障，才能打消大家心中的疑虑，才会放心大胆跟着支部干，跟着华源干。王立福说，"我是华源的创始人，但华源绝不是'我的'，她是'我们的'——这个'我们'，就包括了每个员工和他们的家人；这个'我们'就意味着每一个人都要为华源贡献力量，同时，每一个人也必须分享到企业发展的成果"。

在外闯荡多年的王立福借鉴南方民营企业的经验，主张实施员工持股。"员工持股实现人才拥有产业，或许能够让大家更放心、更肯干，因为这就意味着人人都是企业的一部分，他们个人利益与企业息息相关"，于是，在"能干事的人给平台、干成事的人给希望、想干事的人给机会"原则指导下，构建"创始股、优先股、基金股和岗位股"的分配体系，创新建立能臣发挥、功臣保障、新臣希望的公平发展平台机制，进一步培养和锻炼复合型青年人才，全面推进公司事业可持续发展，更好地为社会服务。"说到必须做到，愚弄人的事不干"，王立福说，"我们真正做出来了，所以更多的人相信我们，加入我们"。随着华源的不断扩张，有相当一部分村民已经拥有股份，一定程度上提升了华源人对共同事业的责任感、使命感、荣誉感，也推动了华源共同事业的健康发展。

经过近30年的发展，华源线材厂在王立福的带领和大家的共同努力下，发展成拥有12家子公司的华源集团，总资产15亿元，员工3000多人，产品涵盖低碳镀锌钢丝产品系列、高碳镀锌钢丝产品系列、涂塑钢丝产品系列等10大类、400余种规格系列产品，产品畅销国内及世界70余个国家和地区，已成为产品多元化、市场全球化、管理现代化的综合性工业集团，是世界金属线材行业的领军企业。

---

① 华源线材厂：天津华源工业集团公司的第一家企业。

"少数人富了不算富，党员富了也不算富，群众富了才真算富"，这是王立福常说的一句话，伴随着华源集团的发展，他也不断地用实际行动回报着家乡的恩情。整体改善村民住宅条件，2000~2005年，华源集团先后投资5000万元，兴建了3万多平方米的住宅楼；从细节提升物质生活水平，投资监理净化水站，在村内主要街道两旁种树栽花，硬化村街路面，修建高标准公厕，安装路灯；从多方面满足村民精神需求，投资建起文化活动中心和健身广场，增加娱乐健康生活……可以说，老百姓的心和王立福这样一名好带头人紧紧地贴在了一起，也因此王立福在村党支部多次换届选举中，均以全票通过连任党支部书记。

2. 规模扩张揽外工，致富责任日渐重

"华源由厂子到企业，再由企业到集团，在这一发展历程中，我却又生出了一种矛盾感：一边为企业的壮大而高兴，一边又为肩上越来越重的担子感到忐忑。企业大了，员工多了，他们每一个人，以及每一个人背后的家庭，都是我们的责任"，王立福心中的惦记早已超越了同乡的范畴，开始承担起更多外来工的责任：他们背井离乡，要想在陌生城市扎根发展需要克服更多的困难，华源如何解决他们的后顾之忧？又怎样给外来工营造对华源的归属感？

对于外来工来说，最为困难的就是孩子上学问题，大多数外来工子弟由于无法满足在城里上学的条件，只能成为留守儿童，在农村就学。考虑到这些现实困难，为减少外来工对子女的牵挂，安心工作，增加家庭幸福感，华源集团投资2000多万元兴建华源小学和华源幼儿园，并移交当地教育局统一管理，使这些孩子在父母身边就能接受更专业的教育。在华源小学渐入正轨的同时，王立福始终高度关注外来工子弟的教育事业，持之以恒出资爱学、护学、助学、办学，设立"立福基金"，每年投入20万元用于激励学生和教师，每年投入15万元以上用于不断改善学校办学条件。如今，华源幼儿园和华源小学的学生大部分都是华源集团职工子女，优质教育资源不仅让学生们学到丰富的知识，还逐渐培养孩子高尚的情操和品格。来自黑龙江的于凯旋和来自河南的陈佳佳，就是在华源幼儿园和华源小学成长起来的孩子，他们以优异的成绩多次获得立福基金，于凯旋小朋友回忆说："还记得我第一次抱着立福基金的奖品走进家门的时候，父母眼里闪着激动的泪花。从那时起我就下定决心，下一年还要拿到立福基金的奖励。大家也许认为没有什么大不了的，可对于我们外地打工子女，这是多么大的鼓励。"

同时，王立福在工作之余还主动担任"问题孩子"的导师，给予精神指导，引导孩子了解父母，尊重父母，经常举办校企联合的德育教育、红色主题活动，例如"华源小学联合华源集团德育教育活动"，由父母手牵手到华源集团车间进行环境体验，在每次的体验过程中，欢呼雀跃、好奇兴奋的小学生们都深受触动，不断发出感慨，"这是我第一次来妈妈工作的地方，原来妈妈需要站着工作……""我以前都不知道爸爸是做什么的，今天看了以后我觉得爸爸工作非常辛苦，我以后一定要好好念书报答父母"。一位父亲激动地说："这对孩子和我来说都是一份意外的礼物，女儿从来没有来过我工作的地方参观，孩子对我工作的理解和感悟让我很欣慰。我们做家长的，就是全力以赴把自己工作干好，把工作干好了企业才能好，企业好了我们大家才能好，才能让我们的孩子更幸福。"

为了帮助外来工营造家的感觉，改善居住条件，华源集团投资 100 万元为他们在张家房子村集中兴建了居住区，与本村村民享受一样的水、电、暖优惠政策，外来工亲切地称之为"华源村"。正是由于坚持以人为本，采取了服务群众、利于群众的各项措施，张家房子村虽然外来人口近 5000 人，但始终保持了社会稳定，群众安居乐业，没有发生一起刑事案件，100% 都是文明户、遵纪守法户，2017 年评为"全国文明村"。

3. 健康发展需人才，深度教育高效能

在高度重视员工子弟教育的同时，王立福深刻意识到，华源集团的成绩，离不开每一位员工的努力，他们的发展意味着华源的未来，要想有更长远健康的发展，华源集团和员工整体文化水平的提升迫在眉睫。一方面，随着企业的规模不断扩大，早期跟随王立福的部分员工开始走上管理岗位，虽然这些老员工掌握大量实践经验，但缺乏理论指导和经验总结提升的能力，如何打破高层管理人员的自身能力瓶颈？另一方面，精良的品质来自优秀的一线员工，然而面对从拔丝、热处理、镀锌，到包装、模具、注塑等繁杂众多的工序，一线员工作业水平参差不齐，如何提高他们的学习能力？如何提升他们的技能水平？伴随着企业快速发展，怎样使各层级员工持续成长，都能看到长期职业发展的希望呢？

为此，华源集团大力实施"在职员工学历教育"工程，一大批管理人员走进北大、清华、南开等高等院校，接受 EDP、EMBA、MBA 等课程教育，大家不仅学到了知识，提升了素质，实现了个人梦想，同时学员的学习意识、主人翁意识、责任意识、大局和整体意识都显著增强。同时，华源集团将打造高技能员工人才队伍提升至强企战略高度，纳入"人才强企"战略，与"在职员工学历教育"工作同时推进，出台《推动高技能员工人才培养的工作意见》，进一步规范一线员工的技能培训和技能晋升，紧密围绕着"确保员工长本事、得实惠，企业有提升、得发展"的主题展开，将一线员工自身的职业发展与企业发展需要紧密结合。

在多年发展过程中，华源集团的许多职工获得了"全国优秀工会工作者""全国优秀工会工作者标兵""天津市劳动模范""静海优秀技能人才""静海工匠"等荣誉称号。在职员工学历教育、高技能员工人才培养工作是华源集团"人才强企"战略的进一步延伸和深化，充分反映"党和国家利益高于一切，公司和员工利益重于一切"的核心价值观，集中体现"为了事业好、为了团队好、为了家庭好、为了社会好"的发展宗旨和"创业、树人、精品、诚信"的企业精神，有利于华源团队整体水平的跨越提升，推动华源未来发展大局。

三、一切依靠群众：勠力同心战风雨

华源集团多年秉承着为全体员工服务的理念，也是缘于深信企业的发展必须依靠全体员工去努力，企业的困难必须依靠全体员工去克服。2020年伊始，突如其来的新冠肺炎疫情打乱了很多企业的运行节奏，各行各业被迫按下"暂停键"。没有人能够准确告知这个新冠病毒究竟有多可怕，谁也不知道疫情会持续多长时间。华源应该如何应对疫情带来的挑战？如何在高危情况下快速调动员工防控的积极性？华源在做好防疫的前提下开工复产，如何探索出一条突破危机之路？

1. 风雨欲来速反应，疫情防控处处险

针对严峻的疫情防控形势，华源集团党员干部提高政治站位，充分认识到疫情防控的重要性和紧迫性，迅速投入到疫情防控工作中，突出关键环节，压实各方责任，不留死角，严防死守。许多党员干部早晨6点就开始坚守在疫情防控岗位上，中午来不及吃饭就在岗位上吃方便面充饥，雨雪天脚上生了冻疮也不下岗位，挨家挨户排查村里居住人员，一丝不苟地进行厂区街道消毒，从不抱怨苦累。65岁的王立福每天都要多次到疫情防控岗位上看望党员志愿者和疫情防控工作人员，对疫情防控工作做出指导，鼓励大家站好岗、守好位，坚定信念和决心打赢这场疫情阻击战。

危情面前，避险是人的本能，但在党员干部的带动下，华源集团员工义无反顾向前冲：人事专员刘红娟、财办科纪珍梅，放弃假期休息时间，迅速返回到岗位，按照公司防疫指挥部统一安排，快速转变职责，从各自岗位变成疫情联络员，冒着可能感染病毒的风险，与各部门沟通员工基础资料与返程信息，承担公司所有人员信息统计工作。2020 年 2 月 17 日，纪珍梅向党支部提交了入党申请书，汇报自己这段时期对党的认识，她说，"这次疫情，我看到无数党员同志主动成为逆行者支援武汉，他们的理由只有一个，那就是我们是共产党员，我们要去保护我们的国家和人民，我很感动，深受鼓舞"。华源的发展党员工作由王立福亲自主抓，强调先自律后律人，通过政治思想潜移默化的影响，一步步吸引更多具备党性的党员。

"5176，收到请回话""5176 收到，有事请讲……"这是华源集团疫情防控微信群里经常跳出的内容。5176，是一辆车的车牌号，自从疫情防控阻击战打响以来，这辆七座车成为每天护送从家乡返厂需要到疫情隔离观察点的员工的专用车，安环科副科长程广双被指定为临时司机。从家乡返厂的员工来自全国各地，无形增加了风险系数，程广双却说把员工送到隔离点并不只是充当司机角色这么简单，隔离的是病毒，但绝不能隔离人心。

员工宿舍临时改造的隔离观察间，送走一批批结束隔离期的员工，又迎来一批批即将隔离的员工，物业科张军科长就负责这十几间隔离观察间的调配与管理。为了迎接新一批需要隔离观察的员工入住，张军每次都是不怕病毒风险、不怕脏累把房间打扫得一尘不染，把卫生间擦拭得干干净净，把房间的每个角落都严格消毒，为员工准备好安全环境。

战斗在抗疫第一线的，除了华源人，还有华源人的后代！孙静卉，南阳理工学院大二在读学生，爷爷孙友、父亲孙立彬和母亲李磊都曾经是华源公司的员工，她就出生于张家房子村，先后在华源幼儿园、华源小学读完了幼儿园和小学，生于斯，长于斯，充盈于斯。面对疫情，她毅然选择加入华源团队做一名疫情防控志愿者，协助封路、消毒、登记来往车辆及人员等工作，每天早上 8 点到岗，坚持工作到晚上 5 点，不顾天气寒冷，不畏风险，能和华源人一起为疫情防控阻击战付出自己的努力，她觉得这项工作非常有意义。

多年来，华源创造了优秀的企业文化，这种优秀的企业文化深入人心，不但影响着每位员工，也影响着每个家庭，形成了良好的家风，一代代传承、一代代塑造。为树立先进典型、凝聚榜样力量，2020 年 5 月 17 日，王立福召开"抗击疫情，感谢有你"表彰大会，对积极参与这次防疫工作的群众、党员和志愿者表示衷心的感谢。青年志愿者孙静卉说："这份志愿者证书我会珍藏一辈子，感谢组织的鼓励，今后我会继续发挥青年志愿者的先锋模范作用，为社会贡献一份自己的力量！"正是有了党员、华源员工和华源后代坚定的信念和快速有效的行动，华源集团才打赢了这场疫情防控阻击战，并顺利接回外来工，抢回复工复产时间。

2. 抗疫物资急需求，全员出动稳复工

在 2020 年第一季度，因疫情原因，国内口罩需求量激增，华源集团响应政府号召，全力保证防疫物资材料供应，积极调整生产线，调整订单结构。营销人员快速开发口罩用镀锌丝客户，由于疫情期间无法出差拜访客户，华源集团营销人员及早行动、提前部署，与国内外客户保持良好的沟通：营销人员通过微信和邮件与客户交流，耐心给国内外客户讲中国抗疫和企业复产故事，从全国总动员、全民共参与迅速打响疫情防控阻击战，到复工复产按下"快进键"，经济社会发展按下"重启键"，再到华源防疫、生产两不误；营销人员进现场、下车间，通过现代通信网络将市场、生产、技术、采购、财务、办公室等多部门联动、紧密配合，全体人员全力以赴保生产、保发货的热火朝天的动人场面拍摄下来，将视频发送给客户，让客户感到放心，确信在疫情挑战下华源有保质保量快速生产和按时交付的能力。几乎每个营销人员都在短期内开发出了客户，特别是华源线材张晓亮，先后开发了 50 多个口罩用镀锌丝客户。

为了确保及时交付订单，克服人员短缺的状况，在岗员工一人多岗、互帮互助操作设备，同时，公司积极整合上下游资源。公司制造部、设备科、技术中心、电镀车间等相关人员以及维修工紧密配合，在时间紧、任务重的情况下，加班加点对电镀 7 号生产线进行改造，从项目立项、到旧设备拆除，再到新设备安装、调试和投入生产，仅用短短 20 多天时间就提前建成一条新的口罩用镀锌钢丝生产线，在满足当地抗疫物资供应需求，稳定供应本地数家口罩生产厂家方面起到重要作用。随着口罩需求的不断增大，为了提高口罩鼻梁条生产供应能力，华源集团又改造了 3 条生产线，全力以赴保障口罩鼻梁条的供应。

疫情期间，如何在交货环节有效减少外来人员与本厂员工的直接接触？华源团队决定抽调一部分车间与料场的员工，专门负责进厂货车司机与销售的对接工作。这项临时安排的任务听起来简单，但是却需要强大的体力支撑和严谨细致的工作态度，需要来回往返于厂门口、料场、磅房、销售等多个地点，一趟全程下来往复大约有2千米的路程，而每个厂区每天的货车接待量平均有60～70辆，细算下来，一天100多千米，这群可爱的"快递员"每天好像都在跑马拉松一样，来来往往、反反复复，很少能有时间停下来休息。正是有了这些临时转岗员工的快速适应和辛苦劳累，华源集团才能快速实现复工复产。

全体华源人齐心协力为国家防疫工作做出了贡献，也为公司快速复工复产奠定了基础。在艰难的2020年第一季度，防疫、生产两不误，不仅成功保住原有市场，还新开发了口罩用镀锌丝等新增产品市场。

四、从群众中来，到群众中去：集思广益拓思路

共享荣华，从经济利益、职业发展、家庭生活等多方面为全体员工服务；共克时艰，在危难面前充分信任全体员工，依靠全体员工，才造就了如此坚实的群众基础。在此基础上，华源集团始终非常重视全体员工的智慧，如何挖掘全体员工，尤其是基层员工的智慧？如何创造鼓励基层员工表达自己的建议和想法的途径？又怎样扩大优秀员工的影响范围，创造更大的价值？

1. 一砖一瓦筑高墙，个人资源巧整合

经历过世界金融、经济危机、病毒肆虐等多种风险挑战，华源人清醒地认识到降本增效的重要作用，在关键时期降低费用过紧日子和省一分钱就是利润的重要性。

王立福基于群众路线的指导思想，提出处处要算账、人人会算账的基本要求，产品销售要算价格与费用账，物资采购要算市场变化价格对比账，产品制造要算成本精细账，占压资金要算融资费用账，待客要算虚荣成本账。为充分调动全体员工参与公司管理的积极性、创造性，鼓励员工针对公司现状提出建设性的改善意见或改革方案，节减成本，提高效率，推出《员工改善提案管理规定》，要求全体人员积极在节能降耗的工作中，以一种"价值"理念，解决成本问题。由于公司在成本管理方面抓得严、抓得实，也促进了员工成本意识的提升，华源上下把降本意识当成一种习惯，在耗材、运输、包装、订单搭配等全方面降本行动蔚然成风。

（1）修炼匠人心，付诸匠人行——电炉车间的维修师傅杨恩龙，巧妙设计独自一人运用卷成桶状的铁板加工制作风冷罩，他用几根废旧的铁管焊制了一个支撑铁架，用减速机为动力，做了一个简易的旋转设备，一个人就能将工作很好地完成，不仅节省了人力，设备匀速旋转焊接出的风冷罩也更加精细密实，杨师傅维护设备非常精心、及时，而不是在损坏之时才去补救，这样不仅有利于车间生产工作，也大大减低损耗成本，并在 2018 年获得静海区"五一劳动奖章"。

（2）模范华源人，实践出诀窍——华源线材拔丝一车间班长吴洪海，为了保证润滑剂的充分使用，不浪费成本，吴师傅利用车间的废旧光亮剂塑料桶，制作了简易的润滑剂使用装置，通过铁丝挂到拔丝水箱里，里面盛上膏状润滑剂，通过循环水一遍遍经过，让润滑剂在桶里充分融解，被一点点带到水箱里，保证了润滑剂的均匀，保证了成品质量，这一发明已经推广到整个车间，吴师傅的工作窍门数不胜数，也因此荣获"模范华源人"称号。

同时，为了促使员工真正参与到企业的管理中来，华源时代精益生产项目组完善《员工改善提案管理规定》，设置了 60～4000 元不等的奖励金额，获奖提案还在《天津华源报》进行报道①，员工踊跃参加，提案涉及现场隐患整改、消除浪费、工装制作、作业环境改善等，例如"合绳机后面麻芯放线架增加停机开关""拔丝涂硼水槽改善""拔丝机在线涂硼蒸汽阀更换"等多项员工提案，自员工自主改善方案实施以来，参与员工渐增，提案质量越来越好，它更代表着自主改善的思想已经在员工心中生根发芽。

小小改善，体现出员工的主动性和创造性以及对公司的热爱。打造精益现场的核心在于人，在于精益思想的打造。通过自主改善活动，切实反映出每位员工都是改善的动力源，只要人人积极主动参与，就能让自主改善绽放智慧之花。

2. 众人拾柴火焰高，团队作战促创造

除了《员工改善提案管理规定》，华源集团还不断探索新途径来更好地了解员工工作过程中存在的问题以及建议。

（1）创新尝试"单点课"，现场训练不脱产

单点课，这是他们积极尝试并且取得阶段效果的一种在现场进行培训的教

---

① 《天津华源报》为华源集团的内部刊物。

育方式，员工集中在现场不脱产进行训练，是针对班组中某一个人的疑问事项，包括技术问题或难点故障等，由能够较好地解决问题、处理故障的人员编写教材，召集相关人员进行集中讲解，从而达到信息资源的共享、经验的积累、效率的提高，例如，电磁阀基础知识及维护保养、机头安装方法、竹节丝的形成和处理方法等。单点课虽然得到了大家的肯定，但仍有很多提升的空间，因为员工参与的此类活动较少，得到锻炼的机会少，有的员工上台过于紧张而没有发挥出实际的水平。根据公司要求，推进办将继续组织管理人员专场单点课评选，以及员工专场单点课评选活动，让单点课融入每天的班前会中，不断提升管理人员和员工的素质能力。

（2）挖掘"内部客户价值"，创新连接你我他

"内部客户价值"活动，主要实质是把"上下级间的关系""上下道工序间的关系""部门与部门间的关系""科室与科室间的关系"看作是客户关系，相互了解需求强调"内部客户"创造价值并得到"认可"，实现部门科室之间团结协作的工作氛围。与"内部客户"深入交流，以"我是一切问题的根源，如果我是问题的一部分，那么就先解决我的问题"的理念，剖析自身工作存在的不足，寻找为内部客户创造价值的措施，通过交流、沟通、理解，增进部门科室之间的协作能力，并将与"内部客户"交流达成共识后工作改进措施和曾因互相不理解造成沟通障碍的案例整理成小故事近百篇，鞭策和激励自己改善工作方法。

华源集团将2020年定位为"学习年"，通过培养学习的能力，提高学习的境界，养成学习的习惯，打造学习型组织，不断提升个人能力，从而带动团队能力的提升。

五、未来展望

"十三五"工作总结结束，大家开始讨论"十四五"规划，王立福收回思绪说："华源之所以从一个村办小厂发展为大型民营企业，再扩张为集团公司，就是依靠对'群众路线'的有效践行，只有这样我们华源集团和华源人才能真正实现'两个健康'共同发展！我们必须在'十四五'时期继续践行群众路线。"

王立福带领与会人员集中观看《新闻1+1》"'十四五'：规划了怎样的未

来"①，用通俗易懂的语言讲解了党的十九届五中全会对大变局、新格局、平衡与高质量发展的精神要义，"规划中强调中国有超大的市场、强大的经济基础、完备的工业体系，有强大的国防和军事力量，最重要的是我们有以习近平同志为核心的党中央的正确领导，全国人民空前团结，这就是我们的'定心丸'，是我们的优势，更是我们在世界百年未有之大变局来临后仍然处于重要战略机遇期的保证"。

面对世界百年未有之大变局，王立福对华源各企业 2021 年工作和"十四五"战略规划提出要求，指出要主动融入"双循环"，外循环方面继续深耕国外市场，在保安全、保发展方面科学规划；内循环方面深化开拓国内市场，围绕民生衣、食、住、行和健康，基础设施建设、现代科技等市场领域科学规划。在高质量发展方面，华源应重点在继续恪守法律法规、环保卫生、安全、高新技术、高附加值产品、夯实企业管理基础、加强团队建设七个方面进行更加科学、高质量的规划，在高质量发展的道路上行稳致远。

六、附录

附录 2-1　华源集团员工获技能荣誉称号（部分）

表 2-1　　　　　　华源集团员工获技能荣誉称号（部分）

获奖时间	获奖员工	荣誉称号
2016 年	邢淑静	全国优秀工会工作者 全国优秀工会工作者标兵
2016 年	严磊	静海优秀技能人才
2016 年	赵金城	静海工匠
2017 年	邢淑静	全国"五一劳动奖章"
2018 年	王钺涵	天津市"五一劳动奖章"
2018 年	杨恩龙	天津市静海区"五一劳动奖章"
2019 年	毕洪伟	天津市静海区"五一劳动奖章"

---

① 《新闻1+1》20201029"十四五"：规划了怎样的未来：本期节目主要内容中国共产党第十九届中央委员会第五次全体会议公报发布，本次会议的重要议题是会议审议通过的《中共中央关于制定国民经济和社会发展第十四个五年规划和二○三五年远景目标的建议》，为未来5年乃至15年的中国发展擘画蓝图，https：//tv.cctv.com/2020/10/29/VIDEs97HxdknbFqP9HlBbrRI201029.shtml.

续表

获奖时间	获奖员工	荣誉称号
2019 年	李振民	静海工匠 天津市静海区"新时代创新创业之星"
2020 年	史奉喜	天津市劳动模范
2020 年	陈明强	天津市劳动模范
2020 年	于茂来	天津市静海区"五一劳动奖章"
2020 年	王占学	天津市静海区"五一劳动奖章"
2020 年	杨占峰	天津市静海区"新时代创新创业之星"

资料来源：根据华源集团内部资料整理得出。

附录 2 - 2 天津市华源工业（集团）公司关于"模范华源人"福利待遇的决定

天津市华源工业（集团）公司关于"模范华源人"福利待遇的决定

华源二十年的发展史，就是一部艰苦奋斗的创业史，从建厂的那一天起，来自五湖四海的员工，带着人生的理想，怀着对未来的美好追求，在极端艰苦的条件下，勇敢地奋斗在生产一线，克服了种种困难和挑战，扎根华源，与华源公司一道同呼吸、共命运，同进退、共荣辱，"发展华源，成就个人"是他们的信念，"爱岗敬业，忠诚奉献"是他们的操守，他们用勤劳的双手，用青春、汗水和忠诚创造出华源今天的强盛与繁华。桃李不言，岁月有声，他们的个体和品格，成为华源继续前行的宝贵财富和中坚力量。

华源的发展始终是依靠全体员工、为了全体员工，华源发展的成果由员工共同分享，随着（发改规定）文件的出台和"5432"发展战略的实施，这些生产一线的老员工们正继续坚守着"公司利益高于一切"核心价值观行进在"二次创业"的新征途中，在自己的工作岗位上继续发挥着光和热。为了更好地弘扬生产一线职工爱岗敬业、忠诚奉献的精神，经集团总裁办公会、集团党总支、集团工会研究决定，对在华源工作 5 年以上的生产一线职工授予"模范华源人"的光荣称号。

一、模范华源人的标准

1. 凡在天津华源集团工作 5 年以上（含）的生产线上的一线职工（包括维修工，班组长）；

2. 热爱祖国、热爱党、热爱社会主义、热爱华源；

3. 努力工作，勇于奉献，工作质量名列前茅；

4. 遵纪守法，遵守劳动纪律，遵守社会公德。

二、模范华源人福利待遇

1. 准予佩戴"模范华源人"胸牌；

2. 每年"五一"劳动节带薪旅游；

3. 每年春节发放"模范华源人"津贴，标准如下：

5 年以上的 1000 元；

10 年以上的 1500 元；

15 年以上的 2000 元；

20 年以上的 3000 元。

三、模范华源人的统计标准

每年统计一次，截止时间为每年的 1 月 1 日。

希望获得荣誉的同志，继续发扬成绩，戒骄戒躁，继续努力，以更加坚定的信念、饱满的热情、扎实的工作，迎接新挑战，做出新贡献。

集团号召全体华源人向"模范华源人"学习，以深入推进创先争优活动为契机，以集团"5432"规划确定的宏伟目标为己任，立足岗位、忠诚奉献、建功立业，推进二次创业步伐，为实现华源健康、和谐、跨越式发展做出新的更大的贡献。

天津市华源工业（集团）公司

中共天津市华源工业（集团）公司党总支

天津市华源工业（集团）公司工会

2012 年 9 月 24 日

教学笔记

一、教学目的与用途

1. 本案例适用于 MBA 和 EMBA 学员课程的《组织行为学》《领导学》课

程中企业核心价值观、群体动力及激励等章节的教学内容，适合有一定工作和管理经验的学员和管理者，也适用于工商管理专业本科生和硕士研究生的教学。

2. 教学目的：在建党百年之际，为深刻学习和领会习近平总书记的重要讲话和指示批示精神，充分认识加强"四史教育"①的重要性，加强党的理论教育和党性教育，本案例结合案例企业特征，选取"四史教育"中的重要内容——党的群众路线，作为党的理论主线，通过描述企业在"党和国家利益高于一切，公司和员工利益重于一切"核心价值观指导下的管理经营，分析华源集团如何通过贯彻党的群众路线的核心思想，推动企业的健康发展。

本案例旨在通过理论与实践之间不断迭代，探索党的群众路线对于企业管理实践的指导作用，并以此为出发点，培养学员发散性思维以及将理论与实践融会贯通的能力，提升学员提炼知识的技巧和总结经验的能力。具体而言，本案例的教学目标包括三方面：第一，培养学员洞察并提炼企业管理实践内在规律的能力；第二，加深学员对组织支持理论、群体凝聚力、员工创造性等相关理论的理解和应用；第三，启发学员探索企业管理实践与党的理论相结合的新方向。详见表 2 - 2。

表 2 - 2   案例教学目的

理论层面	
学生应该理解并掌握以下理论与概念：	
管理理论及概念	企业核心价值观、组织支持理论、群体凝聚力理论、员工创造性
党的理论及概念	党的群众路线理论、"两个健康"指导思想②
应用层面	
学生应该发展以下技能：	

---

① "四史教育"：是党史、国史、改革开放史和社会主义发展史教育的统称。2020 年 1 月 8 日，在"不忘初心、牢记使命"主题教育总结大会上，为迎接党的百年华诞，习近平总书记首次提出"四史教育"的概念（源引自共产党员网，https://www.12371.cn/2020/06/30/ARTI1593507249725826.shtml）。

② "两个健康"：非公有制经济领域统战工作的重要指导思想，通过引导非公有制经济人士健康成长，促进非公有制经济健康发展（源引自《中国共产党统一战线工作条例（试行）》）。

续表

应用层面	
理解企业核心价值观与党的群众路线理论的内在联系	企业核心价值观：企业的基本信念和行为准则 党的群众路线：党的生命线和根本工作路线① "两个健康"指导思想：通过引导非公有制经济人士健康成长，促进非公有制经济健康发展
组织支持、群体凝聚力等理论应用	组织支持：工具性支持、社会情感性支持 群体凝聚力：群体凝聚力的表现、群体凝聚力的影响因素
洞察并提炼企业管理实践内在规律	员工创造性的影响因素：团队因素、组织因素、领导因素
探索企业管理实践与党的理论相结合的新方向	党的群众路线：一切为了群众、一切依靠群众、从群众中来，到群众中去

二、启发思考题

1. 华源集团在实现"两个健康"发展目标的过程中，树立了"党和国家利益高于一切，公司和员工利益重于一切"的核心价值观，如何理解华源集团的核心价值观与党的群众路线之间的内在联系？

2. 企业对员工的重视和关心程度，决定了员工能够感知到的组织支持感。华源集团长期坚持"一切为了群众"，那么华源集团是如何通过保障员工利益来树立和提升员工的组织支持感的？

3. 疫情期间，华源集团的党员通过发挥先锋模范作用极大增强了全体员工的抗疫信心，带动全体员工积极投入到复工复产的工作中来。这一过程中，华源集团的员工凝聚力体现在哪些方面？这种凝聚力是如何形成的？

4. 华源集团践行党的群众路线"从群众中来，到群众中去"的工作方法，使员工真正参与到企业管理中来。华源集团是如何激发员工创造性的？如果你是华源的管理者，你认为还有哪些方式可以更好地激发员工创造性？

---

① 2013年6月18日，党的群众路线教育实践活动工作会议中，习近平发表重要讲话时强调"群众路线是我们党的生命线和根本工作路线"（源引自中国共产党新闻网，http://cpc.people.com.cn/n/2013/0619/c64094－21888765.html）。

5. 在中国特色社会主义新时代背景下，民营企业集团通过践行党的群众路线助力企业健康发展。如果你是企业的管理者，你认为还能如何更好地将党的群众路线这一工作方法与企业经营有机结合，通过发挥中国特色社会主义理论的优越性，有效指导和推动企业管理实践？

三、分析思路（见图 2-1）

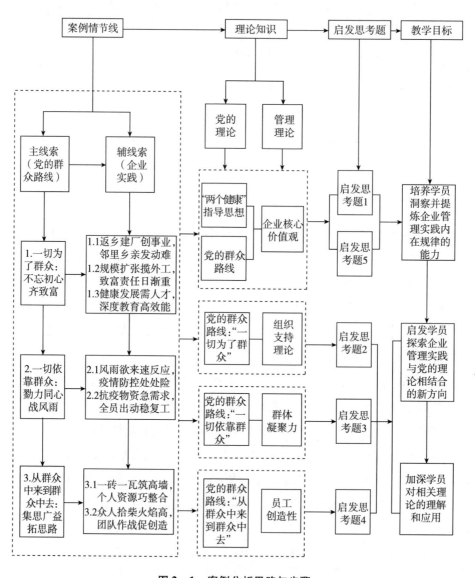

图 2-1 案例分析思路与步骤

四、理论依据与分析

基于本案例在课堂使用中学生的实际讨论，以下提供了案例思考题的解答和分析，同时提供了教师授课的流程、板书以及需要特别注意的地方，可作为教师使用本案例教学时的参考。

1. 华源集团在实现"两个健康"发展目标的过程中，树立了"党和国家利益高于一切，公司和员工利益重于一切"的核心价值观，如何理解华源集团的核心价值观与党的群众路线之间的内在联系？

理论依据：企业核心价值观指企业在长期发展中所形成和遵循的基本信念和行为准则，企业的核心价值是组织拥有的区别于其他组织的、不可替代的、最基本、最持久的特质，是组织赖以生存和发展的根本原因，是企业价值观中最核心的部分。企业核心价值观的落实应该从以下几个方面入手：第一，做好核心价值观的提炼，确保公司提炼出来的核心价值观，是公司真正需要的、共同的核心价值观；第二，做好核心价值观的传播，让核心价值观所倡导的理念无所不在；第三，通过制度建设来保障核心价值观所倡导的理念能得到落实；第四，通过公司的管理者、特别是公司的高层管理的亲身示范，来宣导公司所倡导的核心价值观。

分析思路：首先，教师可以与学生进行互动，提问学生"两个健康"的指导思想的内涵是什么？党的群众路线的主要内容是什么？并引导学生从案例中找到华源集团核心价值观的基本内容。可能的讨论及问题回答：

习近平同志在党的十九大报告中指出，构建亲清新型政商关系，促进非公有制经济健康发展和非公有制经济人士健康成长，"促进非公有制经济健康发展和非公有制经济人士健康成长，既是重大经济问题也是重大政治问题"，"两个健康"重要论述为新时代民营经济高质量发展指明了前进方向、提供了根本遵循。华源集团以党的群众路线为重要的思想引领，构建企业的核心价值观，有利于实现好、维护好、发展好全体员工的根本利益，是推动企业实现"两个健康"发展目标的关键。

党的群众路线是党的生命线和根本工作路线，对于企业而言，坚持党的群众路线更是企业构建核心价值观的重要思想引领。党的群众路线的基本内容强调：一切为了群众，一切依靠群众，从群众中来，到群众中去，我们党始终把人民利益放在第一位，把实现好、维护好、发展好最广大人民根本利益作为一切工作的出发点和落脚点。在企业的核心价值观构建过程中，实现好、维护好、发展好全体员工的根本利益，也应成为其遵循和践行的根本准则。

华源集团牢牢把握贯彻坚持党的群众路线的重大原则，树立了"党和国家利益高于一切，公司和员工利益重于一切"的核心价值观，自觉把党的群众路线认识得更深刻、贯彻得更坚决、落实得更彻底。华源集团的核心价值观不仅是企业家身体力行并坚守的理念，更是全体员工对企业目标的共同认同和企业遵循的基本信念和行为准则。

其次，教师可以结合企业核心价值观这一理论知识点引导学生具体分析，结合素材，坚持党的群众路线与华源集团的核心价值观的契合点体现在哪些方面，体会"党和国家利益高于一切，公司和员工利益重于一切"的核心价值观为企业的健康发展带来了怎样的改变等。华源集团的核心价值观与党的群众路线之间内在联系的体现，可能的讨论及问题回答：

（1）华源集团把思想建党作为根本任务摆在首位，企业核心价值观是对党的群众路线的深刻认识和集中体现。企业时刻牢记宗旨、紧紧依靠员工，始终保持企业发展的根本属性和正确方向，自觉地担起政治责任、经济责任和社会责任，华源集团的创始人王立福建立华源线材厂的初衷是帮助团泊洼的乡亲们摆脱贫困，并带领他们共同致富，因此，华源集团自建立以来，便自带"一切为了群众"的"基因"，坚决落实好全心全意依靠员工办企业的方针，把创新驱动促发展、深化改革促发展植根在广大群众这一深厚土壤中，不断巩固党执政的经济基础和群众基础，使党始终成为中国特色社会主义事业的坚强领导核心。

（2）华源集团始终把解决人民群众的突出问题贯穿始终，企业核心价值观是党的群众路线的切实贯彻和有效落实。坚持群众路线，需要始终坚持问题导向，老老实实地为人民群众办实事、解疑难，不断让人民群众获得更多的实惠。华源集团努力践行为每一位员工以及他们的家人谋福利的根本理念，不仅通过构建股份分配体系，使全体员工通过为华源集团贡献力量分享企业发展的成果，还投资兴建华源职工小学和华源幼儿园，为外来工子女创造一流的教育环境。由此，华源集团有效促进了员工快乐工作、幸福生活，更有助于营造和衷共济、和谐发展的企业氛围。

（3）华源集团坚持以人为本，党的群众路线赋予企业核心价值观的思想引领，是企业实现健康发展的内在动力。党的群众路线强调"一切为了群众""一切依靠群众""从群众中来，到群众中去"，华源集团将党的群众路线落实到企业核心价值观层面，强调以人为本，倡导促进企业与员工的共同发展。一方面，切实增强员工工作意识和工作能力，为员工提供一个良好的发展平台和空间，充分激发员工的自我效能感、积极性和创造性；另一方面，将企业目标与员工个人目标统一起来，实现发展依靠员工、发展成果员工共享，以员工自我实现推动企业蓬勃发展，以实现"两个健康"的发展目标。

2. 企业对员工的重视和关心程度，决定了员工能够感知到的组织支持感。华源集团长期坚持"一切为了群众"，那么华源集团是如何通过保障员工利益来树立和提升员工的组织支持感的？

理论依据：组织支持整合模式既包括影响核心服务任务执行品质的工具性支持，也包括影响服务传递品质的社会情感性支持。其中，工具性支持是组织帮助员工实现动态需求（如成就、权力和影响、自尊、自主权）的一系列要素，由信息支持、物质支持和行为支持组成；社会情感性支持是指利用个体的人际关系及社会网络帮助个体满足基本群体性需求（如亲密、情感、关怀）的一系列要素，由亲密支持、尊重支持和网络整合共同构成（见图2-2）。

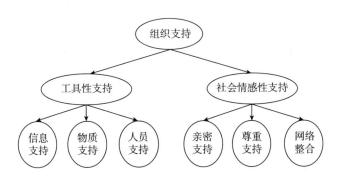

图2-2　组织支持的结构模型

分析思路：首先，教师可引导学生理解并掌握组织支持和组织支持感等相关概念的内涵，体会企业提供组织支持与员工获得组织支持感之间的内在联系，并引导学生思考"获得更多组织支持感的员工，在工作方面会有怎样更好的表现"。可能的讨论及问题回答：

组织支持感是员工从组织支持中感知和获得的一种总体知觉和信念，并在很大程度上影响员工是否愿意留在组织内部并为组织做出贡献。企业需要不断给予员工组织支持，提升员工的组织支持感，从而提升员工的工作积极性。在接受组织支持的过程中，体验到更多组织支持感的员工，对组织可能会形成更多的情感承诺，他们的工作会超过职责规定的要求，并且会为了帮助组织处理出现的问题而做出灵活的反应。相反，如果员工感到组织轻视自己的贡献和福利，员工对组织责任的认知会相应减少。

其次，教师与学生互动提问"为了培养和提升员工的组织支持感，华源集团提供了怎样的组织支持？"引导学生从工具性支持和社会情感性支持两个方面思考。同时，引导学生思考华源集团提供组织支持的基本思路与党的群众路线之间的内在联系。学生从案例素材中可以发现，华源集团采取了多样化的组织支持形式，以提升员工的组织支持感。可能的讨论及问题回答：

在工具性支持方面：

（1）物质支持。为了促使员工积极为企业的发展贡献力量，并一起分享企业发展的成果，华源集团构建了"创始银股股份、优先银股股份、基金银股股份和岗位身股股份"的分配体系，通过员工持股的方式，将员工个人利益和企业紧紧联系在一起。（2）信息支持。为了提升员工的技能水平，赋予员工追求卓越的进步空间，华源集团将高技能员工人才培养纳入"人才强企"战略，进一步规范一线员工的技能培训和技能晋升，将一线员工自身的职业发展需求和企业发展需要紧密结合起来。（3）人员支持。为了给员工搭建一个公平发展的机会，华源集团在"想干事的人给机会、能干事的人给平台、干成事的人给希望"的原则指导下，创新性地搭建了能臣发挥、功臣保障、新臣希望的公平发展平台机制，升华了华源人对共同事业的责任感、使命感、荣誉感。

在社会情感性支持方面：

（1）亲密支持。为增加员工的忠诚度和稳定性，让员工更加安心地工作，解决员工生活中的后顾之忧，华源集团投资100万元为外来工及家属集中兴建了居住区，与本村村民享受一样的水、电、暖优惠政策，同时投资2000多万元兴建华源职工小学和华源幼儿园，为外来工子女创造一流的教育环境，并设立"立福基金"，鼓励孩子们努力认真地学习。（2）尊重支持。为维系员工与家庭的良好氛围，王立福主动担任起了"问题孩子"的导师，给予精神指导，引导孩子了解父母、尊重父母，为此，华源集团联合华源小学开展德育教育纪实活动，由父母手牵手到华源线材公司车间进行环境体验，并由父母亲自给孩子讲解自己平时的工作状态，让孩子们切身体验到父母工作的劳苦。（3）网络整合支持。为提升员工文化素养和管理能力，华源集团大力实施"在职员工学历教育"工程，将一大批管理人员送至高等院校接受高管培训，员工不仅取得了学历教育毕业证书，而且学到了知识、增强了能力、提升了素质、实现了个人梦想，更有助于其焕发创新动力和工作热情。

华源集团切实践行党的群众路线的思想引领，在企业核心价值观的指导下，真正地遵循"以人为本"的理念，无论是工具性支持还是社会情感性支持，华源集团提供组织支持的原则都是"员工利益重于一切"，这契合了"一切为了群众"的核心思想；党的支撑作用则体现为党组织的凝聚力和战斗力、对组织支持的制度规范、对服务型基层党组织的建设等。正是由于企业营造了组织支持的氛围，当员工体验到的组织支持感较强时，员工便会对组织产生比较正向的看法和信念，这种正向的信念会使员工形成更多的组织承诺（见图2-3）。

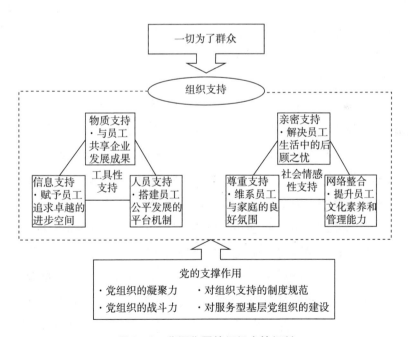

图2-3　华源集团的组织支持机制

3. 疫情期间，华源集团的党员通过发挥先锋模范作用极大增强了全体员工的抗疫信心，带动全体员工积极投入到复工复产的工作中来。这一过程中，华源集团的员工凝聚力体现在哪些方面？这种凝聚力是如何形成的？

理论依据：群体凝聚力，又称群体内聚力，是指群体对成员的吸引力和成员对群体的向心力，以及成员之间人际关系的紧密程度综合形成的、使群体成员固守在群体内的内聚力量。群体凝聚力的影响因素包括：群体成员的一致性、群体的领导方式、群体规模、外部的影响因素、群体成员需求的满足、群体内部的奖励方式、群体的地位、信息的沟通等。

分析思路：首先，教师可引导学生思考华源集团在疫情期间顺利实现复工复产的关键原因，引导学生从员工凝聚力方面进行思考，启发学生结合案例素材，分析华源集团员工凝聚力的体现。可能的讨论及问题回答：

员工凝聚力反映了群体对成员的吸引力和成员对群体的向心力，当群体对成员的内聚力量达到一定强度且群体成员在群体中贡献自身的价值时，这个群体就是凝聚力强的群体。在疫情期间，华源集团便是依靠凝聚力强的员工群体顺利实现了复工复产，充分发挥了"一切依靠群众"的关键力量。华源集团的员工凝聚力具体体现在如下两个方面：

（1）群体成员强烈的责任感和义务感。面临严峻的疫情形势，华源集团党员干部义无反顾地投入疫情防控工作中，为复工复产的顺利推进保驾护航。在党员干部的带动下，人事专员刘红娟、财办科纪珍梅果断承担起与各部门沟通员工基础资料与返程信息统计的相关工作，安环科副科长程广双每天护送员工从家乡返厂需要到疫情隔离观察点，员工宿舍被临时改造为隔离观察间，更有防疫一线的工作人员奋不顾身，他们的行动坚定而迅速，极大提升了员工返岗的工作效率和安全性，为企业复工复产提供了关键的人力资源。

（2）群体成员强烈的认同感和归属感。尽管员工开始陆续返岗，但疫情蔓延带来的市场不景气仍旧给企业复工复产带来了巨大的挑战，不仅是客户拓展和维护方面，企业在生产及交付等环节也面临诸多难题。在这种情况下，华源集团员工并未气馁，他们对企业有强烈的认同感和归属感，坚信团结和创新定能帮助企业渡过难关。为此，华源集团营销人员及早行动、提前部署，千方百计与国内外客户保持良好的沟通，在岗员工一人多岗、互帮互助操作设备，更有临时转岗员工快速调整投入到工作中，正是由于华源全体员工齐心协力、全力以赴，华源集团才能快速实现复工复产。

其次，教师可以结合群体动力理论的知识点，引导学生分析企业凝聚力形成的主要因素，帮助学生体会员工凝聚力对企业发展的关键作用，体会企业核心价值观中"一切依靠群众"的核心思想，领悟党的群众路线在促进员工凝聚力形成中的重要作用。可能的讨论及问题回答：

华源集团的员工凝聚力在疫情期间的复工复产过程中发挥了巨大的作用，极大彰显了"一切依靠群众"能够为企业创造的价值。在这一过程中，员工凝聚力的形成主要有以下因素：

第一，群体成员的目标一致性是凝聚力的基础。在以"员工利益重于一切"的核心价值观指导下，企业为员工营造了组织支持的良好氛围，获得较高组织支持感的员工已经形成了较强的组织承诺，他们认同并信任组织的目标和价值观，愿意为组织利益付出努力，帮助企业渡过复工复产过程中遇到的困难。

第二，外部压力也是激发员工凝聚力的重要外部因素。当华源集团面临复工复产过程中的难题时，企业员工同样面临工作中的压力，他们倾向于紧密地团结起来一起抵抗外部压力，从而有利于增强群体成员的团结精神，提高群体的凝聚力。

第三，最具有决定性作用的因素是党员的先锋模范带头作用。在华源群体凝聚力的形成过程中，"党员带头上一线"是增强员工凝聚力的"强心剂"。无论是在助力员工安全返岗时，还是在稳生产促发展的经营过程中，党员干部均冲在前面，不畏艰难，任劳任怨，发挥了党员的模范带头作用，这充分感召了员工对企业的义务感和责任感，鼓舞全体员工紧紧团结在企业的周围，由此促进了员工凝聚力的形成。

但是，在该问题的讨论中，可能有学生提出质疑，如"我们公司好像并不是这样的，党员的模范带头作用并未凸显，更多还是公司的各种规章制度在维系员工之间的凝聚力""企业的员工凝聚力更多可能体现在小团队之间，整个企业的员工凝聚力还是很难形成的，依靠员工的责任感、义务感、认同感、归属感等，基本很难实现""对于我们基层员工来说，群体凝聚力对我们的工作似乎也没什么太大的影响，我们只要把本职工作做好就可以了"……面对学生在问题讨论中的质疑，教师可围绕疫情复工复产这一极端特殊的情境进行分析，"一个群体在面临危机时才会更多地考量凝聚力的问题，即该群体能否团结起来抵抗外部压力"，进一步引导学生提炼华源在疫情复工复产的情境中的凝聚力表现以及形成凝聚力的原因。

实际上，群体凝聚力形成的更深层次的原因是，员工之所以能够感受到自己被带动起来，不仅是受到了党员的感染（氛围），更是源于组织支持给予员工的责任感、义务感、认同感、归属感；同时，一定是党组织充分发挥了组织支持的保障机制，"企业没有让努力深入一线、无私奉献的员工吃亏"，所以大家都选择在组织中奉献自己，凝聚力才得以更大程度地加强。对这一问题的分析能够帮助学生明晰党员的模范带头作用的重要意义，并理解组织支持和组织支持的保障机制（理论知识点 2）的重要作用，从而突出中国实践的特点和新颖性，启发学生对党的群众路线理论的深入理解（见图 2 - 4）。

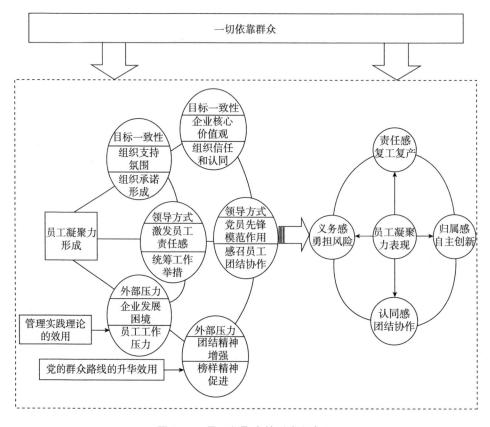

图 2 - 4　员工凝聚力的形成和表现

4. 华源集团践行党的群众路线"从群众中来，到群众中去"的工作方法，使员工真正参与到企业管理中来。华源集团是如何激发员工创造性的？如果你是华源的管理者，你认为还有哪些方式可以更好地激发员工创造性？

理论依据：员工创造性指产生新颖且有潜在价值的事物或想法，包括新的产品、服务、制造方法及管理过程等，它可以促使企业在激烈的竞争中生存、革新和成长。从企业层面来讲，员工创造性的影响因素包括团队因素、组织因素和领导因素三个方面。

分析思路：首先，教师可引导学生掌握和理解员工创造性这一理论知识点的内涵和影响因素，使学生对企业如何激发员工创造性有理论层面的了解。

其次，启发学生依据案例素材，从团队因素、组织因素和领导因素三个方面，对华源集团激发员工创造性的相关举措进行分析，深入体会如何能够更加有效地激发员工创造性。可能的讨论及问题回答：

员工创造性是组织创新绩效提升的重要基础，华源集团在生产经营过程中，充分听取员工的意见和建议，并将其应用转化为推动企业改革和创新的不竭动力，真正做到"从群众中来，到群众中去"。同时，团队创新氛围的形式促进了员工团队创新工作的认同，员工创造性得以进一步激发。华源集团激发员工创造性的关键举措主要表现为如下几个方面：

（1）团队因素：群策群力解决问题，积极营造创新氛围，培养员工对党组织的责任感，使员工褒有先进创新的精神。单点课是华源集团的特色活动之一，目的是鼓励基层员工提出在实际工作中遇到的问题，如技术难题和难点故障等，由此，班组中其他有经验的员工则能够针对这一问题为其提供解决方案，这一过程不仅能够集中大家的智慧攻克生产中出现的问题，还能"以老带新"，将宝贵的经验传承给富有创造力的新员工，确保信息资源的共享和生产效率的提升，更能营造互帮互助、共同进步的学习和创新氛围。

（2）组织因素：完善创新激励机制，激发员工创造热情，党组织提供更多的鼓励和支持，赋予员工组织荣誉感。成本控制是制造企业稳步发展的重中之重，而员工作为生产过程中的直接参与人，对生产流程中各个环节最为熟悉，依靠员工所做的生产改善往往最基础也最有效。华源集团在降本增效的过程中，推出《员工改善提案管理规定》，充分借助基层员工的智慧，从耗材、运输、包装、订单搭配等方面全方位开展降本行动，并完善激励机制，使员工积极参与到自主改善的过程中来，为企业生产的精益管理贡献力量。

（3）领导因素：重视员工反馈机制，提升员工自我效能感，发挥党员的先锋模范带头作用，充分激发和汲取员工的群体智慧。华源集团坚信，"职工智造"是推动企业高质量发展的一股重要力量，为探寻工作改进的新方法，华源集团员工创造性地开展"内部客户价值活动"，以剖析自身工作存在的不足为起点，归纳各部门沟通过程中可能存在的障碍及解决问题的方法。在这一活动中，每位员工都能够积极参与进来，自我追溯工作中有待改进和提升的空间，不仅促进了个人工作能力的提升，更激发了团队整体综合能力和工作效率的提升（见图2-5）。

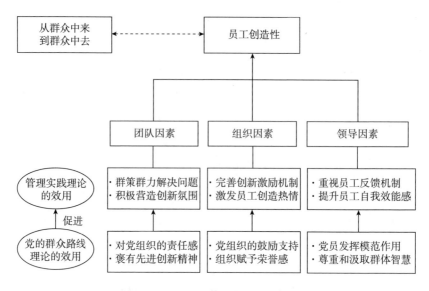

图2-5 员工创造性的影响因素分析

最后，为强化学生对员工创造性的影响因素知识点的掌握，引导学生结合自身在工作中的体会，从团队因素、组织因素和领导因素三个方面，深入思考企业管理者还能从哪些方面激发员工创造性，从而通过"从群众中来，到群众中去"实现企业健康发展的目标。可能的讨论及问题回答：

我们所处的科技时代瞬息万变，不管是行业技术层面、企业管理层面还是其他层面，均需要创新源不断地输送活力。企业发展需要创新人才在企业内部施展抱负，实现创新行为，因此，管理者和领导者应努力确保他们所建立的环境能够激发员工追随者的创新性。

进一步地，针对"你认为还有哪些方式可以更好地激发员工创造性？"这一问题，学生可能会延续理论中对于员工创造力的分析逻辑，从团队层面、组织层面和领导层面来延伸思考，可供教师参考的主要思路如下：

团队层面。鼓励员工从多重角度思考问题，让员工参与到决策制定的流程中，制定切合实际以工作为核心的工作愿景；鼓励员工质疑企业现状，发现公司的不完美，在员工工作中不断注入新鲜感，激发员工的创新热情，为员工创造有挑战性的体验，让员工在工作中最大化参与。

组织层面。赋予员工自信，提供个人学习和成长机会，按照员工的优势设置职位，发挥员工的招牌优势；告诉员工做什么，别规定怎么做，与员工分享任务背景并基于此提供任务之间的关系，鼓励员工定义自己的工作角色，独立解决问题，让员工承担责任并对结果负责。

领导层面。在激发员工的过程中，领导者树立个人角色榜样，体现和强化与下属员工所信奉一致的价值观念，唤醒员工的创新动力；鼓励员工从工具理性取向转为道德取向，从关注个人所得转向关注为集体所做的贡献，让员工建立更广阔的企业发展视野和驱动力。

5. 在中国特色社会主义新时代背景下，民营企业集团通过践行党的群众路线助力企业健康发展。如果你是企业的管理者，你认为还能如何更好地将党的群众路线这一工作方法与企业经营有机结合，通过发挥中国特色社会主义理论的优越性，有效指导和推动企业管理实践？

分析思路：本题为开放题，旨在引导学生通过对本案例的探讨，体会民营企业集团如何通过践行党的群众路线实现健康发展。具体而言，首先，教师可引导学生从党的群众路线的基本内容出发，深入思考并体会中国特色社会主义新时代背景下，民营企业集团在践行党的群众路线过程中"群众"与企业的关系和意义。可能的讨论及问题回答：

对于企业来说，"群众"的概念更多地与"员工群体"类似，党员作为"员工群体"中具有标签的、褒有先进性的一部分群体，在企业发展过程中做出了重要贡献。对于企业而言，员工是企业发展的重要推动力，对企业综合实力的整体发展具有不可替代的重要性，"得民心者得天下，水能载舟亦能覆舟"，员工与企业的关系不是狭隘的、简单的"雇用与被雇用"的关系，而是"风雨同舟、沧海共济"的关系，是合伙、合作的关系，是"利益共享、风险同担"的双赢、共好的关系。

其次，引导学生通过"一切为了群众""一切依靠群众""从群众中来，到群众中去"三个层面，启发学员探索企业管理实践与党的理论相结合的新方向。同时，教师可根据对这一问题的讨论，引导学生体会中国的理论自信，增强学生的党性修养。可能的讨论及问题回答：

"一切为了群众"可以从以下几方面考虑：第一，积极践行企业"党和国家利益高于一切，公司和员工利益重于一切"的核心价值观，建设企业核心价值理念体系，凝聚企业发展正能量；第二，加强职工职业生涯设计，完善职工福利体系，激发职工良好精神状态；第三，建立困难党员、困难职工日常帮扶救助机制，拓宽帮扶渠道，加大帮扶力度，把企业的温暖真正送到心里、落到实处。

"一切依靠群众"可以从以下几方面考虑：第一，发挥党支部战斗堡垒作用，提升组织力。严格执行"三会一课"制度，做到思想政治工作到支部、教育管理党员到支部、宣传鼓动群众落到支部；第二，发挥党支部书记带头作用，提升引领力。把基层书记建设作为夯实基层基础的"先手棋"，打好"选配、培养、帮带、管理、激励"组合拳，选优配强支部班子，把基层党支部书记岗位作为选拔领导干部的重要台阶。第三，发挥党员先锋模范作用，提升带动力。围绕企业改革发展中心任务，持续开展党员责任区、示范岗创建活动，激励党员在思想作风上当先进、业务开展上当骨干、工作岗位上当模范、经营业绩上当标杆。

"从群众中来，到群众中去"可以从以下几方面考虑：第一，把党建工作贯穿于企业各项工作的全过程，把党员组织起来、把人才聚集起来、把职工动员起来，使业务工作的每项进展和成绩都凝聚着党组织的支持和保障；第二，构建和谐的劳动关系，畅通劳动者愿表达的渠道，维护员工的合法权益，广泛征求、集中员工合理化建议，激发员工主人翁意识，把员工的心声、智慧集中起来，以利于企业做出更科学的判断和决策；第三，创造特色企业文化、营造健康向上的环境氛围，坚持先进文化的发展方向，激发员工斗志，增强企业主和员工的社会责任感，推动企业生产经营朝着健康、有序的方向发展。

五、背景信息

1. 新时代民营企业党建典型案例分析报告，http：//ex. cssn. cn/dzyx/dzyx _xyzs/201909/t20190925_4977015. shtml；

2. 深刻认识新时代加强民营企业党建工作的重大意义，http：//www.fx361.com/page/2020/0817/6955762.shtml；

3. 新时代民营企业党建经验交流会在中央党校（国家行政学院）举办，https：//www.ccps.gov.cn/bmpd/bks/xwdt/201906/t20190624_132525.shtml；

4. 中国的民营企业为什么要加强党的建设？https：//baijiahao.baidu.com/s?id=1647419839459568454&wfr=spider&for=pc。

六、关键要点

1. 案例分析关键要点

（1）理解党的群众路线、"两个健康"指导思想的基本内容，分析企业核心价值观的基本内涵；

（2）结合企业为保障员工利益采取的相关举措，提炼能够提升员工组织支持感的组织支持方式；

（3）疫情期间复工复产过程中企业员工凝聚力的体现，以及员工凝聚力形成的内在机理；

（4）基于企业利用员工智慧的相关举措，分析激发员工创造性的关键思路。

2. 关键知识点

（1）企业的基本信念和行为准则：核心价值观；

（2）提升员工组织支持感的方式：组织支持理论；

（3）应对疫情的复工复产过程中员工做出的巨大贡献：群体凝聚力理论；

（4）企业充分汲取员工智慧以保持创新力：员工创造性。

3. 能力点

（1）对党的群众路线理论、"两个健康"指导思想以及企业核心价值观内涵的理解能力；

（2）对企业组织支持方式的提炼能力；

（3）对群体凝聚力和员工创造性等相关理论的综合运用能力；

（4）针对案例开放性问题持续性思考与发散性思维的能力。

七、建议的课堂计划

1. 课堂计划

本案例可以用于专门的案例讨论课，如下是按照时间进度提供的课堂计划建议，仅供参考。整个案例课的课堂时间可控制在 100 分钟以内，大致的时间安排和教学计划如下：

表 2 - 3   教学计划

序号	内容	主题及要求	形式	时间
1	课前准备	暂不提前发放"华源集团"案例企业相关材料，让学生关注和收集有关党的群众路线、"两个健康"指导思想、企业核心价值观、组织支持理论、群体凝聚力等相关概念，了解民营企业党建的相关背景信息	个人阅读	不限
2	课堂阅读	让学生仔细阅读案例材料，目的在于熟悉案例材料，初步明确案例分析主题	按照 5 ~ 8 人，分小组准备	15 分钟
3	课堂讨论安排	第一，引导学生以"华源集团是如何践行党的群众路线的？"为中心问题，对华源集团的管理实践进行分析，并进行小组讨论； 第二，启发学生思考"一切为了群众"与组织支持理论之间的联系，分析党的理论和西方管理理论是否具有异曲同工之妙； 第三，沿着"一切为了群众"的分析思路，启发学生思考在群体凝聚力形成过程中，"一切为了群众"形成的组织支持发挥了什么作用，并进一步探寻"一切依靠群众"与群体凝聚力理论之间的联系； 第四，将"从群众中来，到群众中去"的企业实践与员工创造性理论相结合，体会党的理论在企业经营过程中的优越性	分小组讨论，准备发言提纲	45 分钟
4	小组发言	针对上述要求和案例给出的思考题，根据讨论结果由小组轮流发言	小组发言，教师记录	25 分钟
5	讨论总结	教师进一步引导全班讨论，并进行归纳总结，引出发散性思考问题"你认为还能如何更好地将党的群众路线这一工作方法与企业经营有机结合，通过发挥中国特色社会主义理论的优越性，有效指导和推动企业管理实践？"引导学生通过对前四个案例讨论题的分析，启发学生探索企业管理实践与党的理论相结合的新方向	教师归纳总结，自由发言	15 分钟

续表

序号	内容	主题及要求	形式	时间
6	课后计划（可选）	为学生提供参考文献及相关理论分析资料，结合小组讨论和课堂分析，写出更具体的评述	小组完成	不限

2. 课堂板书设计

板书设计见案例分析中"图 2 - 3 华源集团的组织支持机制""图 2 - 4 员工凝聚力的形成和表现""图 2 - 5 员工创造性的影响因素分析"等内容。

八、案例的后续进展

2020 年 12 月 31 日，天津华源集团王立福董事长主持审议《"十三五"工作总结和"十四五"发展规划》草案[①]，王立福表示，在当今世界正在经历百年未有之大变局的阶段，各企业全面总结好"十三五"、科学谋划好"十四五"是立足新发展阶段、贯彻新发展理念、构建新发展格局，实现高质量发展的重要内容。华源集团各企业要贯彻落实党的十九届五中全会精神，统一思想、凝聚力量、形成共识，坚持走"群众路线"，广泛征求意见建议，确保"十四五"规划更加符合企业实际，更具可操作性和前瞻性，更高标准和高水平，为未来五年新征程打下坚实基础。

2020 年 12 月 31 日，天津华源集团王立福董事长发表《二〇二一年新年寄语》[②]，指出 2020 年在基层党建、建队育人方面的进展：静海区非公有制经济组织党建工作现场推动会在华源集团党群活动中心成功举办，共接待 300 余人次参观交流。扎实推进企业基层党建工作与企业文化、企业发展、团队建设等有机融合，在发展青年党员工作上出实招，通过抓思想教育，塑造年轻人；抓氛围营造，影响年轻人；抓榜样力量，引领年轻人；抓平台搭建，锤炼年轻人，切实提高了党支部在广大群众中的形象，维护了村、企的和谐稳定。2020 年企业有多人先后获得"天津市劳动模范""天津市扶贫协作和支援合作工作先进

---

① 董事长王立福主持审议《"十三五"工作总结和"十四五"发展规划》草案，https://mp. weixin. qq. com/s/pLsEYD 6TJIgAyv5kg K1imw.

② 二〇二一年新年寄语——董事长王立福，https://mp. weixin. qq. com/s/5pofBs2zMiLTutKAW_qSIQ.

个人"和静海区"五一劳动奖章"等荣誉称号。同时，张家房子村8位学子考上理想大学，全体职工共同见证了张家房子以党风带家风、以家风促民风、以民风塑村风，形成干事创业蔚然成风、爱老敬老蔚然成风、邻里相助蔚然成风、重教崇学蔚然成风的生动局面，为张家房子村"全国文明村镇"荣誉增添了更多光彩。

九、案例研究方法说明

华源工业集团公司总部位于天津市静海区，被天津市纪律检查委员会、天津市监察局、天津市农村工作委员会、天津市政府农业办公室评定为重点保护服务单位，连年被天津市农村信用合作社评为AAA级信用企业，在天津市享有盛誉。

案例撰写的研究团队对天津市的企业案例进行了多年追踪调研，对华源集团这一优秀的企业更是有相对充分的了解，自2015年至今，研究团队已赴华源集团及其子公司（旭华、永泽、勤晟金属、勤晟科技、华源天伦、华源时代等）进行了10余次调研，并专门针对此次案例的撰写进行了6次补充调研①，与案例企业的董事长、副总裁、董事会秘书、总经理、国际营销经理、制造部经理等高层管理者进行了多次半结构化访谈，并与共计18位企业员工进行了多次非正式访谈，收集了翔实的数据资料。此外，研究团队还通过内部资料，如内部刊物、内部会议记录，以及网络公开性资料，如企业网站、招股说明书、企业年报、文献资料等方式对数据进行收集，以增强案例数据的准确性。

十、相关附件

附件一　华源集团简介

表2-4　　　　　　　　　　华源集团发展大事记

年份	事件
1992	天津市华源工业公司成立
1998	下属第一个股份制分公司——旭华塑料制品有限公司成立

① 南开大学师生来华源集团调研与交流，https：//mp. weixin. qq. com/s/VvHJrKHWDzxlvDKzplm-vWg；天津南开大学师生一行到华源时代调研，https：//mp. weixin. qq. com/s/oPgOwgUgXonzY7G - S4zJMg。

续表

年份	事件
2004	连续 3 次获得"全国守合同、重信誉单位"称号
2007	引入管理咨询公司，开始系统化管理再造工程
2008	当选中国企业联合会常务理事单位
2009	集团出台《干部学历教育管理办法》，开启人才强企战略
2010	董事长王立福荣获"全国劳动模范"称号
2011	"立福"牌商标被国家工商总局认定为中国驰名商标
2012	应对美国"反倾销、反补贴"取得全面胜利
2015	出台《推动高技能职工人才培养的工作意见》
2016	王立福董事长荣获"全国优秀企业家"称号
2017	华源线材产品成功获得进入德国缆普集团全球供应链体系资质
2018	华源时代荣获"国家高新技术企业"证书
2019	天康金属联合党支部全体党员为贫困学生捐赠衣物和文具
2020	静海区非公有制经济组织党建工作现场推动会在华源集团召开

十一、其他教学支持材料（可选项）

（一）理论依据

理论知识点 1：核心价值观

企业核心价值观的概念最早由詹姆斯和波拉斯（James and Porras）于 1994 年提出，指企业在长期发展中所形成和遵循的基本信念和行为准则。企业核心价值观是影响企业运作的精神准则，是企业从上到下对企业目标的共同认同，是企业家身体力行并坚守的理念。企业核心价值观不需要获得外部的认证，且对企业内部的员工具有内在的重要价值。企业核心价值观具有如下特性：①是企业最基本和持久的信念；②引导企业确定企业的核心能力；③是所有员工所持有的共同信念；④是长期积淀和培育的成果，而不是突然产生和自发产生的。

理论知识点 2：组织支持理论

（1）组织支持。组织支持理论（Organizational Support Theory）和组织支持感（Perceived Organization Support）的概念由艾森伯格等（Eisenberger et al.）在 1986 年提出，作为解释员工与组织之间关系的重要理论之一，组织支持理论的主要观点是员工为了确认所在组织对其努力工作的奖励、奖赏和认可而形成的、关于组织重视其贡献及关注其利益的总体认知和看法，这决定了员工愿意在多大程度上对组织付出。一般而言，单一的组织支持方式很难满足员工的多样化需求，组织需要更加注重提供多种来源和不同类型的组织支持，包括物质形式及精神形式，涉及物质、心理、社会或者组织的多个方面。这是因为员工只有在得到充分的工作资源后才能提升工作积极性，减少工作压力，从而促进员工对企业发展做出的积极努力。

（2）组织支持感。组织支持感就是员工所感受到的来自组织方面的支持，即员工对组织如何看待他们的贡献并关心他们利益的一种总体知觉和信念。组织支持感包含两个核心要素，一是员工对组织是否重视其贡献的感受；二是员工对组织是否关注其福利的感受，强调组织对于员工的关心和重视才是导致员工愿意留在组织内部、并为组织做出贡献的重要原因。当员工体验到的组织支持感较强时，他们会对组织产生比较正向的看法和信念，这种正向的信念会使员工在自己的贡献与组织的支持之间比较容易找到平衡点，进而提高对组织的各种制度和政策的满意程度。

从组织支持感的前因和结果变量而言：①前因变量，包括工作条件、程序公平及互动公平、组织奖励、主管支持、角色压力、组织规模等；②结果变量，有员工态度和行为两个方面，其中，员工态度包括工作满意度、组织情感承诺、相关的工作情感工作压力、离职意愿等；员工行为则涵盖工作投入、工作绩效、离职行为、退却行为等。员工的组织支持感越强，其工作满意度越高；员工的组织支持感越强，其对工作的认同感越强，工作越投入；员工的组织支持感越强，其工作绩效和工作质量也越好。

理论知识点3：群体动力理论——群体凝聚力

群体动力理论最早由库尔特·勒温（Kurt Lewin）提出，研究群体中支配行为的各种力量对个体的作用与影响，其中的一个关键因素是群体凝聚力。群体凝聚力，又称群体内聚力，是指群体对成员的吸引力和成员对群体的向心力，以及成员之间人际关系的紧密程度综合形成的、使群体成员固守在群体内的内聚力量。当这种内聚力达到一定强度，且获得资格的群体成员具有一定的价值时，这个群体就是凝聚力强的群体。凝聚力强的群体中，成员间意见沟通快，信息交流频繁，群体对成员有较强的吸引力和向心力，每个成员都有较强的归属感、尊严感和自豪感，愿意承担更多的推动群体工作的责任，时时关心群体，并注意维护群体的利益和荣誉。

群体凝聚力的影响因素包括：①群体成员的一致性。群体成员有共同的目标、共同的需要、共同的兴趣爱好，则成员之间的行为表现容易达成一致，群体的凝聚力就更强。②群体的领导方式。采用"民主型"领导方式的小组比采用"专制型"和"放任型"领导方式的小组成员之间更友爱，思想更活跃，态度更积极，群体凝聚力更高。③群体规模。群体规模过大，成员之间相互接触的机会则会相对减少，易造成意见分歧，从而降低群体的凝聚力。若群体规模过小，群体力量不足，又会影响任务的完成。④外部的影响因素。当群体遭到外部压力时，群体成员会放弃前嫌，紧密地团结起来一起抵抗外来威胁，从而有利于增强群体成员的团结精神，提高群体的凝聚力。⑤群体成员需求的满足。任何一个人参加一个群体，总希望群体能满足其一定的需求，既包括物质上的需求，也包括精神上的需求。群体满足个人需求越高，对成员的吸引力就越强。⑥群体内部的奖励方式。个人和群体相结合的奖励方式易增强成员的集体意识和工作责任，有利于增强群体的凝聚力。⑦群体的地位。某群体在诸群体中的地位、等级越高，其凝聚力就越强。如群体被人尊重，有较快的升迁机会，有更多的经济报酬，有更大的发展可能性等，群体凝聚力就越大。⑧信息的沟通。信息沟通渠道越畅通，凝聚力越高；相反，相互间越缺乏联系，则凝聚力越低（见图2-6）。

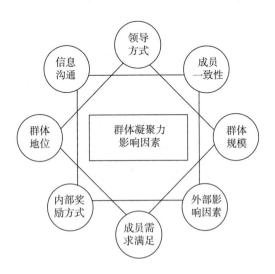

图2-6　群体凝聚力的影响因素

理论知识点 4：员工创造性

员工创造性指产生新颖且有潜在价值的事物或想法，包括新的产品、服务、制造方法及管理过程等，它可以促使企业在激烈的竞争中生存、革新和成长。在组织中，只要区别于其他想法或事物，可以为组织带来直接或间接、长期或短期应用的行为，都被视为员工创造性的展现。从企业层面来讲，员工创造性的影响因素包括团队因素、组织因素和领导因素三个方面。

（1）团队因素对员工创造性的影响。团队特征是影响成员创造性的因素，如团队成员的专业异质性、团队开放性、团队凝聚力、规模及解决问题方式等；另外，团队帮助、支持及鼓励创新的氛围，可使处于此氛围中的员工有更多的创造性行为。

（2）组织因素对员工创造性的影响。组织是员工工作所必需的复杂社会系统，组织文化、规范、规模、战略和结构等组织特征都会影响员工创造性。当组织鼓励员工通过创新来促进组织发展时，员工能够产生更多的创造性活动，而当员工发现得到了组织支持时，其在自主应对高复杂性和高要求的工作中能够表现出较多的创造行为。另外，有效的沟通网络、适当的资源和组织创新价值观对员工创造性有积极作用。

（3）领导因素对员工创造性的影响。领导者关心员工情感、提供公平的评价和有效的信息反馈、鼓励进谏等都能够促使员工创造动机的产生。相反，领导者监督或干涉员工决策会大大降低员工创造性。另外，领导支持创新能促进员工产生较高的创造性自我效能感，从而提高个体创造绩效，领导以积极的信息反馈或建设性反馈方式向员工反馈相应信息，亦能激发员工创造性。

此外，员工创造性是组织创新绩效提升的重要基础，并通过激发集体创造性提升组织创新绩效。在这一过程中，员工创造性的有机结合能够产生更高的集体创造性，而集体创造活动也会以团队创新氛围的形式，促使员工认同团队的创新工作，并由此激发员工创造性（见图 2-7）。

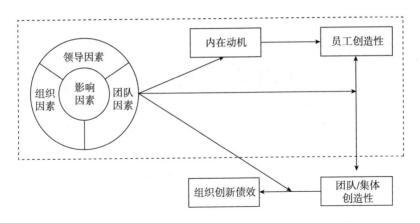

图 2 - 7　员工创造性在组织中的作用机制

（二）推荐阅读材料

1. 斯蒂芬·P·罗宾斯著．组织行为学（第 18 版）［M］．孙建敏等译，中国人民大学出版社，2021.

2. 张德，陈国权．组织行为学［M］．清华大学出版社，2011.

3. 詹姆斯·麦格雷戈·伯恩斯著．领导学［M］．常健等译，中国人民大学出版社，2013.

4. 安弗莎妮·纳哈雯蒂著．领导学［M］．刘永强等译，中国人民大学出版社，2018.

5. 王少杰，刘善仕．中国企业文化的演化模式探讨［J］．管理世界，2013（02）：184 - 185.

6. 耿紫珍，赵佳佳，丁琳．中庸的智慧：上级发展性反馈影响员工创造力的机理研究［J］．南开管理评论，2020，23（01）：75 - 86.

案例三 信者行远

——银河化学攻坚国企改革启示录①

案例正文

【摘　要】　本案例通过三个故事完整描述了四川省银河化学股份有限公司（以下简称银河化学）如何通过提升内、外部信心实现全面改革创新的过程。案例针对国企如何重塑信心，如何变信心为行为等痛点问题，探讨国企改革的深水区。案例首先介绍了行业背景、企业背景和人物背景，描述了银河化学改革前的基本情况。其次通过"内忧外患举步维艰"和"攘外安内凝聚共识"，描述了如何解决团队内部的思想问题；最后，通过"全面改革重塑信心"，描述了银河化学如何通过全面改革创新重塑信心的过程和阶段性成果。

【关键词】　改革创新；国有企业；银河化学

一、引言

股权价值从 4.5 元下降到不足 1 元，2012 年的股东分红到 2018 年都未能完全兑现；员工流失严重，尤其是有技术的核心员工纷纷出走；企业连年亏损，下滑势头愈来愈猛……在这样的背景下，2018 年 5 月底，肖棱回到曾经工作 13

---

①　本案例由西南科技大学经济管理学院的何波副教授、四川省银河化学股份有限公司董事长肖棱、绵阳日报李俊、西南科技大学 MBA 学生曹丹、西南科技大学经济管理学院张宏亮、研究生杨燕霞共同撰写，作者拥有著作权中的署名权、修改权、改编权。本案例授权陈瑞球亚太案例开发与研究中心使用，陈瑞球亚太案例开发与研究中心享有复制权、修改权、发表权、发行权、信息网络传播权、改编权、汇编权和翻译权。由于企业保密的要求，在本案例中对有关名称、数据等做了必要的掩饰性处理。本案例只供课堂讨论之用，并无意暗示或说明某种管理行为是否有效。

年的四川省银河化学股份有限公司（以下简称银河化学），担任党委书记兼董事长。肖棱知道，这次临危受命将是自己人生中的又一次"挑战"，而接下来的路充满了不确定性……

二、行业背景

铬盐产品广泛应用于表面处理、颜料、鞣革、医药、染料、新材料、香料、饲料添加剂、催化剂、化肥、陶瓷、木材防腐、石油天然气开采、军工等行业，市场供需基本平衡，市场结构稳定。铬盐产品应用行业广泛，能够灵活调整产品结构。对于行业下游而言，铬盐产品占其生产成本比例较小，铬盐企业具有一定的价格转嫁能力。

铬盐生产的主要原材料包括铬矿、纯碱、硫酸，其中铬矿成本约占30%，纯碱成本一般约占25%。铬盐行业虽然集中度较高，但是企业议价能力并不强，上游涨价后，并不意味着能全部转嫁到下游铬盐应用厂商。

铬盐是国民经济发展的重要原料。随着未来中国经济的发展，与之相应的铬盐需求也将稳步增长。一方面，铬盐下游行业的发展带动对铬盐的需求；另一方面，高新技术和精细化制造方法在铬盐行业的逐步应用，开拓铬盐下游应用领域，市场发展潜力较大。表面处理、颜料、皮革等行业是中国传统的铬盐主要消费领域，因此，铬盐行业的发展与国民经济的整体发展情况密切相关。

近年来，中国铬盐生产发展迅速。2000年，中国以重铬酸钠计的铬盐年产量达到15万吨，超过美国成为全球铬盐产量最大的国家。2006年更是达到30万吨，约占全球产量的40%。2007年至今，年产量维持在30万～35万吨。截至2017年，由于日本、英国相继退出铬盐生产，美国明显缩小铬盐生产规模，为中国铬盐产业发展创造了良好机遇，铬化合物价格也一度升高，铬盐企业明显增收。2019年中国铬盐产量（以重铬酸钠计）超过40万吨。中国已成为全球最大的铬盐生产和消费国家，中国贡献世界铬盐产量的40%。随着产能不断提升，未来国内铬盐企业在世界市场的影响力将会逐步扩大。

国内铬盐企业优化组合加速。因少数铬盐生产企业掌握无钙焙烧工艺的核心技术内容，具备实施大型化、规模化生产的实力。2013年使用清洁生产工艺的厂商占比为20%。2014年，规模化铬盐企业已减至14家。截至2019年底，国内的铬盐生产企业仅存9家，其中年产能在5万吨以上仅有3家，分别是湖北振华化学、重庆民丰化工和四川银河化学，三家企业占据国内铬盐行业75%的产能。2020年振华股份收购民丰化工。目前来看，国内的行业发展态势，逐步形成了以银河化学和振华股份为双雄的市场格局。

三、企业背景

银河化学是四川省绵阳市安州区一家创建于1965年的国有企业。五十多年的发展历程中（详见附录3-1），银河化学先后经历几次转型，目前以铬盐化工研发生产销售为主业，其生产销售规模一度位居行业首位，振华并购民丰使其处于行业第二位。

银河化学地处中国绵阳科技城，是"万吨级碳化法制备红矾钠及铬基新材料"国家（863计划）重点项目承担单位，先后担纲9个国家产业示范工程，参与15项国家行业标准的制定，拥有40余项自主知识产权，其生产工艺水平一直稳居行业前列。同时，银河化学拥有健全的营销网络，其全系产品在国内外市场覆盖率较高。

2012年，银河化学探路国企改革，引入社会资本改制，转轨成国有控股社会资本参股管理层持股的混合所有制企业，并成为安州区工业经济发展的支柱型企业——合并资产总额20亿元，员工1620余人，实现营业收入14.2亿元。

正是在2012年，公司决定开启新的篇章，全面推进"多元化"投资战略。2012年底跨领域投资的星源科技太阳能电子浆料项目，项目投资后面临迟迟不能量产的困境。2013年起投资"10万吨/年双自返富氧液相氧化与碳化法制备红矾钠产业化技改项目"。经过小试、中试、规模化量产一系列投入。"双自返项目"却面临生产成本远超市场销售价格的现状，陷入生产即亏损，不生产也亏损，"产得越多亏得越多"的窘境。累计近4亿元的投资成了"鸡肋"。不仅不能给公司带来正向现金流，还需要持续追加投资。当时身处其中的银河人并不自知银河化学已经开始了下降的趋势。自2013年起，银河化学的生产和销售规模连年萎缩，经营效益连年下滑，员工大量流失。2013年公司营业收入下滑25%，营业利润开始亏损。2013～2017年，银河化学连年亏损，累积亏损超过3亿元，且资产规模大幅度缩水。银河化学的发展困局受到安州区委、政府的高度重视，2018年5月，有关方面决定银河"换帅"，之前成功领导政府平台公司转型升级的安投集团党委书记兼董事长肖棱，被各方面视为不二人选，走马上任银河化学党委书记兼董事长。

四、人物背景

肖棱，安州人，"70后"。

在安州，肖棱是个传奇人物——当过乡镇企业销售员、纪检监察干部、大型国企高管，创办过科技型企业；高中毕业就参加工作，却通过自考拿到了汉语言文学专科和函授法学本科文凭，再接着攻下了电子科技大学软件工程硕士学位和澳大利亚国立大学与清华大学合办的管理学硕士学位；作为先锋派诗人，却热爱跑步和冬泳，擅长身材管理。其职业生涯及求学经历跨界之大，令人瞠目。有人用流行的话来总结他：不爱跑步的诗人就不是一个优秀的企业家！

肖棱对银河化学并不陌生，他曾在这里"战斗"了十三年。

2001年，一颗"驿动的心"让肖棱放弃公务员身份，从安县（2016年改为安州区）纪委到银河化学担任党委副书记兼纪委书记，时年29岁。

在银河化学的13年里，肖棱完成了从党政干部到企业高管的角色转变。爱思考有想法、有魄力敢担当，是银河化学广大干部职工对他最深的印象。

2013年3月，肖棱从银河化学党委书记任上离职，赴安县地方平台企业安投公司任职。并不安分的肖棱很快办好手续，以停薪留职的方式赴深圳创办科技型企业，并先后担任四川海斯康科技有限公司董事长，深圳炎志科技有限公司执行董事、CEO，时年41岁。

正是这段创业经历，开阔了肖棱的视野，也让他体验到真正的现代企业管理脉搏和节奏。

2014年9月，安州区面向社会公开选拔政府平台公司经营管理层和决策层。肖棱从深圳应邀回绵阳参与选拔，并以高分高票通过考察，出任安投公司董事长，时年42岁。

彼时，这个已经成立了11年的"企业"并没有具体业务支撑，仅仅是作为地方政府的融资平台。履新安投公司董事长后，肖棱启动了"拓虚向实，虚实结合"经营改革，以成立实体公司为起点，整合同类型的业务形成上下游产业链运营管理：整合桥梁、公路修建及养护业务，打造交通业务板块；整合供水各环节及污水处理，打通上下架构，打造供水业务板块；整合文旅资源，成立文化公司、旅游公司，打造文旅产业板块；抓住时机，融入"新区"建设，收购房地产公司，打造地产业务板块。这些有具体业务支撑的实体经济，为安投公司体量实现质的飞跃提供了实质性支撑。2015～2020年，安投公司从一个平台公司，转型升级为安州区最大的实体经济组织，其间于2017年成功组建安投集团，营收额从0.21亿元增长到12亿元，资产规模从10亿元增长到102亿元，上任之初承诺将安投打造成地方平台公司标杆的初步愿景已然实现。

2018年5月，肖棱受命担任四川省银河化学股份有限公司党委书记兼董事长。46岁的肖棱又一次站在了风口浪尖，这一次，他又将掀起怎样的改革浪潮？

"在清华读书的时候，经常晚上9：45坐绵阳的最后一班飞机起飞，凌晨3点到北京的酒店，睡三四个小时就起床，再走路半小时去学校，赶早上8点的课。北方的冬天对我们这种南方人来说是很恐怖的，大清早走在路上，那风真是像刀子一样在脸上割。坐在清华的教室里，再来回看绵阳、回看雎水关、回看银河公司就觉得一切都很渺小，相信没有什么困难克服不了。"

——肖棱

五、内忧外患举步维艰

2018年6月25日，肖棱回银河刚满一个月。这天上午，银河化学召开了改革创新大会，启动了以"向习近平学改革，向全要素要效益"为主题的九大领域45项改革举措（详见附录3-2）。下午两点，银河化学1号会议室，银河化学2017年度股东大会召开。会议一直持续到晚上八点，来自全国各地的58位股东出席，这是几年来到会股东最多的一次。股东们对银河化学的现状和未来"发言踊跃"。而这些发言主要集中在两个方面：一方面是面对银河化学多年连续亏损情况的质疑；另一方面是面对银河化学未来之路的议论。

2012年银河化学以4.5元/股的价格增资扩股5000万股，其中引进的战略投资人四川三新投资公司投资9000万元购进银河化学股份。然而银河化学却连年亏损，而原本落后于银河化学的同行湖北黄石振华股份却于2016年9月13日成功于A股上市，呈现出强劲的发展势头。以三新投资公司为代表的股东们再也坐不住了。他们一边向公司经营管理层进行质询，一边也向银河化学所属国资部门提出了质问。这次股东会上，他们的意见最多，态度也最激烈。

有股东认为上午的改革启动大会的口号太虚："银河是我们全体股东的银

河，不是你们想怎么干就怎么干，企业应该要实实在在干，不玩那些虚的!"

有股东提出："银河这么多年的问题主要是体制的问题，如果没有国有成分，公司不至于发展到今天这样。"

"股东们累积多年的怒火在会上充分爆发出来。那天的天气也怪，会场内剑拔弩张，会议室外雷声隆隆，有外省股东为了观看好戏上演，临时取消了回程机票。"时任银河化学改革办主任的尹春林事后回忆起当天的场景还心有余悸："后来有股东说，感觉银河再不改革，老天爷都看不下去了。"

肖棱自始至终坐在会场，没有起身，也没有插话。他清楚股东心里都憋屈，正如他主持会议之初说的，"今天希望大家畅所欲言，应讲尽讲"。但是他明白，他首先要重塑的是股东的信心，要让股东重新塑起对管理层的信任。

事后肖棱经常在公司的各种大会上讲，启动改革后的首次股东会，通过务虚务实之争和体制之争，解决了两个信的问题，那就是信心和信任，这为银河接下来的改革打下了坚实的基础。

对股东们的质疑和争论，肖棱回应：上午提出的改革构想，看似务虚，但是只要我们把虚功做实，银河就能得到彻底的改变；反过来，如果没有一个纲领性指导，没有把改革涉及的问题想明白，改革就会面临失败的风险。

关于体制，肖棱说，公司当前的混合所有制体制是最好的体制，过去长期亏损，是由于我们没有把这个体制的优势用好，不能怪体制本身不好。银河化学是我们安州区的支柱企业，它的发展得到了区委区政府的极大关注。区委区政府对银河的发展给予大力支持，这就为它下一步走出困境提供了最大保障。我相信我们的股东是具有长远目标和战略耐性的价值投资者，不是追求短期利益的投机者。银河最大的价值是股权价值，而不是经销银河的产品赚差价，也不是与银河做生意赚利润，更不是管理层在银河上班挣工资。所以，在银河化学接下来的发展中，我们希望全体股东都能积极参与并提供力所能及的支持和帮助，而不是持观望态度或一味抱怨。

事实上，2018年5月25日，刚一履新，肖棱就被实实在在地给了一个"下马威"——天然气公司表示要涨价，否则无法按要求保量供应——银河化学用气需求量约18万方/天，而实际供气量仅为5万方/天!而天然气是银河化学的主要生产要素之一，供气量会直接影响基础产品红矾钠、铬酸酐的产品质量，并进一步影响到下游精加工产品的质量。肖棱向公司职能部门负责人询问，结果他们纷纷摇头表示："这么多年都是人家说什么我们就是什么，我们也谈判过，谈不下来……"

不仅是生产要素出了问题，原料供应也有了麻烦。到 2018 年 6 月，银河化学应付款项累计达到两个多亿，其中大部分是欠供应商的货款。长期以来，银河化学和合作伙伴之间都保持了良好的关系，在原料采购和货款支付上有成熟的机制，但现在几个供应商像商量好的一样，都提出先付款后供货的要求。这就在无形中增加了银河化学的资金压力，更重要的是，这反映出企业的商誉已严重受损。

一边是催着付钱，而另一边银河化学却面临着严重的"财政危机"——截至 2018 年 5 月底，全公司负债率超过 75%，达到警戒线，其中 90% 为短期流动资金贷款，2018 年 7 月份就需要倒贷偿还 1.2 亿元。因为不能按时支付短期贷款的利息，与银河化学合作的金融机构开始计划性收缩贷款，导致公司流动资金严重不足，甚至影响到正常生产经营。更严重的是，公司已基本没有抵押物可用于融资。

不止"外患"，银河化学还面临严重的内忧。经营业绩的持续下滑影响到了员工福利——截至 2018 年 5 月，银河化学已累计欠缴社保 1100 万元、住房公积金 900 万元。而这些切身利益受损，严重打击了员工士气，造成大批员工流失。据统计，2013～2018 年，银河化学流失员工近 500 名，其中 2015 年以来引进的 112 名大专以上学历员工已经流失了 88 名。更重要的是，员工对管理层缺乏信任，对企业发展失去信心，甚至有员工开起了小茶馆、饭馆等。

肖棱意识到，银河化学当前面临的最大问题就是信心不足——合作伙伴对银河化学发展的信心不足，公司管理层对银河化学重振辉煌的信心不足，公司员工对企业的未来信心不足。而作为企业管理者，肖棱一直都相信：信心比黄金更重要。所以，他决定，重振银河化学的第一步从提振信心开始。

向习近平学改革，就是要学习他破釜沉舟、开弓没有回头箭的改革决心和勇气。习近平总书记讲，"改革越到深处越要担当作为，要把更多精力聚焦到重点难点问题上来，集中力量打攻坚战，激发制度活力"[①]。银河的改革，是置身新形势、新发展的大势所趋，是银河健康持续的必然选择。我们没有其他路可

① 资料来源：《习近平谈治国理政》第三卷第六专题第二篇"改革越到深处越要担当作为"。

选，必须从公司整体利益出发，将改革创新发展一以贯之地执行到底。有任何质疑、反对的阻碍者，我们必将主动淘汰、果断淘汰，绝不允许有任何观望者、破坏者①。

——肖棱

六、攘外安内凝聚共识

针对银河化学的"供气瓶颈"，肖棱一上任就着手引入第二气源。"很简单。就是要引入赛马机制，银河化学这么大的体量，既然供应不足就说明生产能力不足，需要将蛋糕切分。这样既能保证天然气的供应量，又能降低成本，何乐而不为？"肖棱说。博弈单一气源供应商，呼吁引入第二气源，结果就是让银河化学被停天然气35天，生产受到严重影响，肖棱也承受了极大的内外压力。最终肖棱用韧劲逼退了供应方，恢复了供气，同时供气单价下降20%以上，仅此一项每年就降低成本上千万元。更重要的是，相关各方对引入第二气源形成充分竞争机制达成高度共识。

自2018年5月25日到职以来，肖棱马不停蹄地走访银行、客户、股东等合作伙伴，既表态——银河化学没有"垮"，也不会"垮"，新的管理团队有充分的信心和充分的措施带领它走出发展困境，为合作伙伴带来发展机遇和创造效益；又听话——广泛听取他们对银河化学新的发展道路的意见和建议。肖棱向合作伙伴强调，银河化学的混合所有制体制，符合国家关于国企改革的方向和要求，国有股本参与，不仅是银河化学发展的优势，更能为银河化学走出发展困境提供信任背书。

肖棱解开的第一个结是缓解现金流压力。

通过创新融资模式，2018年6月10日，银河化学和浙商银行做成了安州区首单供应链金融产品，凭借工信部授予的全国首批"绿色工厂"称号，获得国家绿色信贷1亿元低息贷款。

在与供应商及客户的交流中，肖棱条分缕析地剖析了银河化学的发展优势：作为一家有着55年发展历史和改革创新基因的国企，银河拥有安州区委区政府

---

① 资料来源：2018年6月25日银河化学股东大会上肖棱的报告"向习近平学改革，向全要素要效益，以习近平新时代中国特色社会主义思想为指导，奋力开创银河改革创新发展新篇章"。

的高度重视与全力支持、行业领先的技术创新能力、全系产品的生产能力、全行业唯一万吨级涉铬危废处理资质。肖棱表示，银河化学面临的困难是暂时的，新的管理团队有信心有办法开创银河化学发展的新局面。

肖棱的真诚赢得了合作伙伴的信任。很多股东表示愿意继续支持银河化学的发展，支持新的管理团队对银河化学的改革创新。股东之一的久远集团董事长高文说："只要银河化学有改变、有未来，就会帮助推动你们在铬盐行业做大做强。"

有股东表示，"只要是肖书记主导银河改革，我也不承诺过多，随时拆借个三五千万的，不收一分钱利息！"

销售经理马超表态，在公司盈利前，愿意不拿一分钱业务提成。

与此同时，肖棱在银河化学组织开展了为期一个月的"大学习大讨论大调研"，要求公司全员参与，坚持刀刃向内，为银河化学的发展问诊把脉、建言献策。每到一会，他就首先表明态度："今天，我就是来听大家说的。敞开说，大胆说，放心说。"参加座谈会，他总是带着纸笔，把大家的意见记下来，收获了上千条意见和建议。这些意见涵盖了从生产到经营、从建设到管理的方方面面，既有对企业"硬件建设"不足的反映，也有对企业"软件建设"不够的反思。更重要的是，通过这一轮声势浩大的"大学习大讨论大调研"，新的管理团队直面困难与挑战，勇于进取的决心和意志被传递出去，银河化学求新求变的意识被激发出来。

通过对合作伙伴的大走访和全员大讨论，肖棱成功凝聚起银河化学发展的共识和信心。2018年6月16日，肖棱以党委书记的身份组织召开了银河化学集团党委扩大会。他要求与会的每一位干部，以党性为基点，以企业发展为方向，去思考银河化学的生存与发展。大家一致认为，银河化学再不改革，就会从没落走向衰亡。

那么，如何改革？

七、全面改革再启征程

肖棱给出了他的答案。

2018年6月25日，银河化学召开改革创新大会（附录3-3），来自全国各地的58名股东列席。会上，肖棱正式启动以"向习近平学改革，向全要素要效益"为主题的全面创新改革。

肖棱提出的"向习近平学改革"主要包括四个方面：第一，学习其立意高远、统揽全局的改革方法和路径；第二，学习其破釜沉舟、开弓没有回头箭的改革决心和勇气；第三，学习其问题导向、全面深入、不留死角的改革深度和广度；第四，学习其对腐败零容忍，直指顽固旧疾的改革魄力和精神。

结合银河化学面临的现实问题，肖棱进一步确定银河改革的执行方略。首先，银河的改革要建立和完善适合银河发展的管控和治理体系；其次，银河的改革将从公司整体利益出发，将改革创新发展一以贯之地执行到底，坚定不移地推进各项改革措施；再次，银河的改革是系统全面的改革改进，是各领域的联动集成，将做好持久战准备，盯住问题持续抓、反复抓、直到抓出成效；最后，银河的改革，坚持区委廖雪梅书记提出的"一切有利于扭亏为盈、一切有利于提升管理、一切有利于战略发展"的改革原则，坚持"不计过往、面向未来"的核心思想，倡导和建立风清气正的经营生态。

基于此，在改革伊始，"银河化学首先向所有员工'约法三章'，不拖欠员工工资，不拖欠员工医疗养老保险，不拖欠员工住房公积金。让所有在银河化学上班的员工，能吃得起饭，看得起病，买得起房。"改革创新大会上，肖棱的掷地有声赢来了雷鸣般的掌声。当天，公司财务中心就筹集资金补发了拖欠达4个月的员工工资。自此，每月25日准时发放工资，足额缴纳员工社保和住房公积金成为银河化学的高压线。

肖棱说，银河是吃"改革饭"长大的，走"创新路"起家的，"雎煤精神①"和改革创新是银河的重要基因。银河改革的航向标就是要树立"对股东以价值为中心、对客户以产品为中心、对团队以聚合为中心、对员工以获得感为中心、对社会以责任为中心"的核心价值观，奋力推进财务管控、人力资源、供应链等各方面的管理改革，努力推动整个管控体系由耗散型组织向聚合型组织转变，凝聚起强大的改革发展活力，通过重塑信誉、重塑信用、重塑信心、重塑信任，来扭转当前的不利局面，开创创新发展的崭新篇章。

---

① 1965年，第一代银河人扎根深山荒野，在自然环境恶劣、物资短缺、设备落后、交通不便的情况下，通过艰苦创业的奋斗，把雎水煤矿建设成为全国"红旗煤矿""大庆式企业"，成为全国煤炭工业先进企业的代表。以此为起点，开启银河建设发展历经转型探索、多元发展、强化主业和优化布局的发展历程。后银河化学将"雎煤精神"定义为"自力更生、艰苦奋斗"。

肖棱按照项目推进的方式将改革任务细化分解为九大领域45项具体措施，搭建起了银河改革的系统性框架。

全面改革创新由"银河化学深化改革委员会"引领和推进，深化改革委员会办公室（以下简称深改办）由银河化学首席改革与行政官尹春林担任主任，四位分别在银河化学从事行政管理、人力资源、生产管理、财务审计工作的管理干部担任工作人员。

第一步，银河化学实施了机构改革，把党的领导内嵌到公司治理结构，将坚持党的领导写入公司章程，将党组织研究作为董事会决策的前置程序，党组织在法人治理结构中的法定地位得到明确。银河化学推行"双向进入、交叉任职"的领导体制——领导班子成员通过法定程序进入董事会、监事会、经理层，董事会、监事会、经理层成员中符合条件的党员依照有关规定和程序进入公司党委。同时，银河化学坚持强基固本，加强基层组织的建设，把充分发挥堡垒先锋作用的理念贯穿深化到改革发展全过程。

集团层面的职能部门推行大部制。以"聚焦聚能，放权赋能"为原则，可合并的合并，能下放的下放。党群部、行政部、人力资源部合并为党务与人力资源运营中心；审计风控部和财务部合并为财务与资金运营中心；采购职能与销售职能整合成采购与销售运营中心；撤销生产质量部和安全环保部，生产质量、安全环保职能下放到各事业部和分、子公司；保留项目与技术运营职能，组建项目与技术运营中心。截至2019年2月，银河化学原集团9个职能部门合并为4个，原有的14个生产经营单位合并为6个经营业务单位，4个支撑性单位。

第二步，银河化学实施人力资源改革。银河化学在改革中坚持党管干部、党管人才，把建设一流管理经营队伍的理念贯穿深化改革发展全过程。通过指导、保障、推进人才工作达到解放、发展、用好、凝聚人才的目的，努力形成"人人渴望成才、人人努力成才、人人皆可成才、人人尽展其才"的生动局面，全面引领与有效支撑人才强公司战略目标的实现。

同时，银河化学实施了人力资源优化。首先是"汰弱"——2018年8月20日，银河化学发布《关于进一步加强员工退养审批管理的通知》，对在"距法定退休年龄不足五年的员工"实施内部退养；接着"腾位置"——2018年12月23日，银河化学发布《关于进一步促进管理人员流动的实施意见》，要求在

公司工作满 30 年的管理人员、中层及助理管理人员男性年满 50 岁女性年满 45
岁、高层管理人员男性年满 53 岁女性年满 48 岁，可选择自愿离岗休养；再接
着开展全员竞聘和轮岗——2018 年 12 月 26 日，银河化学正式发布《公开招聘
中层管理人员》的通知，公开竞聘 16 个中层管理岗位，要求每一位竞聘人员都
必须挑战新的岗位，每一位竞聘人员需要提供竞聘材料并公开演讲。对于"腾
位置"，肖棱称这招叫以待遇释放管理权，不亚于杯酒释兵权，与这些措施配
套，银河化学建立起新的目标体系和考评体系，并实施以目标为导向的管理办
法——每一层级，每个职位，每个项目，每个人都有目标，而对目标的考评是
硬性的，完成目标给予相应的奖励和激励，而没有完成目标就意味着处罚和追
责。当全面改革创新渐入佳境，深改办也完成自己的"历史使命"，于 2019 年
初解散，四位深改办组员全都"腾位置"离开了银河化学——他们支持改革主
动选择"革了自己的命"。

　　第三步，银河化学深化了价值观的改革。银河化学在企业内部倡导"五个
中心"核心价值观，要求管理人员做"五真"型干部（讲真话、提供真实信
息、敢真改、能较真、出真效）①，推行"拿价值交换，凭结果生存"文化导
向。公司党委围绕"强党建增质量"，坚持党建工作与生产经营深度融合，以
企业改革发展成果检验党组织工作成效；坚持生产经营开展到哪里，党的基层
组织就延伸到哪里，实现党的组织全覆盖。在公司改革中，及时调整完善基层
党组织设置，在企业生产经营一线、服务窗口、车间班组同步设置健全党的基
层组织；通过强化基层党组织思想教育经常化、组织建设规范化、政治生活严
肃化，有效解决基层党组织党建工作弱化、淡化、虚化和边缘化问题，使党建
工作紧紧围绕中心、服务大局，推动党政思想同心、目标同向，通过强有力的
党建工作，把党组织的能力素质强起来，战斗力充分发挥出来，有力提升竞争
优势，引领形成优良的企业文化，实现企业健康快速发展。2019 年 10 月 24 日，
肖棱以《在自我革命中坚守初心勇担使命》为题，在主题教育专题会上做党课
报告（详见附件 3-3）：

　　开展"不忘初心、牢记使命"主题教育，就是在新的历史条件下继续进行

---

　　① 2018 年 7 月 24 日在银河化学高管团队民主生活会上肖棱提道："公司组织召开这次民主生活会，
其主要目的在于：在深化改革的重要时期，提供机会让大家讲真话、反省真实问题，下定真决心。管理
人员做'五真'型干部（真讲真话、提供真实信息、敢真改、能较真、出真效）。"

党的自我革命，就是奔着我们自身存在的突出问题来的，就是要真刀真枪解决问题。

——肖棱

一条条有着顶层设计思维的改革政策，一系列动真碰硬的举措，一个个掷地有声又及时兑现的承诺，实现了肖棱"四个重塑"的银河改革总方向：重塑信心，重塑信用，重塑信誉，重塑信任。

银河化学的改革创新因为企业内外环境的改善一步步深化，改革成果逐渐显现。

企业经营业绩大幅提升，当年即实现止亏，第二年扭亏转盈，第三年持续盈利。2018年6月，银河化学启动全面改革，当年8月就实现单月扭亏，9至12月连续盈利。2019年，银河化学全年铬盐系列产品出货总量同比增长20.60%，实现营业收入同比增长4.35%；上缴入库税金5094.31万元，在减税降费的大环境下，同比增长16.67%；全年实现净利润1340万元；新业务实现销售收入超过1.4亿元，达到公司总收入的12%。2020年，银河化学全年铬盐系列产品出货总量同比增长6.8%；维生素业务同比增长73.9%；硫酸业务同比增长27.6%。全公司实现含税收入同比增长5.3%；在新冠肺炎疫情严峻的考验下，出口创汇实现同比增长62%；实现利润总额2052万元，同比增长52.5%。通过灵活、多元的经营机制孵化，2020年，独立运营单位新业务板块继续突破，实现营业收入2.8亿元。

干部能上能下，愿赌服输，尊重游戏规则。截至2018年12月31日，3个原高层管理人员、13个原中层管理人员（其中有4个是深改办成员）主动申请离岗内部退养释放管理权。2019年，公司精简高层管理岗位3个，中层管理岗位13个，基层管理岗位30个，行管后勤岗位精简151个，精简比例达到30%。自此银河化学每年到12月31日，所有原在岗的管理干部自动解职，审视自己一年的工作业绩和接下来的岗位任职，参加每年一次的竞聘上岗后才能继续任职。干部用行动实现"价值交换"，人人遵守"能者上，弱者下"的规则。

员工凝心聚力，归属感增强。建立"价值贡献决定价值回报"的管理规则，大家能挣多少钱，全凭业绩和贡献。2019年，职工平均工资同比增长21.6%。月平均工资，高层同比下降27%；中层同比下降6%；基层同比上涨22%；员工同比上涨23%。工资增长实现了向基层、向一线倾斜的精准投放。

每年的工资、保险、公积金全部足额缴纳到账。每年计提净利润的 5% 作为职工关爱基金，帮助职工应对重大困难。自 2019 年起，公司每年单列 500 万元专项资金，优选项目、分步实施，用 5 年时间实现大幅改善现场环境及减小劳动强度的目标。银河化学始终是职工谋幸福的坚实保障。

八、尾声

2020 年 11 月 27～29 日，银河化学在成都举行"铬领风华"2021 年度战略合作大会（详见附录 3-5）。现场签约金额超 3000 万元，客户用自己的诚意表达了对银河化学未来发展的信心。

在会上，肖棱向应邀参会的 200 余家客户及股东、经销商、供应商通报：两年多的全面改革创新增强了银河化学发展的定力和信心，在疫情冲击和洪涝灾害双重危机下，取得了经济效益和社会效益的双丰收。

在主题演讲中，肖棱说："只要我们足够努力，剩下的一切都交给时间。"没有人再对肖棱在改革之初提出的"银河化学致力于成为具有国际竞争力的世界一流铬产业基地"表示质疑。

信则灵，信则顺，信则达。

银河化学的全面改革创新之所以能够推行并取得一定成绩，其根本原因就在于有党委政府的大力支持，有了这棵"大树"作旗帜，就给了相关各方发展的信心。对外，我们坚持"走群众路线"，我们与合作伙伴交心，赢得他们的理解和支持，营造了良好的外部环境；对内，我们相信自己的员工，也重建了员工对管理团队的信任，干群之间实现了良性互动，凝聚起了改革的决心和发展的信心。

——肖棱

附录 3-1　银河化学 1965～2017 年的发展历程简介

1965 年，第一代银河人扎根深山荒野，在自然环境恶劣、物资短缺、设备落后、交通不便的情况下，通过艰苦创业的奋斗，把雎水煤矿建设成为全国"红旗煤矿"、"大庆式企业"，成为全国煤炭工业先进企业的代表。

1985 年，雎水煤矿用自有资金建成第一条年产 3.2 万吨机立窑水泥生产线；1989 年建成第一条年产 2000 吨重铬酸钠生产线，成为当时全省煤炭企业跨越发展的典范。至此，银河正式开始了从单一煤炭产业向水泥建材、铬盐化工的产业转型。

1990 年以来，银河快速发展水泥建材和铬盐化工两大产业。用自有资金投资建成年产 10 万吨水泥熟料生产线，引资合作与中地煤总公司合资建成 20 万吨回转窑水泥生产线。水泥建材、铬盐化工呈现出竞相发展的蓬勃态势。银河的主营产业也悄然发生了质的改变。

2000 年开始，银河更加专注于铬盐化工和水泥建材的产业发展。通过多次技术改造和工艺优化，铬盐产业达到了全国最大的年产 10 万吨生产规模，形成了五大类、二十多种产品，成为全国铬盐行业产品结构最丰富、最齐全的生产企业。同时，银河还进一步拓展铬盐应用领域，引进国际合作建成年产 600 吨维生素 K3 生产线，正式进入精细化工领域。铬盐产业经济比重达到集团整体经济规模的 60% 以上，正式确立了铬盐化工的主营业务地位。经过多年的优化拓展，银河形成了集铬盐化工、精细化工、硫酸化工、太阳能电子浆料、国际贸易、检验检测、机械制造于一体的多元发展格局。

继 2003 年创建省级企业技术中心以来，2014 年银河再创国家企业技术中心，通过国家认可的实验室认证，打造引领行业发展的技术创新实力。公司作为行业主导企业，成为世界铬发展协会（ICDA）会员、全国化学标准化委员会铬盐工作组组长单位、中国无机盐协会副会长单位。牵头承担了全国铬盐行业首个国家 863 计划重点项目的建设。银河化学实现从基础产品红矾钠到五大类铬盐产品布局，2012 年，银河化学探路国企改革，引入社会资本改制，转轨成国有控股社会参股的混合所有制企业，实现纳税 1.39 亿元，而当年安县全年的公共财政收入只有 4 亿元，银河成为当时安县工业经济发展的支柱型企业。

2012~2017 年的经营过程采取多元化战略，曾涉足精细化工、硫酸化工、太阳能电子浆料、国际贸易、检验检测、机械制造等行业，结果跨界发展未取得预期回报，甚至亏损。2012 年，银河跨领域投资的星源科技电子浆料项目累计总投资 1 个多亿，最终以失败告终。从此，"三座大山"自 2013 起就悄无声息地压在银河化学身上。

附录 3-2　银河化学改革创新九大领域 45 项改革措施

2018 年 6 月 25 日，银河化学全面启动改革创新，"向习近平学改革，向全要素要效益，以习近平新时代中国特色社会主义思想为指导奋力开创银河改革创新发展新篇章"，向习近平学改革，主要学习以习近平同志为核心的党中央自党的十八大以来领导中国改革的几个方面：学习他立意高远、统揽全局的改革方法和路径，学习他破釜沉舟、开弓没有回头箭的改革决心和勇气，学习他问题导向、全面深入、不留死角的改革深度和广度，学习他对腐败零容忍，直指顽固旧疾的改革魄力和精神。向全要素要效益涉及共九大领域45项具体改革措施，具体如下：

（一）优化集团管控，提升运营效率

要从顶层设计的角度规划集团管控架构。包括：健全法人治理结构，完善集团管控定位，推行大部制机构改革，探索推行首席责任人制度，优化流程提高效率。

（二）优化业务结构，提高产业竞争力

更加坚定地聚焦主营业务的发展，要实现业务结构由多元化向专业化聚焦，规模化向效益化聚焦，实现由业务结构的资源耗散型向资源聚合型转变；要通过结构调整来精简包袱、轻装上阵，从而提高我们在产业层面的竞争力。包括：聚焦主营业务，坚持延伸产业价值，探索业务分类管理，探索引入外部市场机制，坚持战略方向加快产业发展。

（三）推进营销管理改革，发挥市场优势

以重新树立在市场上的主导定位为目标，推行销售系统改革；要在继续发挥我们曾经优势的基础上，构建符合新时期的商业模式。包括：加强营销体系建设，推行单品销售机制，加强营销机制建设，加强客户管理，探索建立市场部，强化销售增值服务，优化考核激励机制。

（四）推进供应管理改革，重塑企业形象

要将供应管理作为重要的成本控制中心，提高到公司经营战略的高度。通过持续有效的供应链优化，实现更加稳定、更加安全、更可持续的价值贡献。包括：丰富拓展采购方式，实现供应与金融对接，加强供应商管理，加强采购指标控制。

（五）推进研发体系改革，增强企业核心竞争力

要坚持创新驱动发展的理念，进一步巩固和发挥我们在行业里的创新竞争优势。通过建立科学、完善的创新研发体系，有效控制研发风险，促进更大的

价值产出。包括：坚持导向性研发原则，要健全研发管理，引进外部智库，加强科技创新投入。

（六）推进财务管理改革，不断提升运营能力

财务管理是公司整体运营的核心枢纽和关键环节，要通过财务管理水平的提升，不断提高公司的运营能力。包括：强化核算真实性，构建资金运营中心，探索融资多样化，优化负债结构。

（七）推进人力资源改革，实现人力资本增值

要牢固树立"人才是企业的核心竞争力"的理念。包括：持续增强员工获得感，加强员工价值管理，优化管理配置，加强人才流动，建立学习帮扶机制，坚持事业牵引人才成长，要建立"蓝军"阵地，完善职位职级管理体系，建立结果导向的考核激励机制。

（八）推进审计监督改革，促进健康持续成长

监督检查工作是公司管理运行的巡检机制。包括：狠抓全流程监督，支持全员监督，主动查找问题。

（九）进一步优化调整资产结构

要坚持资产服务业务、资产支撑业务。包括：强化资产管理责任，提高资产利用效率，加强流动资产管理，加强对外股权投资管理。

同志们：

按照区委的部署和"不忘初心、牢记使命"主题教育活动的要求，今天为大家做一次党课报告。这次党课报告的主题我思考了下，就确定为"在自我革命中坚守初心勇担使命"，为什么确定这个主题？因为开展"不忘初心、牢记使命"主题教育，就是在新的历史条件下继续进行党的自我革命，就是奔着我们自身存在的突出问题来的，就是要真刀真枪解决问题。而对于公司深化改革创新来说，这也是一场自我革命，我们为什么要进行自我革命？自我革命到底要解决什么样的问题，我们又该怎么去完成我们的自我革命，我认为，这是我们需要关注的，只有回答好这三个问题，我们后续深化改革创新的思路才会越来越清晰，改革的路径才会越来越清晰，改革的措施才会有的放矢、对症下药，改革才能真正收效。所以今天的党课，我想着重讲一讲这个问题，与大家一起分享探讨。

从党的历史中吸取自我革命的勇气和力量

今年，是中华人民共和国成立 70 周年，也是中国共产党在全国执政第 70 个年头。10 月 1 日，天安门广场举行了盛大的国庆阅兵仪式和群众游行，大家也都看了直播，真可谓气势恢宏、气壮山河。59 个方（梯）队和联合军乐团，总规模约 1.5 万人，各型飞机 160 余架、装备 580 台（套），让人看得热血沸腾、倍感振奋和自豪。但 70 年前，也就是 1949 年的 10 月 1 日，中华人民共和国的开国大典，参与阅兵的飞行编队一共只有 17 架飞机（其中四架战斗机为了应对蒋介石偷袭，带着实弹阅兵），而且大多是东拼西凑的，没有一架是"中国造"。那时的 17 架飞机是不足以飞出气势的，飞机不够怎么办？周总理想到了一个办法：循环飞行，安排空军的 P－51 飞过后转向 180 度，重新飞一次，这才让外界看起来是 26 架飞机受阅飞行。这段历史让人唏嘘感慨，彼时的中国，工业几乎为零，许多地方都还是"刀耕火种"，这就是共和国起步时面临的贫寒"家底"，成立之初的中国，被视为"泥足巨人"，轻轻一推就会倒下。

而 70 年之后的今天，空中梯队战鹰列列，飞机当然再也不用飞两遍了，不仅是飞机，全球四大顶尖武器我们都有了。从百废待兴到经济总量跨越 90 万亿元大关，今天的中国已成为全球第二大经济体、世界第一大工业国、第一大货物贸易国。根据世界银行数据，2010 年我国制造业增加值超过美国，成为制造业第一大国。2018 年，我国制造业增加值占全世界的份额达到 28% 以上，成为驱动全球工业增长的重要引擎。在世界 500 多种主要工业产品当中，中国有 220 多种工业产品的产量居全球第一。我国创建了门类齐全、具有一定技术水平的现代工业体系，已拥有 41 个工业大类、207 个工业中类、666 个工业小类，形成了独立完整的现代工业体系，是全世界唯一拥有联合国产业分类中全部工业门类的国家。我们用 70 年走过了发达国家几百年的工业化历程。从"神舟"飞天到"蛟龙"入海，从"嫦娥"探月到"墨子"传信，从"天眼"巡空到"鲲龙"击水……一项项自主创新，一个个"大国重器"，更是让世界看到了一个前所未有的"创新中国"；从贫困到温饱再到总体小康，从传统的农业国家到"世界工厂""中国智造"，从登上国际舞台到越来越多国家响应"一带一路"倡议，我国综合国力和国际地位不断提升，前所未有地走进世界舞台中央，在国际上的影响力越来越大，成为推动世界和平发展的参与者、建设者和引领者。

回顾历史，从未有哪个国家像中国这样，在如此短的时间内迎来从站起来、富起来到强起来的伟大飞跃。这奇迹，源于一个先进的政党——70 年风雨砥砺，中国共产党领导全国各族人民，经过艰苦卓绝的革命斗争和开拓创新的伟大实践，开辟出中国特色社会主义道路，实现了从赶上时代到引领时代的伟大飞跃。

中国共产党为什么能够在现代中国各种政治力量的反复较量中脱颖而出？为什么能够始终走在时代前列、成为中国人民和中华民族的主心骨？根本原因在于我们党始终保持了自我革命精神，保持了承认并改正错误的勇气，一次次拿起手术刀来革除自己的病症，一次次靠自己解决了自身问题。

习近平总书记明确指出：我们共产党人永远是革命者，革命精神是我们共产党人的优秀品质。这不仅表现为勇于推进社会革命，还表现为勇于进行自我革命，勇于自我革命，是我们党最鲜明的品格，也是我们党最大的优势。正因为具有勇于自我革命的品格，我们党能够由小到大、由弱变强，在克服自身问题、纠正自身错误的过程中不断走向成熟，始终成为时代先锋和民族脊梁。

这也是习近平新时代中国特色社会主义思想赋予我们企业的一种改革智慧。回过头来看公司 54 年的发展，本质上就是不断发掘自身生命力，不断变革创新，变劣势为优势、弃传统优势寻找新突破的一部成长史。我们从煤矿开采到联合经营的转变，从工业厂矿到公司制的改组，从有限公司到股份公司的变革，从"煤"到"非煤"的转型，在不断地思想观念变革、技术装备升级、管理模式重塑中成长发展起来。这就像人体一样，只有不断地分裂新细胞，才能保持机体的活力，企业也需要不断的变革，才能保持持续的生命力。

自我革命既是对初心的坚守，也是对初心的校准

为什么说深化改革创新，是银河的一场自我革命？我们改革的性质同过去的革命一样，是为了扫除企业发展中的障碍，拿起手术刀革除自身病症，使企业得以生存发展甚至实现可持续发展。说到这里，我想到了曾经看过一句话说：现在的中国，都是被"逼"出来的。想想好像还真是这样。20 世纪 50 年代被逼抗美援朝，被逼中印自卫反击，60 年代被逼抗美援越，被逼发展自己的核武器。苏联撤走专家，逼着我们走自己的工业化道路。科技封锁，逼着中国人自己走独立创新，发展空间科技。今天中国各种令人骄傲的家底都是被逼着造出来的。没办法，好东西人家不白给，花钱也不卖给你，逼着你自己造。现已建

成的港珠澳大桥，被称为中国最为神奇的项目之一。2005 年，中国决定修建港珠澳大桥，并且开始向国外寻求援助，当时刚好给韩国修建完巨加跨海大桥的欧洲国家表示，只要中国给 3000 亿元，那就来帮中国修建，我们都知道，韩国的这座跨海大桥，是世界上最长的管隧道，由 56 位荷兰顶尖工程师完成。听说中国要造桥，荷兰政府当时就决定，沉管隧道的咨询费用起价 3 个亿，面对国际上国家的漫天要价和刁难，我们决定自己去修建，结果只花了一半不到的价钱就修建好了，而且还创造了新世界七大奇迹。曾几何时，中国铁路建设所用的"超大直径盾构机"，只能依靠外购，至于购买技术，对不起，人家不卖！也就是说，只要外国卡住这类设备的出口，咱们包括"一带一路"在内的大量基础设施建设，立刻就会受到非常严重的影响。但是，在大批科研工作者的持续攻关下，具有完全自主知识产权的"超大直径盾构机"，已然正式走出车间并投入使用。所以从某种意义上讲，中国的强大就是被逼出来的。

我们深化改革创新，也是被逼出来的。大家不能忘记，我们是从内忧外患濒死的绝境中走出来的，持续六年的亏损、资产负债率持续攀升，经营风险随时可以爆发，更不用说市场竞争优势消失殆尽，行业地位不保，我们陷入生死攸关的境地。如果说等着不改，肯定是会饿死的，我们向前走，这中间会出现很多意想不到的困难，但至少是有生的希望，有冲过去的希望，所以，改革有生的希望在其中，不改革是必死无疑。所以，我们的改革的动因非常简单，就是为了活下去。

当然，改革是痛苦的、艰难的，也是最需要勇气、最难能可贵的。正如毛泽东所说："自己打败自己是最可悲的失败，自己战胜自己是最可贵的胜利。"深化改革创新推进一年多来，我们一直在围绕"扭亏脱困"打攻坚战。以习近平新时代中国特色社会主义思想为根本遵循，坚持"向习近平学改革、向全要素要效益"的改革经营理念，我们启动了九大领域 45 项改革，实施了"调结构、砍费用、堵漏洞"和"高精简、高效率、高效益、高绩效"的经营举措，取得了阶段性成效。我们扭转了持续亏损的状态，利润略有盈余，员工月平均工资达到 4277 元，同比上涨了 26%。截至目前，公司行管后勤岗位精简 151个，精简比例达到 30%，其中精简高层管理岗位 3 个，中层管理岗位 13 个，基层管理岗位 30 个，精简机构、优员增效初见成效。业绩是企业生存的底线，业绩也是现在我们管理人员生存的底线。今年我们高管、中干中拿 1650 元最低薪酬的屡见不鲜，还有5名管理人员受到降职降薪的处理，2名管理人员调整了岗位，这些改革伴随着痛感，但也不断地在释放着动力。这里我也想明白地告诉大家，我们的改革绝不仅是阵痛，更是一种长痛，只要公司存在一天，痛就会一直伴随着我们。

所以，我们非常感谢全党当前开展的主题教育活动，它能让我们的同志们回顾初心，继而不忘记初心；它能让同志们知道面向未来我们需要使命，而且要继续牢记使命，继续担当起使命；而我们何以能做到这一点？就是由于我们党有一个法宝，这个法宝就是自我革命精神，有了这个精神，我们就能勇于面对我们犯下的错误，不断调整我们的心态，改正我们的过失，在错误和失败中吸取教训，在困难和挫折中走出困境，走向成功。

如何完成我们的自我革命，我认为还是要从"历史、现实、未来"三个维度去把握。

一是以自我革命解决历史遗留问题。既然是"历史"，说明确有其事，而又成了"遗留问题"，说明没有彻底"摆平"。我们产业结构的问题，机构人员臃肿的问题，运营费用负担沉重等等问题，由来已久，绝不是今天才显现的。日子好过的时候，"一俊遮百丑"，大家不觉得有啥问题，或者就一味地回避、拖延，但历史遗留问题它就客观存在，绕不过、躲不开，我们不敢承认，更不愿去化解，结果越躲牵扯面越广，越拖解决难度越大，持续发酵，问题就积重难返，导致更为严重的后果。

化解历史遗留问题是一场自我革命，把所谓复杂问题简单化的办法，就是把问题摆在桌面上，就是要有正视问题、勇于承认错误、失败教训这样的勇气和智慧，才是谋求问题解决之道。比如，我们风险货款（老货款），今年我让纪委何书记牵头清理了一下，公司历年累积未收回的近800多万元，其中还有超过十年以上的，最短的至少也有四五年。同志们，我们现在资金紧缺，举步维艰，居然却还有这样的"闲钱"放任不管，更甚至在清欠这个过程中，涉及的相关管理人员和销售人员居然认为长期拖欠货款这是正常的，乃至给公司造成的损失也是正常的，既认识不到错误，不配合不理睬，更不去总结教训，认为是历史遗留问题，与当下的我没半毛钱关系。截至今天，通过大量的工作，我们追回了300多万，这项工作必须进行到底，不去主动彻底解决这些问题，一味地想息事宁人，一味地回避不管，就只能是按下葫芦又起瓢，为未来埋下隐患。我一再说，有问题不可怕，可怕的是看不到问题、是看到问题畏首畏尾的思想和不去作为的态度，我们必须让检视反思成为常态，必须要有刀刃向内的自我革命精神，敢于承认错误、善于总结经验，这样才能"不留后患，不添新乱"。

二是以自我革命解决当下生产经营的问题。现在，我们活是活了下来，但日子并不好过。在宏观经济调整减速的主基调下，今年化工行业景气度大概率有所下滑，大部分化工行业供需格局由紧平衡走向弱平衡，产品价格存在下行的风险。从五、六月开始到目前，我们的产品也正在遭遇市场价格的大幅下滑：铬酐从之前的21000元已经跌至现在的18000元左右，铬绿已经从32000元跌到了23500元左右，还有红矾钾，从16000多元跌到了14000元左右，VK3也从12万元跌到了现在的6万元、7万元，目前这个寒冬现象是多年以来最长的，而且还看不见底！公司经营层为此做出了积极应对，把所有经营层的高管都派到市场上去迎战了，而且包括总经理在内的每位高管都定有目标，接受考核。上个月所有经营层高管都扣了工资，幅度还很大，一些高管可能要自己花钱买保险，而我们的员工现在工资高的可以过万。与此同时，行业竞争异常激烈，行业优化整合将是必然。这并非简简单单的抱团取暖，谁能在整合中找到一席之地，谁才可能度过这个艰难时期。可以说，在行业整合期，我们要么让自己强大，要么就离场，被淘汰、被灭亡。我一再强调，我们一定要做好我们自己的事，这包括做好我们必须要做的事，做好我们希望做到的事。必须要做的是基本层面的，就是扭亏为盈，"调结构、砍费用、堵漏洞""高精简、高效率、高效益、高绩效"，做好了我们才有法活下去，活下去的基础才可以牢固。我们希望做到的事情，那就是攻坚克难、创新提升的事，比如打造银河的"备胎"等，我们只有踏踏实实地把自己的事做好，才能"敌军围困万千重，我自岿然不动"。

世界正在悄无声息而又惊心动魄地发生着巨大的变化，市场竞争空前加剧，行业整合暗潮涌动，就像武侠小说中的门派之争，充满着刀光剑影还有险象环生。对于我们而言，危机从未离开，但我发现，我们的团队还依然缺乏危机感和紧迫感，缺乏真正的压力和拼死一搏的内在动力。

最近我听到一些很不着调的论调，例如在面对原料、成本、资金、生产现场等问题时，我们有管理人员说，这些都是历史的问题，都是别人的问题，都是公司的问题，用各种客观理由和借口把自己摘得干干净净，就是不肯从主观方面找原因。看得出，我们的管理人员名仍然会在"刀刃"向内还是向外的问题上犯糊涂。我们的团队还依然缺乏危机感和紧迫感，缺乏真正的压力和拼死一搏的内在动力。主要表现为依然存在"三个不够"的问题：对深化改革认识还不够、团队聚合力还不够、责任担当还不够；依然存在"五个不适应"：思想观念不适应、管理方式不适应、产业结构不适应、能力素质不适应、作风效能不适应；依然还有"十个大有人在"：因循守旧者大有人在，拖拖拉拉者大有人在，畏难退缩者大有人在，得过且过者大有人在，消极懈怠者大有人在，光说不练者大有人在，推诿扯皮者大有人在，口是心非者大有人在，不讲规矩者大有人在，粗枝大叶者大有人在。

这里，请大家记住一句话，"雪崩的时候没有一片雪花是无辜的"。要在危机中生存，只有从问题入手，刀刃向内，善于把问题和矛盾担起来，先从自身主观上找问题想出路，直面现实解决矛盾困难，才能久久为功，才能忍难忍之痛、移难移之山，开创新的局面。

三是面向未来，我们更需要自我革命。

最近我们已对明年的工作进行调研，总体基调就是将改革持续推进，将好的变化持续保持；同时我们要有更大的决心推动各项变革。我们的未来，仍然需要自我革命来推动。自我革命得好，就能凤凰涅槃，重获新生。

面向未来的改革，我们需要倡导三个导向：问题导向、目标导向、结果导向。而这一切的落脚点，在于选好干部、配置好团队。我们深化改革创新推进到今天，方法路径已经明确，更重要的无疑是决心，更关键的无疑是担当。因为是否具有担当精神，决定一个人对待事业和困难的态度，而这种态度是决定其贡献大小乃至事业成败的关键，也是决定改革成效的关键。当前，我们的深化改革创新各项工作既面临着复杂多变的形势，又面对一系列突出矛盾与挑战，我们急需一个具有勇于自我革命精神和胆魄的管理团队，急需一批在面临各项危机困难面前敢于挺身而出，在歪风邪气面前敢于坚决斗争，在困难和逆势中拥有清晰的方向感，能一门心思谋打仗，敢于冲锋陷阵、敢于亮剑，能鼓舞起队伍必胜的信心，善于取胜的战将。君功见于选将，将功见于理兵。未来，我们将进一步加强对作战团队的管理，一方面注重从战功累积来使用和提拔干部，另一个方面，无论过去多大的功劳，打过多么辉煌的战役，一旦不适应公司发展需要，打不赢胜仗，就要随时被替换下来，这个将作为我们干部选拔任用的一个原则。我们要以"凭结果去生存，拿价值来交换"去引领银河的价值风尚，去定位我们的前行坐标。

地球是圆的，世界是平的，经济全球化没有哪个行业能独善其身。融入无国界、无边界竞争，走出去是必然的事。要想在日益激烈的行业竞争、国际竞争中求得生存和发展，前提是我们要认真地自我革命，完成自我革命，提升我们的竞争力和建立持续的竞争优势。在全球化大背景下，世界一流企业都把掌控产业链中技术含量高、增值幅度大、带动性强的重点环节作为战略发展重点。我们未来产业价值链升级应该遵循创新驱动和产品链拓展，通过深化改革创新，实现技术效率改善和技术进步，利用生产率的提高推动产业质量的稳步提升，积极推动产业向价值链高端迈进，建立属于我们自己的持续的竞争优势。我们只有在自我革命中完成了修炼，练就一身功夫，最好再修炼出自己的独门绝技，这样走出去，才能无敌于天下，否则的话，我们还没走出家门口就会死得很惨。

同志们，不革其旧，安能从新。不胜寸心，安能胜苍穹。无论是回望还是展望，只有保持坚定理想信念和坚强的意志，坚持奋斗才有希望，这也是我们开展"不忘初心、牢记使命"主题教育的题中之义。国庆节，我观看了献礼影片《攀登者》，影片由真实历史事件改编，讲述中国登山队在 1960 年与 1975 年两次向珠峰发起冲刺，完成了世界首次北坡登顶这一不可能的任务，并实地勘测出属于中国自己测量珠峰的"中国高度"的故事。影片中有一个场景让我至今记忆深刻，当队长徐浩天因为雪崩被大雪掩盖，大家找到他时，他用最后一点力气说了这样一句话：我们自己的山，自己要登上去。人为什么要登山，因为山就在那里。我们自己的山，必须得我们自己登上去。我们每一个普通人，并不是人人都能攀登珠峰，但我们每个人都是攀登者，那些横在我们面前的问题矛盾甚至苦难，就是一座座险象环生的大山，那些装在我们心中的梦想、目标，我们也可以看作是一座座大山，我们自己的山，就必须得我们自己用强大的信念和毅力，克服一切险阻和困难，探索攀爬登上去。哪怕知道困难重重，也能不畏艰险，迎难而上，这和我们一直学习和践行的"团队至上、不服输、把不可能变成可能"的破门精神如出一辙，在自我革命中，我们需要树立一种团结一心、共同拼搏的团队精神，打造一种在困难和磨难面前、在危机和挑战面前永不言败的坚定信念，塑造一个坚不可摧的英雄集体，我相信，初心，是一种信念，也是一种坚持，你敢给它足够的坚守，它就会给你足够美好的风景。

道阻且长，行则将至。与同事们共勉！

教学笔记

一、案例摘要

本案例通过三个故事完整描述了四川省银河化学股份有限公司（以下简称银河化学）如何通过提升内外部信心实现全面改革创新的过程。案例针对国企如何重塑信心，如何变信心为行为等痛点问题，探讨国企改革的深水区。

案例首先介绍了行业背景、企业背景和人物背景，描述了银河化学改革前的基本情况。其次通过"内忧外患举步维艰"和"攘外安内凝聚共识"，描述了如何解决团队内部的思想问题；通过"全面改革重塑信心"，描述了银河化学如何通过全面改革创新重塑信心的过程和阶段性成果。

二、教学目的与用途

1. 适用对象：本案例适用的教学对象包括：工商管理硕士（MBA）、企业高级管理者，也可以是企业创始人以及具备一定管理经验的中高层企业管理人员。

2. 适用课程：本案例主要适用于《战略管理》《战略人力资源管理》课程中战略实施等相关章节。

3. 适用目标：

（1）基础理论：党的管理变革与能力建设理论，探讨党的管理变革与能力建设与企业战略管理的关系。同时涉及一部分党的群众路线理论，探究在企业内部组织行为与人力资源管理如何坚持群众主体地位，传递价值观，建设组织文化。

（2）知识目标：理解相互协调、相互促进的价值观和企业战略更能保障企业持续健康发展。掌握企业如何选择正确的文化战略，以及如何转入有效的战略实施，以保证战略的成功和实效。

（3）能力目标：培养学生解决企业实际问题的能力和创新能力。通过对学习新知识的兴趣，拓宽视野，更深刻地理解战略管理理论的内涵，进一步丰富和提升实践意识和能力。

（4）思政目标：坚持党的领导，加强党的建设，是我国国有企业的光荣传统，是国有企业的"根"和"魂"，是我国国有企业的独特优势；树立科学的人才观、发展观、和谐观；树立辩证唯物主义的价值观。

三、启发思考题

1.2018 年，肖棱接任银河化学的董事长后为什么力主改革，且对这次的临危受命充满信心？

2. 银河改革伊始肖棱提出的"约法三章"为什么要选这三个方面？"约法三章"起了什么作用？

3. 银河改革创新中提出要做"五真"型干部，为什么要强调"真"字？如何让管理者讲真话？

4. 银河化学"供气瓶颈"等一系列问题的解决，在改革创新中的意义是什么？

5. 银河化学的改革创新，是否存在有效期？如何理解改革的韧性？

四、分析思路

这篇案例通过描述银河化学全面改革创新的过程，引导学生思考战略变革的关键是"谋定而后动"，是让团队内部达成改革的共识；通过描述银河化学内、外部如何解决"信"的问题，如何重塑四个"信"——信心、信用、信誉和信任的过程，引导学生认知战略变革的关键路径，理解相互协调、相互促进的价值观和企业战略更能保障企业持续发展。

本案例的整体分析框架如图 3–1 所示：

创新理论指导与中国企业管理实践案例精选

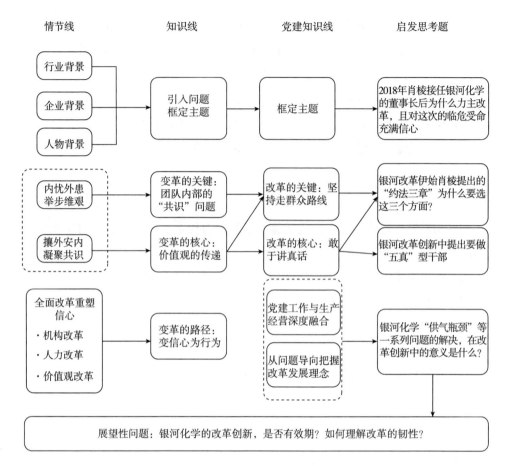

图 3-1　案例分析思路

五、理论依据与分析

1.2018 年，肖棱接任银河化学的董事长后为什么力主改革，且对这次的临危受命充满信心？

【案例分析】

第一道启发思考题着力点在于：信心的来源。

基于正文的行业背景、企业背景和人物背景三个方面分析，肖棱的信心主要来自以下三个方面：

（1）从肖棱的个人特征来看，对于银河化学，肖棱并不陌生，这是他曾经

· 102 ·

战斗了 13 年的地方，他对银河化学所处的行业特征和企业发展非常了解；肖棱刚到安投集团的时候，面临的情景和现在的银河很像，肖棱通过 3 年时间将安投扭亏为盈，取得了改革创新的初步成效，因此具有改革的丰富经验；肖棱有丰富的工作、学习经历和创业经历，在理论与实务上都有深入的思考和体悟，既能脚踏实地，又视野开阔。

（2）从行业背景来看，行业发展态势良好。近年来，铬盐产品的价格呈平稳增长的趋势，中国铬盐生产发展迅速。但是，银河化学的行业地位从第一名跌到了第三名、连续 5 年亏损，与整个行业的蓬勃发展之间有一定的差距，用银河自己的话来说："这 5 年，银河化学完美地错过了每一次盈利的机会。"

（3）从银河化学自身来看，银河化学 55 年的发展，从 1965 年，第一代银河人通过艰苦创业的奋斗，把雎水煤矿建设成为全国"红旗煤矿""大庆式企业"，成为全国煤炭工业先进企业的代表，到 2012 年成为安州区经济发展的"排头兵"和"顶梁柱"，银河人具有"雎煤精神"和"创新基因"。

因此，对肖棱来说，安州区委区政府的鼎力支持，多年国企管理经验、现代企业管理学习经历、对银河化学发展的了解和参与、对产业发展前景的判断，都让他对带领银河走出发展困境充满了信心。

2. 银河改革伊始肖棱提出的"约法三章"为什么要选这三个方面？"约法三章"起了什么作用？

知识点：改革的关键

【理论依据】

坚持走群众路线。

群众路线是毛泽东思想活的灵魂的三个基本方面之一。群众路线，就是一切为了群众，一切依靠群众，从群众中来，到群众中去，把党的正确主张变为群众的自觉行动。党的正确的路线、政策是从群众中来的，是反映群众的要求的，是合乎群众的实际的，是实事求是的，是能够为群众所接受、能够动员起群众的，同时又是反过来领导群众的，这就叫群众路线。[①]

人心思动、顺势而为的重要性。从造势，到顺势，到借势，再到乘势，国企改革是要调动所有人参与，改革不是改革者一个人的事情，改革的目的是最

---

① 人民网. http://theory. people. cn/n/2014/0603/c385524-25097531. html，2014-06-03.

大可能激发所有人的能力和能量。因此，改革的第一步不是改人和改事，而是营造改革的氛围，建立信任。

【案例分析】

"约法三章"是指：严格执行三项承诺，绝不拖欠员工工资，绝不拖欠员工保险，绝不拖欠员工公积金。

第二道启发思考题在设计上，与第一道题遥相呼应，是两个视角"一组"问题。第一道题问的是肖棱（领导者）为什么要改革，第二道题问的是大家（员工）为什么相信肖棱是来真改革的。

案例正文中提到为期一个月的"大学习大讨论大调研"——2018 年 5 月 27 日，银河化学党委和董事会联合发出通知，在集团公司各个层面开展广泛的大调研、大讨论。因此，"约法三章"实质上来自"大调研"。

为什么要"约法三章"？从"内忧外患举步维艰"可以看出，银河化学现在面临的最大问题是内外部对银河都失去了"信心"；为什么选择这三点（工资、保险和公积金），因为这三点是群众最关心的问题，改革要深入人心，必须从民心出发，顺势而为。

我们的基层员工说得好："落到实处才算事，落到实处才算本事。"话说得再漂亮，调子唱得再高，但不愿意或者不敢动真格，对于推进改革创新不但无益反而有害。

向习近平学改革，就是要学习他问题导向、全面深入、不留死角的改革深度和广度。习总书记讲"改革是由问题倒逼产生，哪里有痛点、难点，哪里就需要改革"。

——肖棱①

因此，这道启发思考题想传递的一个词是"信心"。

3. 银河改革创新中提出"五个真"，为什么要强调"真"字？如何让管理者都讲真话？

---

① 肖棱. 向习近平学改革，向全要素要效益，以习近平新时代中国特色社会主义思想为指导 奋力开创银河改革创新发展新篇章［R］. 2018 年 6 月 25 日银河化学股东大会报告.

· 104 ·

知识点：改革的核心

【理论依据】

敢于讲真话，是共产党员必须具备的政治品格，也是领导干部要有担当的题中应有之义。习近平总书记多次强调，领导干部一定要求真务实，既要在"求真"上下功夫，更要在"务实"上做文章，尤其要做到讲实情、出实招、办实事、求实效①。党的十八届六中全会指出，党的各级组织和全体党员必须对党忠诚老实、光明磊落，说老实话、办老实事、做老实人，反对弄虚作假、虚报浮夸，反对隐瞒实情、报喜不报忧。②

在管理学中，一个核心问题是企业如何形成大家都讲真话的文化？组织文化是组织全体成员共有的价值观、信念和期望的集合体。由于组织文化对全体成员的行为有如此巨大的影响，它就能有影响组织改变其战略方向的能力。一个长期坚持的公司文化可能产生"战略上的近视症"（Strategic myopia），即当公司非常需要改变其战略时，高层领导者发现和解决新问题的能力却受到了限制。实践证明，不存在什么最优的公司文化，文化应该为公司的使用和战略提供最好的支持。公司领导可以加强对员工的沟通，获取员工的支持③。

【案例分析】

第三道启发思考题和第二道题的着力点在于：信心如何传递。

在课堂上，这个问题的另外一种问法可能是：银河化学连续亏损的 5 年间，为什么大家都不讲真话。第二个问题问及的对象是基层员工，这个问题则问的是高管团队。

根据案例正文中传递的信息分析，原因是，主要是说真话的过程中可能会触动到一些人的利益神经，说假话反而能讨其所好、一团和气；也可能是反映的问题没人理会，也得不到解决。因此，如何让大家讲真话？从案例正文中分析可见：首先是树立"个人利益服从公司整体利益"的改革原则："我们没有

---

① 人民网. http：//opinion. people. com. cn/n1/2018/0515/c1003－29990070. html，2018－05－15.

② 中国共产党新闻网. http：//cpc. people. com. cn/n1/2016/1028/c164113－28815862. html，2016－10－28.

③ 王德中. 企业战略管理［M］. 西南财经大学出版社，2016（第三篇　战略实施，第十一章　战略实施活动的组织）.

其他路可选，必须从公司整体利益出发，将改革创新发展一以贯之地执行到底。"①；其次，习近平总书记讲，"民心是最大的政治，正义是最强的力量。反腐倡廉必须常抓不懈，拒腐防变必须警钟长鸣"②。因此，承接启发思考题第二题，坚定不移地走群众路线，接受群众的监督。最后，形成了一系列的机制创新：（1）机构改革。把党的领导内嵌到公司治理结构，将坚持党的领导写入公司章程，将党组织研究作为董事会决策的前置程序，党组织在法人治理结构中的法定地位得到明确。推行"双向进入、交叉任职"的领导体制。（2）人力改革。坚持党管干部、党管人才，把建设一流管理经营队伍贯穿深化改革发展全过程。（3）价值观的改革。五个中心的核心价值观，五真型干部，"拿价值交换，凭结果生存"文化导向。坚持强基固本，加强基层组织的建设，把充分发挥堡垒先锋作用的理念贯穿深化到改革发展全过程。这在银河化学称为"三板斧"，实现了"干部能上能下，愿赌服输，尊重游戏规则蔚然成风"的局面。

一个负责的党员领导人员，在重大问题上必须表明自己的真实观点，这才叫负责。我们的党员领导人员有责任有义务营造讲真话的条件和环境。首先，要带头讲真话，有一说一，实事求是，从我做起，努力营造讲真话办实事的良好环境。其次，要善于听真话，鼓励部属讲心里话，反映真实情况，并敢于为讲真话的人主持公道。唯有如此，才能激发各级管理人员和广大员工建言献策的积极性，集中集体智慧，做出科学决策，办好各项事情③。

——肖棱

因此，这道启发思考题想传递的一个词是"信用"。

4. 银河化学"供气瓶颈"等一系列问题的解决，在改革创新中的意义是什么？

【理论依据】

1. 以党建工作与生产经营深度融合推动国有企业高质量发展。

坚持党的领导、加强党的建设是国有企业的"根"和"魂"，是我国国有

① 肖棱. 向习近平学改革，向全要素要效益，以习近平新时代中国特色社会主义思想为指导 奋力开创银河改革创新发展新篇章［R］. 2018 年 6 月 25 日银河化学股东大会报告.

② 央广网. http：//news. cnr. cn/native/gd/20160112/t20160112_521119525. shtml，2016 – 01 – 12.

③ 肖棱. 重整行装再出发牢记使命勇担当奋力开创银河改革创新发展新篇章［R］. 纪念中国共产党成立 97 周年暨表彰大会上的党课报告. 2018 – 06 – 26.

企业的独特优势。习近平总书记在全国国有企业党的建设工作会议上的重要讲话中指出，坚持服务生产经营不偏离，把提高企业效益、增强企业竞争实力、实现国有资产保值增值作为国有企业党组织工作的出发点和落脚点，以企业改革发展成果检验党组织的工作和战斗力。做好新时代国企党建工作，必须深入贯彻习近平总书记重要讲话精神，认真落实《中国共产党国有企业基层组织工作条例》，找准党建工作与企业生产经营的结合点和着力点，促进企业党建工作与生产经营深度融合，以高质量党建推动国有企业高质量发展。实践证明，推动党的建设与生产经营深度融合，把党建工作成效转化为企业发展动能，是国有企业充分发挥独特优势，建设国内领先、世界一流，实现做强做优做大的有效措施。①

2. 问题导向把握改革发展理念。

从问题导向把握新发展理念。新发展理念不是纯概念，而是针对发展不平衡不充分的现实问题提出的药方，目的是实现高质量发展。所以，新发展理念的关键在用，要破解实际问题。习近平反复强调了"精准"二字：更加精准地贯彻新发展理念，举措要更加精准务实。也就是说，解决办法要紧贴现实问题，投入产出效率要更高，归纳起来就一个字：实。这是习近平治国理政思想的鲜明特点②。

【案例分析】

第四道启发思考题在设计上与第三题遥相呼应，第三道题提到问题的解决对应银河化学改革的"组织利益最大化"的改革原则，第四道题提到问题的解决对应的问题是"虚实结合"的改革路径。

第四道启发思考所引领的一系列问题的提问着力点在于：信心如何转化成行动，即肖棱如何把各方对银河化学发展的信心和共识转化为发展的力量？

银河化学"供气瓶颈"是肖棱在改革伊始面临的"老"问题，公司的管理层都认为这是绝对不可能解决的问题，但是肖棱通过引入第二气源，形成充分竞争机制达成高度共识，实实在在地解决了问题，也回应了在股东大会上提出的"虚实之争"。

---

① 人民网. http://politics. people. com. cn/n1/2016/1011/c1024-28770123. html，2016-10-11.
② 中国共产党新闻网. http://cpc. people. com. cn/n1/2021/0111/c64094-31996276. html，2021-01-11.

因此，这个问题在课堂还可以继续追问以下问题：

结合案例正文的第四部分"内忧外患举步维艰"的相关内容，银河化学改革的具体举措，如"大部制""全员轮岗"等给银河化学带来了什么样的改变？

案例正文"全面改革重塑信心"的故事中，可以提炼故事的要素，从行为和目标来解构现象，用简单的二维矩阵帮助教师黑板的呈现和学生的思考，行为包含党建和经营，目标包含组织保障、机制保障、目标引领和文化保障。

具体而言，通过将党的领导与公司治理结合，建立"银河化学深化改革委员会"为"信心增强"提供组织保障；通过建立现代企业制度，创新"岗位竞聘、人岗相适"机制体制，为"信心增强"提供机制保障；通过"以目标为导向的管理方法"，实现战略目标的引领，为"信心增强"提供目标保障；通过建强基层党组织，构建银河构建优良企业文化，实现企业健康快速发展，为"信心增强"提供文化保障。（见图3－2）

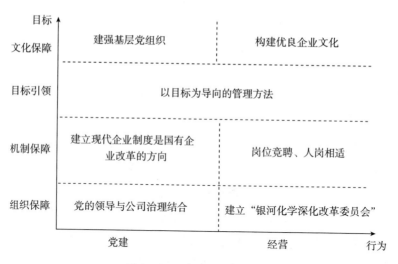

图3－2　目标与行为二分图

因此，本题想传递的逻辑是：察其言，还要观其行。信心与共识是第一步，但通过改革创新，实现力量转化才是关键。

具体而言，要把党建目标融入企业愿景使命和目标，保持企业文化与党建精神一致并落实，把党建工作落实到具体业务中，通过党建活动，引导党员发扬先锋模范作用。对国企发展而言，党建是根基，党建对经营和发展起到引领作用，党建和经营就是企业发展的相互双融和知行合一。

因此，这道启发思考题想传递的一个词是"信誉"。

5. 银河化学的改革创新，是否存在有效期？如何理解改革的韧性？

【理论依据】把握新时代"变"与"不变"的辩证法

把握事物变动性与稳定性的辩证统一，"一切皆变，无物常在"。唯物辩证法认为，事物处于不断运动变化发展中，变是无条件的、绝对的；同时又认为，事物的变化不是杂乱无章的，而是有其相对的稳定性。把握事物渐进性和阶段性的辩证统一，"世异则事异，事异则备变"。唯物辩证法认为，事物是在内部矛盾运动推动下，先从量变开始，量变达到一定程度引起质变，再开始新的量变。把握事物总体量变与部分质变的辩证统一，唯物辩证法认为，量变和质变二者相互渗透，量变之中有质的渐变，质变之中有量的扩张。

【案例分析】

第五道启发思考题是展望性问题。

2018 年 6 月，肖棱代表管理团队向全体股东阐明了改革的总任务，并按照项目推进的方式将改革任务细化分解为九大领域 45 项具体措施，搭建起了银河改革的制度性框架。改革创新的两年多时间，银河化学解决了从外到内，从上到下，普遍的不信任和没有信心，逐步建立内外部的信用和信誉。信则灵，信则顺，信则达。只要建立了信任（不变），彼此尊重"游戏规则"，创新（变化）是永恒的。

正如 2020 年 11 月肖棱所说："只要我们足够努力，剩下的一切都交给时间。"

六、背景信息

本案例是清华大学入库案例《银河化学探路国企改革》案例的"前篇"案例，清华大学的案例着重阐述银河化学的改革创新具体做了什么，重点描述改革创新的具体行为和制度；而本案例的着眼点则在于改革前"谋"，如何"谋定而后动"，如何营造"人心思动、顺势而为"的氛围，如何造势—顺势—借势—乘势，如何重塑信任？即案例的决策点在于改革的第一步到底应该如何做。

对具体如何改革的策略，可以参考清华大学的入库案例。两篇案例共同呈现了银河化学改革创新的"前世"和"今生"。

七、关键要点

本案例是一个关于"战略实施"章节的案例。其关键要点包括：

1. 从案例故事情节的角度来看（明线）：案例正文以银河化学改革创新的全过程为情节主线，描述了银河化学为什么要改革，以及做出第一步决策的过程；同时案例正文以"信"为内核，描述了从信心到信用和信誉，最后到信任的过程，信则行远。

2. 从知识点的逻辑关系角度来看（暗线）：企业如何选择正确的文化战略（关键），如何转入有效的战略实施以保证战略的成功和实效（核心）。只有相互协调、相互促进的价值观和企业战略更能保障企业持续健康发展。

3. 从案例基础理论的角度来看：案例主要讲授党的管理变革与能力建设理论，探讨党的管理变革与能力建设与企业战略管理的关系。党的十八大以来，习近平总书记指出，要使国有企业的改革卓有成效地向前推进，应当坚持以下四个方面的基本原则：坚持党对国有企业的领导；始终依靠工人阶级；激发国有企业的内生动力；充分发挥市场的作用。

八、建议的课堂计划

本案例主要描述了银河化学改革创新的过程，可以作为专门的案例讨论课进行。具体的时间分配计划可以根据课堂安排的不同进行调整，表 3-1 是建议的具体时间分配计划。

表 3-1　　　　　　　　　建议的具体时间分配计划

环节	时间
案例概述	10 分钟
分组小讨论	10 分钟
班级大讨论	50-60 分钟
总结	10 分钟

下面将详细叙述课前、课中、课后的组织讨论情况：

1. 课前计划

提前 5~7 天将案例、案例企业相关的视频链接、新时代习近平有关国有企业改革的重要论述等资料发放给学生，要求学生仔细阅读，并思考三个启发思考题：（1）您是否了解国有企业改革？（2）您认为国企改革有什么样的难点？（3）您所在的企业是否遇到过类似的问题？这三道思考题可以附在案例正文后面作为案例阅读后的思考题。

2. 课中计划：

课程开篇（5~10分钟）：首先按照案例正文的故事和附录，以及公司的产品实物的图片，给大家简单介绍银河化学的基本情况，引发学生的兴趣，再次让学生熟悉案例正文。

课程小讨论（10分钟）：提问学生课前布置的三个问题准备情况如何，请大家分小组讨论这两个问题。目的在于实现学生相互之间的思想交换和相互刺激，同时降低案例大讨论一开始学生回答问题的难度，鼓励学生发言。

班级大讨论（50~60分钟）通过将 5 道启发思考题的细化成 18 道问题逐一展开提问，引导全班进一步深入讨论。课堂提问的问题数量大于启发思考题，围绕知识点的逻辑框架，提问的参考方式依次为：

表 3-2　　　　　　　　　　课堂提问与启发思考题的匹配

课堂提问题目	要点	启发思考题
任意一个课前思考题： （1）您是否了解国有企业改革？（2）您认为国企改革有什么样的难点？（3）您所在的企业是否遇到过类似的问题？	暖场 引发兴趣 框定主题	
（1）读完案例正文的"人物背景"，给您留下最深的印象是什么？	从肖棱的个性特征、行业特征和银河化学的历史三个方面分析"信心"的来源。决策点：面对这场临危受命，肖棱会如何选择？	启发思考题1：2018年，肖棱接任银河化学的董事长后为什么力主改革，且对这次的临危受命充满信心？
（2）2018年，肖棱接任银河化学的董事长后为什么力主改革？		
（3）案例正文的引言故事中，为什么说肖棱对这次的临危受命充满信心？		

续表

课堂提问题目	要点	启发思考题
（4）为什么说银河化学"内忧外患举步维艰"？	从内外部的情况分析变革的条件和关键要素。 决策点：改革的第一步落在哪里？	启发思考题2：银河改革伊始肖棱提出的"约法三章"为什么要选这三个方面？"约法三章"起了什么作用？
（5）肖棱提出的"约法三章"是什么？如何提出来的？		
（6）为什么会选择这三个方面？		
（7）"约法三章"到底起了什么作用？		
（8）2018年6月的股东大会，大家的争论主要聚焦在哪两个方面？	从内部的争论到内部的共识，分析变革的核心。 决策点：如何传递信心，达成共识	启发思考题3：银河改革创新中提出"五个真"，为什么要强调"真"字？如何让管理者讲真话？
（9）银河化学"攘外安内"都做了哪些事情？		
（10）为什么要强调"真"字，为什么以前大家不讲真话？		
（11）如果你是企业的一把手，如何让大家讲真话？		
（12）最开始，银河化学的管理团队对"供气瓶颈"的态度是如何的？	变革的路径和具体做法。用改革的原则与做法呼应问题，决策点：信心如何变为行动	启发思考题4：银河化学"供气瓶颈"等一系列问题的解决，在改革创新中的意义是什么？
（13）这个问题的解决，在改革创新中的意义是什么？		
（14）银河化学为什么要先进行机制改革？		
（15）待遇释放管理权的目的是什么？实现了什么结果？		
（16）复盘银河化学的整个改革创新，您觉得最重要的一步什么？为什么？	展望性问题，回归战略的主题	启发思考题5：银河化学的改革创新，是否有效期？如何理解改革的韧性？
（17）银河化学的改革创新，是否有效期？		
（18）如果您是肖棱，对改革创新的下一步所"谋"之处是什么？		

　　在大讨论过程中，可以参考四块黑板的设计思路，一旦有学生提出相关内容，立即将信息写在黑板的对应位置，以提问引领课堂。

　　进行归纳总结（5分钟），当讨论结束后，根据黑板上的信息，整理并向学生解释案例的关键问题、逻辑顺序和相关理论。学生非常重视教师的归纳总结，这基于教师对案例框架的透彻把握，也基于课中从学生发言中激发的灵感。也可以直接将案例使用说明中的关键要点（见前面"六"的内容）作为总结的一部分。

3. 课后计划：案例讨论引起学生对"党的管理变革与能力建设理论"的重视，要求学生思考自己企业如何做好能力建设的问题。教师要做好课后笔记，用"效果较好的方面"和"有待改进的方面"两栏分别记下有效的教学行为和欠缺的教学行为，并针对性地提出改进措施。

4. 课程参考教材：

（1）王德中．企业战略管理［M］．成都：西南财经大学出版社，2016．第十二章战略控制与战略变革．

（2）宋志平．问道改革［M］．北京：中国财富出版社，2018．

（3）宋志平．经营方略［M］．北京：中信出版社，2019．

（4）国务院国资委改革办、国务院国资委新闻中心．改革实践：国资国企改革试点案例集［M］．北京：机械工业出版社，2019．

九、案例的后续进展

（参见六、背景信息）

十、案例研究方法说明

本案例从 2019 年 10 月开始开发，其间得到四川省银河化学股份有限公司的积极配合，进行多轮深入访谈，并广泛收集相关资料。访谈人员超过 100 人，形成访谈记录近 10 万字，各级人员的深度访谈超过 20 次，共整理了银河化学从 2015 年到 2020 年的近 200 项管理和运营资料文档，其中，2018 年文档为 65 项，2019 年为 64 项，2020 年为 48 项；收集了 2018～2020 年期间大部分的党建工作资料，包括党课、支部活动、民主生活会、党风廉政建设、党建工作考核细则、管理人员谈心资料、党建工作目标责任书等 86 项资料。

十一、相关附件

公司简介视频，作为案例的辅助视频，教师可以根据需要决定是否播放。目的是让学生对企业及其产品有更直观的了解。

案例四　国有企业党建工作价值创造路径探索①
——以某省电力公司党建工作为例

案例正文

【摘　要】　本案例以苏心民②从事党建工作的经历为线索，针对国企党组织和党建工作普遍存在的"四化"问题③，讲述了避免形式主义、探寻价值创造路径的思考和实践过程。

【关键词】　国有企业党建；价值创造；路径选择

一、案例背景

2020 年夏天，作为省电力公司党建部主任的王辉④接到公司编制"十四五"企业文化规划的任务。公司的文件显示，企业文化规划是公司整体规划之下，11 个专业性子规划之一，能与其他专业的 10 个子规划并列，其重要性不言而喻。但是，令王辉不理解的是，党建部的主要工作无疑是党建，编制企业文化规划是不是有些片面？为什么不可以编制一份党建工作的五年规划呢？

经过与企管部门沟通，王辉明白了公司整体考虑：作为企业的五年规划，

---

①　本案例由北京大学光华管理学院杨东宁教授指导，倪春、张寒、李莉、张义奇、侯俊、张杭松、周权、王朴、曹辉、蒋坤云根据企业访谈整理编写。作者拥有著作权中的署名权、修改权、改编权。为使文本顺畅，在保证案例真实性的前提下，设计了个别衔接情节和任务，由于企业保密的要求，本案例中有关人名、名称、数据等做了必要的掩饰性处理。本案例仅用于课堂讨论，而非管理决策或活动是否有效的证明。

②　苏心民，曾任某省电力公司思政部主任，名字为化名。

③　"四化"，是指弱化、淡化、虚化、边缘化。

④　王辉，某省电力公司现任党建部主任，名字为化名。

把企业文化工作与其他专业工作一起规划是符合公司运作惯例的，但在企业管理角度对党建工作做五年规划，并没有先例。公司希望在企业文化工作规划中要体现党的相关工作要求。

于是，王辉召集了部务会，商讨企业文化五年规划编制工作。在会议上，大家提出的一些疑惑，进一步让他感受到编制工作的难度：

几年来，企业党建工作得到重视的程度几乎空前，党建部大量精力都投入在党务工作上，繁重的专业活动几乎都是党建工作，编制企业文化工作合乎整体工作态势需要吗？党建工作的地位崇高，企业文化工作的重要性似乎下降了，用企业文化工作规划去包含一些党建工作的要素，合适吗？如果真的要在企业文化工作规划中，一起设计党组织的相关工作，这其中，能找到逻辑关系吗？

迷茫之中的王辉陷入了沉思：在过去的五年期间，公司党委被中央表彰为"全国先进基层党组织"，《企业文化十讲》[①] 被中组部选为全国党员教育优秀教材，公司涌现出了二十多批"中国好人"，公司党建工作在总部考核中位列前茅，公司行政领导对员工队伍的评价从几年前的"怨气较多"到现在的"队伍好带"，这都发生在"十三五"时期，这里是不是就有答案呢？前一个五年计划期间，公司虽然没有编制企业文化规划，但也制定过《企业文化"十三五"工作意见》，过去几年的工作成效是不是在启示，新的五年规划应该与前五年的"工作意见"发生一些关联呢？

王辉决定找自己的前任苏心民喝茶，聊天。一壶好茶勾起了苏心民的悠长思绪。从苏心民的回忆中，王辉了解到了这位前任不为人所知的心路历程和曲折的探索过程。

二、思政部 1.0："想开一些"不是工作的选项

2015 年 1 月初，长期在人力资源专业工作的苏心民被公司党委调整到思政部担任主任，对于他而言，这不是一个太陌生的部门，毕竟，在人力资源部工作过，对公司各个专业部门的任务、岗位职责、能力情况都比较了解，但真到自己担任这个部门负责人的时候，十几年前的一段经历，让他陷入了沉思。

2002 年，公司聘请了一家国际著名机构，对公司开展战略咨询，苏心民作

---

① 苏心民. 企业文化十讲［M］. 北京，中国电力出版社，2019.

为人力资源专业的课题组成员参与其中。在专业部门岗位价值评估中，咨询顾问对思政部门的作用流露出了明显的不解、不屑，在他们提出的价值排序中，思政部门处于偏下位置，口头上给出的解释是思政部（他们意思是所有企业的思政部）"不创造价值，或不直接创造价值"。

而今，要在这样一个价值受到质疑的部门工作，苏心民在岗位调整谈话后的第一反应是自己可能要调整心态，要"想开一些"，何况年龄也过了 50 岁，也能想得开了。但真的到思政部报到的头两个月，以下三个问题总是浮现在苏心民的脑海中：一个人面对"无价值"的工作，可以调整心态，但如果部门的整个团队都找不到工作的价值，这支队伍怎么能带得好？全公司三级体系中几十个思政部的队伍又往哪里走？公司设置庞大的思想政治工作者队伍，难道真的没有价值吗？

在报到两个月后的第一次部务会上，苏心民没有谈任何自己的工作新思路，而是提出了几个问题，让同事们思考：

在全公司人眼里，思政部究竟是干什么的？

思政部工作的价值在哪里？

在别人眼里，思政部工作是不是一门专业？

在后续的多次部务会反复讨论中，大家辨明了一条："做思想工作的""搞精神文明的""搞企业文化的""做党员教育的"等标签，都不能清楚、准确地表达思政部工作的特性，必须找到一个企业里大家都能听得懂、又符合本质的新标签。

在讨论之初，苏心民就已经有了一个答案。他工作了十多年的人力资源部，管的是薪酬福利、招聘提拔、能力培养，时常被简称为"人资部"，而现在的这个思想政治工作部，管的是思想、文化、道德，不就是"人心部"吗？

在大家反复讨论，隐约的感觉开始趋向一致，但又找不到合适表达的时候，他把"人心部"的说法抛出来，大家一下子感觉到"窗户纸被捅破了"。

于是，大家进一步讨论发现，部门的党建、企业文化、团员青年等各专业工作，都指向了一个核心内涵：凝聚人心。全部门的共同职责，就是解决员工队伍能力之外的意愿问题，实现"心齐气顺想干事"。

在年底的务虚会上，苏心民代表部门发言时，重点脱稿汇报了思政部将在"十三五"期间把自己定位为"人心部"的想法，立刻在领导层、兄弟部门中获得赞许、呼应。

"人心部"的说法虽然不能上台面、入文件，但产生了很好的会意效果。它既包含了功能描述，又是一种价值的表达，但又偏抽象和朦胧。在后续的讨论中，公司党委书记与思政部一起，就工作思路、工作理念等形成了系列七字诀，其中，"走心入脑接地气"成为工作方法、"心齐气顺想干事"成为工作目标。这一下子又打开了思路：人心部，就是让人心凝聚、让心气顺畅、让人提高有效工作时间的，可以为企业提高劳动生产率。于是，"解决动力型缺员"的新表述脱颖而出，而且立刻就写入了2015年12月公司领导班子务虚会的正式文稿。

在企业界，对缺员问题的共识一直停留在数量型缺员、结构型缺员，它们都是企业显性化的缺员，而员工队伍工作能力不足、工作意愿不足的问题在企业是普遍存在的，只是处于隐性化状态。因此，提出"思政部门、党务系统的工作就是解决企业的动力型缺员"，并同时提出"能力型缺员"的概念，就使得企业的"两维四型"缺员现象得以引起足够的关注，也使得企业政工类的工作找到了发力方向、找到了管理学语境的价值表达。

三、课题组1.0：价值探寻的起步

2016年初，公司党建工作面临三件大事：第一件，举办庆祝中国共产党成立95周年活动；第二件，党内表彰年，党委要申报先进基层党组织；第三件，第四季度召开公司党代会。

三件事，都需要对公司系统党的工作进行全面总结，并提出今后工作的思路。党委领导向苏心民布置了一项工作任务，就是成立课题组，对"企业党政是什么关系？党务工作如何体现成效？什么是企业党组织政治核心地位？"等问题进行总结和研究。

苏心民带领课题组开展的第一步工作是回顾公司党的建设工作几十年历史。

公司规模位居全国前列，电网规模超过英国、意大利等国家，技术水平达到国际先进，如此突出的经营、管理业绩中，有没有党建工作的"功劳"？

在梳理分析历史的过程中，以下两个显著的特点引起了课题组的关注，进行了深入的分析：

第一，各行业的国有企业基层党支部书记几乎都是兼职，但公司在多次机构改革、压缩编制中，把五六百名专职支部书记保留下来，被省委组织部赞许

为"队伍不散、阵地不丢、业务不松"。课题组成员重点分析了发生在 2011 年的那次"伤筋动骨"级别的体制变革过程，对当时行政领导顶着压力、冒着风险保留下专职党支部书记队伍的举动产生敬佩的同时，通过深入访谈、调研发现，对这一现象的解释主要集中在党务工作成效显著，获得认同、赢得尊重、成为依赖。

第二，长期以来，公司各级党政关系普遍和谐，不管是在局长负责制期间，还是在总经理负责制期间，他们不介意谁在企业起主导作用，性格差异、能力差异等并没有带来不和谐的结果。在调研中，相关当事人对这一现象也有比较主流的解释，就是公司各单位的领导干部能够和谐相处，不仅在于他们有"修养之上的情怀"，更有"使命之下的情怀"。企业发展的使命，使得他们把单位的发展看得比什么都重要。

课题组的第二步工作就是要把历史现象的梳理以及"人心部""动力型缺员"等关键词所代表的初步探讨成果系统化，写入将要召开的公司党代会报告。经过几个月的工作，课题组起草的报告初稿在 9 月份提交党委会讨论，在党委工作报告的理念部分写入了课题组的初步研究成果，提出了三个"位"：党组织要把握方位、找准定位、赢得地位。其核心观点是"国有企业党组织首要使命是发展企业，根本要务是凝聚人心"。

这样的全新表述，不仅让党组织体系找到了工作方向，也在行政体系引起了共鸣，"凝聚人心"从此成为公司的通用语言。

四、课题组 2.0：价值取向理论的成型

2017 年初，公司党委接到了一个新课题——《基层党组织的价值取向和主要任务研究》，这是国家电网公司党组承担的中组部《加强和改进国有企业基层党组织建设》课题的子课题，因为这个课题，"三位"研究又进了一步，迈向了"价值取向"理论。

课题组学习研究中发现，过去二三十年，关于国有企业党组织的定位，最耳熟能详的是三句话：政治核心、三重一大、党管干部。这三句话都很重要，但没有说出真正意义的价值取向。任何一个社会组织，尤其是政治组织，应该清晰宣示其价值取向，这决定着它外在的价值追求道义高度和内在的价值创造工作逻辑。

按照组织行为学领域关于"组织的价值取向包括终极价值取向（指理想化的终极状态和结果）和工具化价值取向（指为了达到理想化终极状态和结果，所采用的行为方式或手段）"的原理，课题组对照中国共产党"为中国人民谋幸福，为中华民族谋复兴"的初心使命和现阶段"发展是执政兴国的第一要务"，大胆提出：企业党组织终极价值取向就是"以发展企业为首要使命"；工具化价值取向就是"以凝聚人心为根本要务"。这样，2016年总结出来的"以发展企业为首要使命、以凝聚人心为根本要务"，就上升到了价值取向的高度。

课题组在2017年底完成了课题报告，并通过验收。2018年3月21日在《学习时报》发表《明确国有企业党组织的价值取向》① 文章。

课题报告通过验收，主要观点得到理论报刊认可，证明了"价值取向"研究成果站得住脚。但如果想给公司基层党组织讲清楚，不能光用这些书面文章，还需要"建模型"。这就是"凝聚人心"工作模型（见图4-1）。

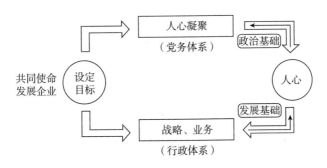

图4-1 "凝聚人心"工作模型

这个环状模型图让国有企业党组织体系、行政组织系统的工作价值形成顺时针、逆时针两个方向的闭合，就是设定"共同使命发展企业"的目标，行政体系推动企业的战略落地，党组织体系聚焦人心凝聚。一方面，党组织体系凝聚人心的工作成为企业发展的基础力量，以顺时针方向实现了管理学视角的价值闭环；另一方面，企业战略落地的成效成为人心凝聚的物质基础，人心凝聚的成效又夯实了党的政治基础，以逆时针方向实现了政治学视角的价值闭环。

企业基层党组织价值取向的提出和"凝聚人心"模型的形成，为党组织工

---

① 尹积军. 明确国有企业党组织的价值取向 ［N］. 学习时报, 2018 – 03 – 21, 第四版.

作解决了以下三个问题：

一是能够把首要使命、根本要务等"战略级"党建工作，与日常事务等"战术级"党务工作加以区分，有利于党、政组织体系都聚焦"发展企业"的共同使命，从不同角度发力，形成和谐协同之势，避免陷入企业治理中的个人地位之争；

二是确立"凝聚人心"的根本要务，可以建立"人心是最大的政治，人心是最强的力量"的共同认知，化解"党建纯粹是政治价值"的偏见，凸显党组织在培育心齐气顺的队伍、解决"动力型缺员"等方面的管理学价值；

三是把"凝聚人心"确立为根本要务，可以使党组织既明白"把方向，管大局"的关键职责，又认清"促落实"的基本业务，把"人心"当成专业，找到对党建工作的专业认知和学科认同。

五、思政部2.0：价值创造实践之路

在研究理论和理念的同时，苏心民和"苏心民们"深知，企业不是空口说理的地方，要的是行动。一系列理念的明确、价值取向理论的形成，必须伴随一系列事件和行动。价值宣言最终要靠价值创造去证明。

在公司党委书记的亲自指导下，按照"党组织在方向、大局问题上做关键性决策，交由行政体系（在国有企业也是党的干部）执行后，要把大量的精力投入到日常最基本、最重要的凝聚人心业务"的基本思路，苏心民带领团队，梳理出了基于价值取向理论和凝聚人心工作模型的三大价值创造点：全员凝聚人心、党内凝聚人心、融入行政中心，用专业化的手段，开展工作。

因此，苏心民选择的工作切入点是带领团队，从基本专业手法的运用开始，面向全员，以企业文化为载体开展工作。

在全员凝聚人心方面，以价值观培育为核心，以价值观的情感认同、行为养成为逻辑线，构建起了包含价值观传播、价值观承载、价值观激励的企业文化工作体系。其中，价值观的传播主要依托有形的道德讲堂展开，价值观的承载主要通过故事体系、典型人物、行为信条体系、仪式体系、文艺作品等手段实现，价值观激励主要通过新颖的非物质激励形式加以实现。

在党内凝聚人心方面，以党内价值观培育、党性锤炼为重点领域，拓展教育模式，不仅把企业文化培育中的基本规律、有效手段运用在党组织生活中，

而且针对党内的党课教育这一特有手段，提出了"走出教室、改造课堂"的进化思路。经过 2016～2018 年的研究与试验，形成了主攻情感教育的实景党课、思想交流的课堂党课、综合凝练的舞台党课三个模式。

在融入行政中心方面，苏心民和他的团队十分小心，因为他们意识到，这涉及一个很难把握的分寸：既不能"只扫自己门前雪，不管他人瓦上霜"，又不能"种了别人地，荒了自己田"。他们对"企业党组织有没有必要带着党员在行政业务上冲锋陷阵？如何组织党员冲锋陷阵？"这两个问题展开了慎重的讨论，达成了两点策略性共识：企业日常业务工作主要由行政体系指挥，党组织不能为了"刷存在感"而打乱其运行状态；在企业行政业务需要的时候，党组织应该以恰当的形式起到攻坚克难的作用。基于此，形成了"找准主战场，锤炼主心骨，打造主品牌"的工作思路。

六、党建部 1.0：价值表达与呈现

2016 年 10 月召开的全国国有企业党建工作会议，对国有企业带来的深层次影响逐步显现，在党建工作领域的变化更是迅速，它的一个标志性事件就是 2017 年国有企业纷纷将思政部改称为党建部。这当口，苏心民意识到，名字的更改其实更多的是一种象征性的意义，而在他内心深处，思考的一个新的问题：如何在国企党建工作热潮涌起的情况下，聚焦凝聚人心的根本要务，坚守价值创造的方向，显得更为重要，也面临更大考验。

即使企业党组织明确了价值取向，也紧扣价值创造点开展卓有成效的工作，但如果不能让这种工作的成效显性化，获得企业上下的认同与感知，可能就会使党组织坚持自己的价值取向遇到障碍。因此，苏心民与部里同志针对党组织凝聚人心的工作成效能不能测量、能不能量化表达展开了探讨。

这样的探讨首先围绕"党建工作做得好，人们的情绪就会变得饱满"这个假设展开。

经过一番朴素的讨论，找到了一个共识："思想"看不见、"觉悟"看不见、"道德"看不见、"价值观"看不见，但队伍的情绪、心态似乎可感知、可测量。凭着一丝奇思妙想，向国家电网总部申请了"员工队伍情绪指数调查分析模型研究"项目并获得批准，于 2017 年完成了调查分析、理论探索、模型设计。

2018 年，公司党委批准了开展"员工积极心态养成系统"实证性研究的项目，当年完成了 300 人小样本、3000 人大样本的基础研究。把基于心理学的问卷测量技术和基于表情识别的智能感知技术加以跨学科整合，产生了面向群体的心态指数感知与全景展示。2019 年完成了 8000 人样本的推广，2021 年已经覆盖 40000 人。

大群体心态指数的区域组织之间比较、一个组织的时间线纵向比较，为分析党建工作、思想政治工作、企业文化工作成效提供了直观数据，也使得党组织凝聚人心工作价值有了量化的表达手段，同时又指导了进一步的"成因分析、对策研究"工作，这套系统获得了 2020 年度中央企业思想政治工作研究成果一等奖。

七、王辉的憧憬

在苏心民丰富的回忆里面，王辉不仅感受到了一种强烈的敬业精神，更重要的是，通过对多年党建专业工作的梳理，内心更加坚定自己多年来的一个经验、判断：凡事求本质，往底层逻辑走，一定能找到管理工作各个专业门类的最大公约数！

王辉再次召集部门会议，启发大家发扬"胡思乱想、胡言乱语"的"二胡"精神，突破任务型思维、事务型思维的束缚，找到党建部各个专业工作之间、企业党建与企业文化之间价值创造逻辑的"互联互通"规律。

随着讨论的快速深入，大家以更广的视野、更前瞻的思维，看到了一个实现"价值三通"的未来图景：在新的五年规划期，早日实现党建工作领域内各专业之间工作价值链的内部互通、党建专业领域与公司其他专业领域之间工作价值链的横向互通、公司本部与下属各级组织之间工作价值链的纵向互通。

教学笔记

一、教学目的

通过深入分析国有企业党建存在的问题，指出企业基层党组织建设需要注重的理念和原则，以及在培养党建工作人员中的方式和方法，以帮助学员理解国企党建的难点和问题，运用现代管理思路来创造性地开展企业党建工作。适用于组织行为学、企业社会责任、管理创新、管理沟通、企业文化等 MBA 课程，以及相应的企业内训课程。

二、教学思路

（一）课程容量

模式 1：两课时，106 分钟（两课时）

模式 2：半天，161 分钟（半天）设计

模式 3：一天，或 255 分钟

（二）逻辑结构

按照导入、分析、总结三部分设计教学环节。

1. 通过问题引出教学主题；

2. 根据案例主体，分阶段展开讨论分析；

3. 提炼、总结和展望。

（三）学习方式：讲师讲解、阅读案例、分组讨论、分享、讲师总结。

（四）教具准备：活页本（学员手册，包含 2016 年全国国有企业党建工作会议通稿①、中国共产党国有企业基层组织工作条例（试行）②，作为必备资料。案例正文以活页形式印刷，由讲师按进程逐步发放）、白板、PPT 投影。

三、导入部分课堂设计

（一）时间分配：16、32、44 分钟。

（二）课堂内容

1. 讲师开场白（5 分钟）

欢迎词，自我介绍，课堂人物介绍，课程目标，课程方式。

---

① 2016 年全国国有企业党建工作会议通稿［R］. 共产党员网，http：//www. 12371. cn/special/xjpgqdjjh/.

② 中国共产党国有企业基层组织工作条例（试行）［EB/OL］. 共产党员网，http：//www. 12371. cn/2020/01/05/ARTI1578224710962548. shtml.

本课程目标：

丰富党务工作者对党建工作原理的认知，训练党务工作者工作设计的思路、方法，以及工作推进的方法和技巧。

本课程方式：

基于案例，展开训练。递进式阅读案例，分段式讨论；分组研讨、公开呈现；讲师引导、归纳总结。

2. 分组选组长（2 分钟）

3. 介绍企业党建形势（2 分钟）

结合 2016 年习近平总书记在全国国有企业党建工作会议上的讲话，讲国企重要性、国企党建重要性（2016 年，全国国有企业党建工作会议提出，国有企业是"最可信赖的依靠力量"等"六个力量"，并明确了国有企业党组织的定位和党建工作的作用，具体见 2016 年全国国有企业党建工作会议新闻稿。党的十九大报告提出，基层组织要以提升组织力为重点①，这就是加强党的基层组织建设的方向，国有企业加强党的基层组织建设的方向也是提升组织力，提升组织力也是国有企业成为"六个力量"的关键点。）

4. 企业党建现实的问题（2 分钟）

党建工作当前面临的几个问题：企业基层党组织党建工作中的形式主义如何克服？企业党建工作有没有价值？有什么价值？在企业，党建工作、政工工作是不是一个专业？是什么专业？党组织体系存在于企业，根本意义在哪里？为此，通过案例，找到思路，丰富认知。

5. 阅读案例（3 分钟）

6. 学员分组讨论（0 分钟、7 分钟、12 分钟，分三种模式）

（1）王辉除了与其他部门沟通、开部务会、联系前任，还有什么方法？（2 分钟）

（2）思政部改成党建部给部门工作带来什么影响？（5 分钟）

（3）党建工作与企业文化工作是什么关系？（5 分钟）

7. 各组分享：（0 分钟、7 分钟、12 分钟，分三种模式）

8. 讲师小结：（白板计分）（2 分钟、4 分钟、6 分钟，分三种模式）

---

① 基层组织要以提升组织力为重点（源引自《党的十九大报告》）。

四、分析部分课堂设计

（一）思政部 1.0（时间分配：17 分钟）

1. 阅读案例（8 分钟）

2. 讨论（9 分钟）

（1）从苏心民的角度，找一个最有价值、最感兴趣的话题讨论 5 分钟，把小组共同体会，用 2 分钟分享。（7 分钟）

（2）讲师预备话题点：苏心民的心态、人心部、价值、专业、动力型缺员、务虚会发言方式等。讲师板书关键词，对发言人观点不做结论。对未涉及的话题点进行补充。（2 分钟）

（二）课题组 1.0（14、21、28 分钟）

1. 阅读案例（5 分钟）

2. 布置讨论题（5、10、15 分钟）

（1）如何分析 20 世纪 90 年代以后党组织工作弱化的原因？（5 分钟）

（2）保留专职支部书记，不符合上级要求，这样的做法，你怎么看？（5 分钟）

（3）课题组所关注的那个年代，局长（总经理）与党委书记之间的关系，你怎么看？（5 分钟）

3. 各组分享（2、4、6 分钟）

4. 讲师总结（2 分钟）

讲师板书要点，总结推出自己观点。

（三）课题组 2.0（16、23、30 分钟）

1. 阅读案例（6 分钟）

2. 讲师以动画形式展示模型图（1 分钟）

3. 布置讨论题（5、10、15 分钟）

（1）就模型图展开讨论，有无不同认识、不同呈现方式？

（2）从自己日常团队建设的经验出发，对组织行为学中价值取向理论的体会和感悟。

（3）三个解释中哪一个最有同感，有没有更多的解释？

4. 各组分享（2、4、6 分钟）

5. 讲师总结（2 分钟）

讲师板书要点，总结推出自己观点。

（四）思政部 2.0（15、24、80 分钟）

1. 阅读案例（5 分钟，不加说明材料；20 分钟，第三种模式加附件）

2. 布置讨论题（5、10、20 分钟）

（1）讨论价值创造的三个方面与"课题组 2.0"中价值取向理论的关系（5 分钟）

（2）对三个价值创造点的重要性、优先级进行讨论（5 分钟）

（3）对三个价值创造点的工作设计难点展开讨论（10 分钟）

3. 各组分享（3、5、20 分钟）

4. 讲师总结（2、4、20 分钟）

讲师板书要点，总结推出自己观点，第三种模式播放视频。

（五）党建部 1.0（17、34、51 分钟）

1. 阅读案例（5 分钟）

2. 模式 1：（12 分钟）

布置讨论题（5 分钟）

针对苏心民想到搞价值量化表达有必要性吗？

（讲师的观点：专业工作设计者要有递进式问题挖掘意识和能力）

各组分享（5 分钟）

讲师总结（2 分钟）

3. 模式 2：（17 分钟）

讲师就心态感知课题成果成效讲解（5 分钟）

布置讨论题（5 分钟）

就党建工作成效测量的思路与方向展开开放式讨论。

（讲师的观点：心态感知适合大群体，中小团队需要深度分析。文字性的思想动态分析依然有价值。）

各组分享（5 分钟）

讲师总结（2 分钟）

4. 模式 3：（17 分钟）

讲师就心态感知相关技术进行讲解（5 分钟）

布置讨论题（5 分钟）

群体心态变化背后的原因可能是什么？

（讲师的观点：工作推进过程中可能给员工带来心态起落的原因）

各组分享（5 分钟）

讲师总结（2 分钟）

五、讨论工作方案（83 分钟，仅适用模式 3）

讲师布置（5 分钟）

分组讨论选题（5 分钟）

选题分享（6 分钟，每组 1 分钟）

讲师确定选题（5 分钟）

分组制定工作方案（30 分钟）

各组分享工作方案（30 分钟，每组 5 分钟）

讲师逐个点评（12 分钟，每组 2 分钟）

六、总结

（一）时间分配：10 分钟

（二）课堂内容

1. 价值提炼（PPT 方式呈现）

（1）实施企业文化建设、开展价值创造工程的意义。

（2）提出原创性的价值创造理论，通过价值创造工作解决"人心凝聚"问题，推动企业发展。

（3）价值创造工程的主要内容：基于价值取向理论和凝聚人心工作模型的三大价值创造点，即"全员凝聚人心、党内凝聚人心、融入行政中心"。

（4）价值创造的显性化表达的方法，即员工积极心态养成系统。

2. 回应王辉的困惑

（1）编制企业文化规划，遵循文化工作规律，使用文化工作基本技术，为党组织工作和党建工作打牢基础。

（2）提出党内政治文化建设与企业文化工作的关系。其核心都是凝聚人

心，都是做价值观的事情，并且二者在价值创造的逻辑上是相通的。对于企业而言，企业文化工作的范畴相对于党建工作更加广泛。

3. 总结精彩观点

在案例教学过程中，既有与本案例方法思路相一致的认识，也有具有创造性的思路方法。对学员的观点总结点评。

案例五　生存还是毁灭：XY 的战略变革①

案例正文

【摘　要】　2013 年 11 月，党的十八届三中全会提出要积极发展混合所有制经济。全会决定从多个层面提出鼓励、支持、引导非公有制经济发展，激发非公有制经济活力和创造力的改革举措……鼓励非公有制企业参与国有企业改革，鼓励发展非公有资本控股的混合所有制企业，鼓励有条件的私营企业建立现代企业制度。这将推动非公有制经济健康发展②。XY 公司从 2004 年建立至今，经过数年的经营，在内外巨变的大环境下遭遇前所未有的危机。由于主机厂的扩张，大部分生产任务已不在本地进行，XY 公司的市场也相应萎缩，同

①　本案例由吉林大学博士研究生、吉林外国语大学国际商学院经济管理案例教学与研究中心的赵梓翔老师、东北师范大学经济与管理学院的盖国凤教授和长春 XY 汽车零部件制造公司的王玉霞高级工程师共同撰写，作者拥有著作权中的署名权、修改权、改编权，本案例获得吉林省高等教育研究基地建设项目、吉林省专业学位研究生教学案例建设项目、吉林高教科研课题 JGJX2020D207、吉林外国语大学研究生教育教学改革研究项目的支持。本案例授权陈瑞球亚太案例开发与研究中心使用，陈瑞球亚太案例开发与研究中心享有修改权、发表权、发行权、信息网络传播权、改编权、汇编权和翻译权。根据企业要求，本案例中对有关名称、数据等做了必要的掩饰性处理。本案例只供课堂讨论之用，并无意暗示或说明某种管理行为是否有效。

②　2013 年 11 月，中国共产党第十八届中央委员会第三次全体会议通过《中共中央关于全面深化改革若干重大问题的决定》，指出：关于坚持和完善基本经济制度。坚持和完善公有制为主体、多种所有制经济共同发展的基本经济制度，关系巩固和发展中国特色社会主义制度的重要支柱。全会决定坚持和发展党的十五大以来有关论述，提出要积极发展混合所有制经济，强调国有资本、集体资本、非公有资本等交叉持股、相互融合的混合所有制经济，是基本经济制度的重要实现形式。全会决定，从多个层面提出鼓励、支持、引导非公有制经济发展，激发非公有制经济活力和创造力的改革举措。在功能定位上，明确公有制经济和非公有制经济都是社会主义市场经济的重要组成部分，都是我国经济社会发展的重要基础；在产权保护上，明确提出公有制经济财产权不可侵犯，非公有制经济财产权同样不可侵犯；在政策待遇上，强调坚持权利平等、机会平等、规则平等，实行统一的市场准入制度；鼓励非公有制企业参与国有企业改革，鼓励发展非公有资本控股的混合所有制企业，鼓励有条件的私营企业建立现代企业制度。这将推动非公有制经济健康发展（源引自中国共产党新闻网，http：//cpc. people. com. cn/n/2013/1116/c64094 –23561783 –4. html）。

时，2018 年我国汽车产业面临前所未有的增长危机，面对这场危机，为实现公司的可持续发展，创立"百年企业"，增强企业凝聚力，为企业和员工树立共同发展目标和远景，指引企业和员工朝着共同的方向和目标迈进，XY 公司必须根据实际情况，制定一个有效的发展战略规划。

【关键词】 混合所有制；汽车产业；零部件制造；战略变革

一、背景

汽车产业是制造业和国民经济中重要的组成部分，其产业链长且范围广，对拉动社会消费、提升经济发展水平起着重要作用。2018 年我国整体汽车市场面对前所未有的增长危机，同年在我国乘用车市场第一次出现了销量下滑，2018 年汽车类消费总额同比下滑 2.4%[①]，是当年全国所有消费品中唯一同比下滑的细分指标。2019 年许多厂家选择制定新的销售目标：维持稳定甚至有所下调。基本与上一年目标持平的包括吉利、日产、现代、比亚迪等品牌，选择下调销售目标的包括一汽大众、广汽乘用车等品牌，广汽甚至降低了将近 10 万辆的销售目标。

但是，与整体汽车销量相比，我国汽车人均保有量较世界上很多国家还有一定的差距。随着人们收入水平和消费水平的提高，人们对汽车的需求还有很大的空间，截至 2018 年底，中国汽车保有量达到 2.4 亿辆，同比增长 10.51%，其中小型载客汽车保有量达到 2.01 亿辆，同比增长 11.56%，是保有量增长的主要增量。2018 年中国千人汽车保有量约为 172 辆，较上年 156 辆提升 10%[②]。特别是 2019 年受到个税改革、新能源购车补贴、购置税优惠政策透支效应消退等影响，车企调节产能、终端促销去库存等自主调剂，预计销量有望逐步恢复。在面对整体行业竞争压力，汽车行业逐步从扩量向提质转变，低增速状态预计将成为新常态，行业内"洗牌"逐步开启，市场内落后品牌逐步退出，消费者对汽车品质等提出更高要求等因素影响下，作为老国企的 XY 公司必须做出适当战略调整以适应新的市场竞争状况。

---

① 国家统计局.2018 年社会消费品零售总额主要数据，http：//www.stats.gov.cn/tjsj/zxfb/201901/t20190121_1645784.html，201901.

② 2018 年全国小汽车保有量首次突破 2 亿辆［EB/OL］.中华人民共和国公安部网站，https：//www.mps.gov.cn/n2254098/n4904352/c6354939/content.html.

　　东北是我国的老工业基地，曾是中华人民共和国成立初期工业的摇篮，为建成独立、完整的工业体系和国民经济体系，为国家的改革开放和现代化建设做出了历史性的重大贡献。但在改革开放后特别是 20 世纪 90 年代以来，东北老工业基地面临着体制性和结构性的双重矛盾。进入新常态，东北三省又面临新的困境。近年来，东北三省的经济振兴效果不够理想。东北三省经济增速不仅没有达到全国平均水平，工业、投资、财政等领域也出现下滑趋势。东北地区生育率偏低，人口老龄化严重。2010 年第六次全国人口普查数据显示，全国平均人口出生率为 1.18，而辽宁省的人口出生率为 0.74，东三省中最高的吉林省也仅为 0.76①。2021 年 5 月 11 日公布的全国第七次人口普查结果显示②，东北三省常住人口继续呈下降趋势，基本维持在 1 亿人左右，占全国总人口的 6.98%，虽然规模依然较大，但比 10 年前减少了 1101 万人，与 2010 年相比，下降 1.20%。一方面人口外流，另一方面生育率过低，人口自然增长率为负数且人口老龄化严重，可见东北三省仍没有走出"经济衰退—人口外流"的恶性循环。

　　产业结构不合理、传统工业制成品生产萎缩、供需关系失衡是东北地区转型发展的重大制约。辽宁省出现结构性经济增长减速，主要由于服务业占比上升、工业占比下降的比例失调引起；黑龙江省能源产业占工业比重高达 73%③，因此，近年来能源产业发展衰退严重影响其经济状况；吉林省 2015 年的数据显示④，第二产业占比为 51.4%、第三产业占比为 37.4%，长期以来经济增长严重依赖第二产业尤其是汽车产业的状况。

　　改革滞后，创新不足。因多种历史遗留问题，东北地区传统制造业习惯于国家政策支持，缺乏改革动力，体制性和结构性矛盾日益突显，设备更新和技术创新滞后，东北地区传统优势产业竞争力逐步下降。东北三省长期大量人才

　　①　2010 年国家统计局全国第六次人口普查主要数据公报. http：//www. stats. gov. cn/ztjc/zdtjgz/zgrk-pc/dlcrkpc/.

　　②　2021 年国家统计局全国第七次人口普查主要数据公报. http：//www. stats. gov. cn/tjsj/tjgb/rk-pcgb/qgrkpcgb/202106/t20210628_1818822. html.

　　③　东北三省经济分化态势明显产业结构调整需精准施策. 人民日报，http：//capital. people. cn/n1/2016/1009/c405954−28761441. html，2016−10.

　　④　吉林省 2015 年国民经济和社会发展统计公报. http：//www. jl. gov. cn/sj/sjcx/ndbg/tjgb/201603/t20160321_6605339. html，2016−03.

外流，不仅流向一线城市，甚至流向西部地区。由于东北老工业基地退出计划经济体制较晚，长期积累的一系列体制性与结构性矛盾在当前条件下表现得十分突出，其中国有经济布局不合理是制约老工业基地发展的重要因素。例如，国有经济在社会总资本中的比重过大，国有经济分布战线过长，布局过广、分布较散。国有资本管理不尽合理，导致部分国有经济竞争乏力。经济发展过程中，东北三省由于过度开发利用资源，忽略了经济发展与环境保护的关系，造成土地荒漠化、湿地面积锐减、珍稀资源遭到破坏、烟煤型等大气污染和雾霾问题严重，不仅影响生态环境，更加影响东北的营商环境。

2003 年 10 月，中共中央、国务院发布《关于实施东北地区等老工业基地振兴战略的若干意见》[①]，明确了实施振兴战略的指导思想、方针任务和政策措施。随着振兴战略实施，东北地区加快了发展步伐。东北老工业基地在经济总量持续增长的同时，在社会资本构成中也打破了公有资本一统天下的局面，逐渐出现了法人资本、个人资本和外商资本共同发展的趋势。同时国有经济也采取了一些更加适合市场经济的经营管理方式。

二、所有权变更

XY 汽车座椅骨架制造有限责任公司（以下简称 XY 公司）是 XY 工业（集团）公司旗下的汽车座椅骨架制造公司，位于东北老工业基地的省会城市，其前身成立于 1958 年，是一家生产自行车的国有企业。1990 年濒临破产，1993年在政府支持下成功转型为汽车配套总厂，专为当地合资汽车生产公司配套生产座椅骨架。1999 年更名为 XY 工业（集团）股份有限责任公司座椅分公司。2004 年 XY 集团与 FW – ADT 合资组建新的 XY 集团公司，ADT 持股 40%，XY集团持股 60%。2008 ~ 2012 年，XY 公司产值不断攀升，最高到达人民币 5.6亿元。2012 ~ 2017 年，在汽车市场持续低迷的背景下，XY 公司错过了"走出

---

① 2009 年 9 月 9 日国务院发布《国务院关于进一步实施东北地区等老工业基地振兴战略的若干意见》，《意见》指出：要坚持市场主导和政府引导相结合，进一步打破地区、行业、所有制界限，优化资源配置，推动企业兼并重组。创造公平竞争环境，平等保护各类产权，促进非公有制经济加快发展。推动国有资本、民营资本和外资经济的融合，积极发展混合所有制经济。做优做强支柱产业。努力促进东北地区汽车产业调整结构，重点发展自主品牌汽车、小排量汽车、新能源汽车及关键零部件（源引自中华人民共和国中央人民政府网站 http：//www.gov.cn/gongbao/content/2009/content_1417927.htm）。

去"、产品升级转型的机会，产值持续下滑，危机重重。2018 年 8 月，XY 集团引入当地知名民营汽车企业，完成混合所有制改革，最终国有持股 5.5%，民营持股 54.5%，中外合资企业 FW – ADT 持股 40%。通过混合所有制改革，股东结构进行了合理调整和优化，汽车产业上下游联盟关系初步形成，通过与中外合资企业的广泛战略合作，形成稳定的客户群和广泛的产品销售渠道，这与 XY 的竞争对手相比具有巨大的竞争优势。同时，通过混合所有制改革，XY 人员结构得到调整，人力成本大大降低，在岗员工收入大幅增加，通过与上下游企业的战略合作，扩展新客户，引入新产品生产，也使得 XY 现有员工对企业未来新的发展建立了信心，XY 员工工作积极性得到了空前提升。

三、战略变革

虽然在公司股权所有制层面完成了改革，但公司的战略调整才刚刚开始。在 XY 进行的混合所有制改革中，最重要的还是进行股权等集团公司层面的控制权及经营管理权的变更，公司业务层面所涉及的主营业务管理、流程管理、生产运营和质量管理、人力资源和财务管理、市场和销售管理等并没有因混合所有制改革而产生改变。传统制造业"老国企"的经营方式、员工的固化观念依然阻碍着公司的发展，特别是面对东北老工业基地持续的产业结构调整，本地市场竞争激烈，供需失衡，汽车产业和配套产业的生产萎缩，生产基地外移，主机厂订单减少，公司组织结构复杂且员工规模庞大，工作效率低，高学历、高技术人才的流失等一系列复杂问题，公司从管理者到基层员工都还没有一个统一的共识，依然按照曾经"老国企"的生产经营方式工作。公司董事长许总认为，在公司治理层面单一改变公司的股权和治理结构不能完全解决公司面对的内外部问题和困境，公司应该借着混合所有制改革的契机，从经营层、管理层、业务层共同进行一次深刻改革，而最重要的改革应该首先从战略变革开始。2019 年 4 月 6 日，在公司进行混合所有制改革一场风波渐渐平息之后（见系列案例《混改引发风波》），公司历史上一场重要的会议在公司管理大楼 5 楼会议室召开，在集团总经理助理兼人力资源总监，也是本次公司战略变革的主要领导者莫影月的领导下，公司新的发展战略规划大会正式召开。

"为什么是她？""凭什么她召开这个会议？""这不应该是总经理主持的会议吗？"在会议开始前，公司上下就窃窃私语。早在公司进行混合所有制改革、调整组织机构和管理人员的过程中，公司员工就早已"见识"了这位空降变革领导人（整事儿的人）的"厉害"（见系列案例《XF – AD 变革进行时》），甚至盛传"这位就是集团董事长安排在子公司的眼线""董事长自己人、是公司未来'老总'接班人"。可是公司从员工到管理层，到高层管理者不知道的是，这位"自己人"在同行业的外企具有二十年的管理经验，对同行业公司的主营业务在生产制造、运营管理、组织人员、产品质量、市场扩展等多个领域均有广泛的业务经历和管理经验。放弃外企的优厚待遇，转而选择"危机四伏"的改制"老国企"，不仅因为莫总个人对我国汽车装备制造业面临内外部危机的担心，而且，莫总的研究生老师即集团董事长许总，多次努力争取希望莫总能够加盟 XY 集团，为集团在面对生死存亡转型关键期伸出援手。在上学时，许老师就认为莫同学是一个果敢坚毅、沉着稳重、脚踏实地、思维敏捷、遇到困难从不言败的学生。经过多次的长谈，莫总难以推辞老师的邀约，担心辜负老师的信任，只能迎难而上。"那为什么不让她做老总？只做人力资源总监，还是她不够格？"又有人疑惑。在这一点上，集团董事长许总有自己的思考。在"老国企"进行混合所有制改革的深入改革过程中，最直接也是最困难的问题是，老国企组织机构庞大、人员冗杂，很多员工在上班时间喝茶看报纸，甚至是打牌织毛衣，工作效率低，但人力成本极高。而为了实现减费增效的改革目标，首要问题就是改制过程中的人员安置问题。特别是，东北老工业基地曾经历当年"下岗"失业潮，在此次改制过程中，人人至今心感阵痛。如无法合理安置人员，不仅影响企业正常经营，甚至可能造成社会舆情和不稳定因素事件。因此，集团董事长许总任命莫总任 XY 公司人力资源总监，但考虑到战略变革需要协调公司各层级、部门、业务和人员，恐难以调动整个公司进行改革，故任命莫总兼任集团总经理助理，主导 XY 公司的战略变革。

在会议上，莫总首先对与会的全体成员说，"我们这次战略规划大会，是公司在混合所有制改革之后，公司历经困难变革之后一次重要会议。今天，公司高层管理团队、公司部分股东和合作方代表、新上任的公司 12 个部门主要管理者、员工代表齐聚一堂，我们要共同分析公司目前发展中存在的主要问题，探讨问题解决办法，制定公司未来五年的发展目标和长期战略规划，我们目前正面对着内外部环境双重压力，我们一定要开好这次会议。那么接下来，请各部门都要发言，我们共同分析公司目前的问题，让我们公司在未来 5 ~ 10 年有一个明确准确的发展方向和目标。"

为什么一次会议就能够带动公司上下进行战略变革？莫总在开会前也有这样的思考和疑虑。公司的战略变革涉及对行业和竞争者的重新判断、新产品新市场的扩展、组织结构和人员的调整、生产管理和运营流程的再造等企业公司层、职能层、业务层的方方面面，而最首要也最重要的是公司的组织文化变革，战胜人心对于改变的恐惧。会议是形式，而坚定推动变革的莫总通过此次会议要做的是沟通，通过沟通减少公司上下对于变革的阻力，通过沟通振奋公司上下管理者和员工努力奋斗的心。

四、行业环境

莫总接着说，首先由市场部总监马总为我们分析一下行业环境，其他领导也可以补充。马总监说，"我国本土的汽车行业较其他发达国家的汽车成熟度依旧偏低，整体实力偏弱，作为汽车工业发展基础的国内汽车零部件企业更是存在一定的差距。在我国，本土汽车行业以及零件制造业缺乏核心的技术，专利数偏少，对国外技术依赖过高，研发能力不强且投入较低，研发缺乏动力，本土的企业生产至今并没有具备开展最基本的研发、获得专利授权、开发新系统的能力，现阶段我国汽车行业也仅能满足最基本的开发。"

发展部王总监接着说，"在汽车行业中，供应商和制造商之间的关系一般是成三角形状分布，并呈现层级分布，通常被分为一级供应商、二级供应商、三级供应商等。这样的结构和关系直接关系进入市场和技术的难度，层级越低，壁垒越低，市场的竞争激烈程度越高。XY 公司的主要竞争者有本地的四环金属件、英利、李尔、雅虎、春城祥和等，众多的同行业竞争者对有限市场争夺的压力较大。由于企业所处产业链上游的位置、技术要求、潜在进入者的产业准入门槛较低的特点，对保有现有市场份额造成一定的压力，并且供应商提供的原材料如钢材价格持续上涨对企业造成一定的供应商议价压力。因市场准入壁垒较低，同行业竞争者和潜在进入者众多，行业竞争日趋激烈；客户生产基地逐步转移，促使公司需要扩展新的异地市场，对于汽车零部件制造企业而言，一方面市场扩展成本将会提高，另一方面物流和供应链成本也将会大幅提高。由于原材料价格逐年上涨，使公司生产成本也水涨船高。党的十九大报告指出，'建设生态文明是中华民族永续发展的千年大计。必须树立和践行绿水青山就是金山银山的理念，坚持节约资源和保护环境的基本国策'①，这就要求公司去掉污染产能，需投入更多的成本引进新的工艺设备和技术严格达到环境保护要求。"

市场部马总监补充道，"我们作为产业链上游企业，XY 的主要产品有汽车座椅金属骨架、仪表板金属骨架、座椅总成及金属冲压件等。主要客户有一汽大众奥迪、迈腾、新宝来等，还包括一汽公司奔腾、红旗等。同时 XY 公司也向一些外地厂商如宝马、天津一汽、佛吉亚等厂商提供零部件产品。在未来的发展中，我们应该认识到，公司作为汽车产业体系内主要零部件供应商且地处我国东北老工业汽车产业主要产区，凭借地理位置优势，客户对产品需求相对稳定。汽车行业市场需求稳定，特别是国家对于新能源产品的政策支持②，经济的持续向好发展，人民生活水平快速提高，为公司扩展新的业务和市场提供强有力的外部环境支持。"

莫总听取了市场部马总监和发展部王总监对于行业环境的分析后总结说，"我国汽车装备制造业的差距是显而易见的，但是这正是我们的发展契机，我们不能完全依赖国外的技术，国外的技术依赖过高，我们会'卡脖子'，我们要进一步加强研发投入，通过政策吸引先进人才进入企业，同时多把我们的管理者和员工送出去进行学习和培训深造。另外，我们要努力开发新产品、新技术，开拓新市场，多创造机会和国内外先进企业合作。我们主要产品是汽车座椅骨架，我们要在汽车座椅智能化、汽车皮革个性化、汽车物联网等方向上开发新产品，提升产品开发技术能力，要让我们企业的新产品新技术开发能力带动行业整体能力的提升。""我们企业处在产业链上游的位置，我们面临着主机厂和

---

① 2017 年 10 月 27 日中华人民共和国中央人民政府网站《习近平：决胜全面建成小康社会夺取新时代中国特色社会主义伟大胜利——在中国共产党第十九次全国代表大会上的报告》指出：坚持人与自然和谐共生。建设生态文明是中华民族永续发展的千年大计。必须树立和践行绿水青山就是金山银山的理念，坚持节约资源和保护环境的基本国策，像对待生命一样对待生态环境，统筹山水林田湖草系统治理，实行最严格的生态环境保护制度，形成绿色发展方式和生活方式，坚定走生产发展、生活富裕、生态良好的文明发展道路，建设美丽中国，为人民创造良好生产生活环境，为全球生态安全做出贡献（原引自：http://www.gov.cn/zhuanti/2017 - 10/27/content_5234876.htm）。

② 2013 年 9 月 17 日中华人民共和国中央人民政府网站，财政部、科技部、工业和信息化部、发展改革委联合发布《关于继续开展新能源汽车推广应用工作的通知》指出：为加快新能源汽车产业发展，推进节能减排，促进大气污染治理，报经国务院批准同意，2013 年至 2015 年继续开展新能源汽车推广应用工作。依托城市推广应用新能源汽车、对消费者购买新能源汽车给予补贴、对示范城市充电设施建设给予财政奖励（原引自：http://www.gov.cn/zwgk/2013 - 09/17/content_2490108.htm）。

众多竞争者的多重市场压力，但只要我们能够拥有核心技术，找到新产品和新市场的突破口，我相信我们能够在市场竞争中获得成功。"

五、资源

莫总说，行业环境总结得很深刻，下面我们请运营总监分析一下公司的内部环境。李总说，"我们公司目前厂区占地面积 7155 ㎡，建筑面积 59823 ㎡。分为冲压、焊装、涂装及材料机加四个生产区域，以及相关配套的电力、取暖、污水处理和排风系统。公司现有主要生产装备中冲压和焊接生产线由冲压设备、激光焊接工作站、弧焊机器人工作站和点焊机器人工作站以及手工焊接工作线组成。涂装生产线有静电粉末喷涂线、阴极电泳线。材料机生产线由 CNC 数控钢丝弯曲机、数控 3D 钢丝折弯机（206/208NG）和双头 3D 钢丝自动折弯机等设备组成。"人力资源部主管补充道，"公司现有在岗员工 664 人，直接生产工人 540 人，管理人员 124 人，其中工程技术人员 44 人。公司在混合所有制改革过程中对组织构架进行调整，由原来 21 个部门归并为 12 个部门，调顺了生产制造系统、物流管理系统、财务控制系统、人力资源配置系统、质量保证系统、新产品研发系统、安全管理系统及服务管理系统，公司的人员结构相对稳定，保证公司在管理、生产、技术研发、质量保障方面具有较强优势。在公司管理团队方面，公司股东资源充足，将为公司未来扩展新的市场和客户提供强有力的支持。但是，我们也存在一些问题，由于从传统的'老国企'转变为混合所有制企业，公司的内部管理情况有待加强，公司在技术专业人才上还有缺口，人才流动性较大，人员梯队培养能力有待提升。"莫总听到后默默地点了点头。

六、能力

运营部李总继续说，"公司在生产制造能力方面和金属件加工能力上较强，具有完善的工艺链；公司具有较强的 DV 加工制造能力，加工周期短；公司在数控曲弯、阴极电泳等加工的部分工艺设备先进。公司涂装生产线年生产能力较强，目前有很大的剩余生产能力。高频焊制管生产线在钢管的加工和取弯成型方面有很大优势。设备维修部具有一定的冲压模具、焊接夹具、检具及专用设备的设计加工维修维护能力，加工设备有数控铣床、线切割及通用的机械加工设备，是企业生产运营的重要保障。公司在控制从原材料进厂到成品出厂的全部过程方面具有一定的优势，包括金属材料检测、焊接检测、尺寸测量、表面防护检测等检测。公司内部实验室目前是国家中型企业计量合格确认单位，一汽大众公司 A 级实验室资质，国家计量减排合格单位。

在看到公司生产能力的同时，我们也能清楚地看到自己的不足，在生产制造方面，公司生产线自动化程度较低，工艺布局有待提高；公司主要依靠主机厂提供的产品要求提供标准产品，公司无核心技术，自主研发能力较弱，对下游客户依赖较强。在生产产品方面，产品的质量控制有待加强。"发展部总监跟着补充道，"咱们公司最大的优势在于汽车零部件的生产制造能力。在技术开发能力方面，我们通过 VDA6.1、QS9000、TS16949 质量保证体系第三方审核认证，从而使工厂从原材料进厂到成品交付的全过程质量得到了有效控制，2010年 10 月通过 ISO14001 环境体系认证，2003 年 8 月、2004 年 6 月被德国大众亚太区、一汽大众公司分别授予 A 级供应商的认可。通过几次复审，被一汽大众公司评为 A 级供应商。我们生产工艺全面，产能充裕，可通过市场扩展逐步提升产能，获取新客户新市场提升公司业绩。"

莫总在听取了运营部总监李总和发展部总监王总对公司内部资源、能力的分析之后总结说，"我们公司内部能力是很突出的，特别是对零部件的加工制造能力和质量控制能力可以达到行业的领先水平，这应该是我们公司超越竞争对手的关键。下一步，我们要认真整合公司内部的资源状况，是否有额外的可用资源和剩余产能，这些都要配合公司即将要大力进行的新技术、新产品和新市场的开发。"

七、战略

莫总听完各部门发言后总结道，"今天我们各部门负责人通过对公司内部优势和劣势、外部机会和威胁的分析，发展部也对公司目前状况进行了战略业务测度，测度结果建议，总结了公司未来的战略发展方向：

目前我们公司的内部优势明显，外部面临机遇和威胁同在，在存在机遇的市场采取市场开发战略。通过改造现有产品或开发新的产品从而增加市场协同领导能力。对新市场开发的同时，还应该进行旧市场的渗透，将自身优势发挥出来。公司在未来的发展中，应该采取市场渗透和产品开发策略。在市场渗透方面，采取有选择的分步骤的聚焦差异化策略，做精细行业和区域市场。那么针对这个大的战略方向，各部门有什么想法？"

市场部主管首先说，"我们应该不断改进产品和服务，进一步开发潜在客户并刺激现有客户对服务的潜在需求。在产品和服务开发阶段，注意协同效应，使新产品和服务与现有产品和服务形成较强的相关多元关系。稳定现有市场份额，拓展外部市场，引进新技术、新工艺，提高员工培训及发展力度，推动绩效提升。"发展部主管补充道，"我们应该结合汽车行业市场，做好轻量化设计调研，不断地创新，配合主机厂进行同步开发，最终实现产品创新。"运营部主管也说道，"在未来的五年里，公司应考虑建成一座具有规模化、标准化生产厂房，并引进一流生产设备，采用国内先进的生产管理，打造成创新型的、信息化和工业化两融的绿色工厂。现代化的设备和服务管理、高度职业化的气氛、保养良好的设备设施、迅速及时的服务网络等，打造更具现代化的制造企业。"

八、愿景与使命

莫总最后总结说，"今天的会议开得非常有意义，我们梳理了公司当前内外部形势和内部上下情况，参加公司战略规划大会的成员凝聚共识基本制定出了公司未来的发展战略，未来公司专注的产品领域是汽车座椅骨架总成、仪表板横梁骨架总成、金属冲压件及分总成。如何能够在市场竞争中获得成功？我们通过全面的工艺过程、完善的管理流程向我们的客户提供最好质量的产品。什么才能保证我们做到这些？通过我们公司长期积累的优秀企业文化，通过培养优秀的技术团队，通过不断地获取新技术新工艺开发制造我们的核心件来实现！最后请大家思考一下，我们公司新的愿景是什么？"

一个月后，XY 公司新的愿景陈述出现在公司管理大楼一楼最明显的位置：

我们的愿景：追求品质，迭代转型，做中国最优秀的汽车零部件制造公司。

教学笔记

一、教学目的与用途

1. 本案例主要适用于战略管理课程、创业管理课程本科生、MBA 学生使用。

2. 本案例的教学目的是基于基本战略理论分析、战略工具分析方法，通过对 XY 汽车零部件制造企业战略制定的案例讨论，使学生熟练掌握公司战略分析方法，学会如何进行公司战略决策，具有能够判断公司战略的好坏得失的基本能力。

二、启发思考题

1. XY 公司进行混合所有制改革过程中所面对的外部环境、行业环境是什么？对其混合所有制改革产生哪些影响？

2. XY 公司拥有的资源、能力、核心竞争力有哪些？对于战略变革产生什么影响？

3. XY 公司进行的战略规划主要内容有哪些？如果你是 XY 公司的高层管理者，你认为 XY 公司的战略规划是否正确？请用战略分析工具进行分析。

4. 组织进行战略变革的措施有哪些？不同的战略变革措施的优劣是什么？不同的战略变革措施可能面临的风险与不确定性有哪些？XY 公司采用的是哪种变革方式？

三、分析思路

1. 从 2018 年我国汽车产业发展的外部（一般）环境分析入手，从政治、经济、社会、技术等方面分析汽车产业面临的机会和威胁。

2. 基于外部一般环境所面对的机会与威胁，引导学生进一步分析 XY 公司在汽车产业中所面对的行业环境中的同行业竞争者状况，潜在进入者力量，替代品的威胁，供应商的议价能力和购买者的议价能力，总结行业环境中 XY 公司所面对未来发展的机会和威胁。

3. 基于资源、能力、核心竞争力、价值链等内部分析工具，引导学生识别 XY 公司所面对的优势及劣势。

4. 通过 SWOT 分析、IFE、EFE、IE 等战略分析工具进一步总结 XY 公司当前所面对的优势、劣势、机会、威胁，从而准确制定 XY 公司未来发展战略。

5. 通过案例情景，使学生以企业高层管理者的视角审视企业制定战略过程，对战略决策进行自己的价值判断。

四、理论依据及分析

1. XY 公司进行混合所有制改革过程中所面对的外部环境、行业环境是什么？对其混合所有制改革产生哪些影响？

外部（一般）环境分析理论

PEST 分析是指在对企业整体进行的分析。通常要通过四个方面来分析公司现阶段的具体情况。通过 PEST 分析可以更好地了解 XY 公司所处的外部环境，了解行业的大势方向以及行业前景，为今后公司的战略选择奠定基础。

政治环境（P），通常指的是当地的法律和一些国家政策。经济环境（E），包括两个方面的内容：宏观上，指的是一些可以反映整体经济数据和全部的发展速度（包括人口数量及其未来的趋势），后者指的是公司所在地人们购物习惯、工资收入等相关因素，这些因素对企业如今甚至将来所进军的市场大小有着至关重要的作用。社会文化环境（S），包括文化的冲突和差异，跟本地的民风民俗、购物偏好有着密切关系。技术环境（T），包括应考虑产品本身的技术，加大产品的投入和研发，还要了解政策的倾向，找到正确的努力方向，才有可能更快地获得市场，加大专利研究、绿色能源等方面的研究。

案例分析：本土的汽车行业较其他发达国家的汽车行业成熟度依旧偏低，整体实力偏弱，作为汽车工业发展基础的国内汽车零部件企业更是存在一定的差距。在我国，本土汽车行业以及零件制造业缺乏核心的技术，专利数偏少，对国外技术依靠过高，研发能力不强且投入较低，研发缺乏动力，本土的企业生产至今没有具备开展最基本的研发、获得专利授权、开发新系统的能力，现阶段我国汽车行业也仅能满足最基本的开发。

外部（行业）环境分析理论

波特"五力"分析是外部环境分析的主要理论，波特"五力"模型分析影响行业竞争优势和取得竞争胜利的关键，是五个方面的共同影响结果，这五个方面结合起来可以分析出企业现阶段最适合本身的竞争战略决策和最具有吸引力的行业。在此模型的分析中认为这五个因素为：同行业竞争者的竞争状况、潜在竞争者进入该行业的能力、替代品的替代能力、供应商的议价能力和购买者的议价能力。

案例分析：在汽车行业中，供应商和制造商之间的关系一般呈三角形状分布，并呈现层级分布，通常被分为一级供应商、二级供应商、三级供应商等。这样的结构和关系直接影响进入市场和技术的难度，层级越低壁垒越低，市场的竞争激烈程度越高。XY公司的主要竞争者有本地的四环金属件、英利、李尔、雅虎、春城祥和等，众多的同行业竞争者对有限市场争夺的压力较大。由于企业所处产业链上游的位置、技术要求，潜在进入者的产业准入门槛较低的特点，对保有现有市场份额造成一定的压力。由于供应商提供的原材料如钢材价格持续上涨，对企业造成一定的供应商议价压力。

2. XY公司拥有的资源、能力、核心竞争力有哪些？对于战略变革产生什么影响？

内部环境分析理论

内部环境分析包括资源分析、能力分析、核心竞争力分析和价值链分析。资源、能力和核心竞争力是竞争优势的基础。资源整合在一起可以创造组织能力，能力又是核心竞争力的源泉，核心竞争力是建立竞争优势的基础。

资源涵盖了一系列个人、社会和组织现象。资源本身并不能让公司为顾客创造价值，并以此为基础获得超额利润。资源分为有形资源（包括那些可见、可量化的资产）和无形资源（那些深深地根植于公司的历史中，随着时间的流逝不断积累的资产，并且竞争者难以分析和模仿）。有形资源包括：财务资源、组织资源、实物资源、技术资源、人力资源、创新资源、声誉资源等。无形资源包括：声誉资源、品牌资源等。

能力是公司将有形资源与无形资源相结合来创造的，被用来完成组织的任务并为顾客创造价值。作为核心竞争力和竞争优势的基础，能力一般是以公司的人力资本对信息和知识的开发、传播和交流为基础来进行塑造。能力包括：分销、人力资源、管理信息系统、营销、管理、生产、研发等。

案例分析：XY公司的资源包括厂房土地资源、机器设备资源、人力资源、技术资源等。公司目前厂区占地面积7155㎡，建筑面积59823㎡。分为冲压、焊装、涂装及材料机加四个生产区域，以及相关配套的电力、取暖、污水处理和排风系统。公司现有主要生产装备中冲压和焊接生产线由冲压设备、激光焊接工作站、弧焊机器人工作站和点焊机器人工作站以及手工焊接工作线组成。涂装生产线有静电粉末喷涂线、阴极电泳线。材料机生产线有CNC数控钢丝弯曲机、数控3D钢丝折弯机（206/208NG）和双头3D钢丝自动折弯机等设备组成。人力资源部主管补充道，"公司现有在岗员工 664 人，直接生产工人 540 人，管理人员 124 人，其中工程技术人员 44 人。"

XY 公司的能力包括生产制造能力、质量控制能力等。公司在生产制造能力方面和金属件加工能力上较强，具有完善的工艺链；公司具有较强的 DV 加工制造能力，加工周期短；公司在数控曲弯、阴极电泳等加工的部分工艺设备先进。公司涂装生产线年生产能力较强，目前有很大的剩余生产能力。高频焊制管生产线在钢管的加工和取弯成型方面有很大优势。设备维修部具有一定的冲压模具、焊接夹具、检具及专用设备的设计加工维修维护能力，加工设备有数控铣床、线切割及通用的机械加工设备，是企业生产运营的重要保障。公司在控制从原材料进厂到成品出厂的全部过程方面具有一定的优势，包括：金属材料检测、焊接检测、尺寸测量、表面防护检测等检测。公司内部实验室目前是国家中型企业计量合格确认单位，一汽大众公司 A 级实验室资质，国家计量减排合格单位。

3. XY 公司进行的战略规划主要内容有哪些？如果你是 XY 公司的高层管理者，你认为 XY 公司的战略规划是否正确？请用战略分析工具进行分析。

SWOT 分析理论

SWOT 分析，S 代表 Strength（优势），W 代表 Weakness（劣势），O 代表 Opportunity（机会），T 代表 Threat（威胁）。其中，S、W 是内部因素，O、T 是外部因素。SWOT 是基于内外部竞争环境和竞争条件下的态势分析，将与研究对象密切相关的各种主要内部优势、劣势和外部环境机会、威胁等，通过调查列举出来，并且按照矩阵形式排列。其中，按照企业竞争战略的完整概念，战略应该是企业能够做的（即组织的强项和弱项）之间的有机组合。运用 SWOT 分析方法，可以研究对象所处的情景进行全面、系统、准确的研究，从而根据研究结果指定相应的发展战略、计划以及对策等（见表 5 –1）。

表 5 –1　　　　　　　　　　XY 公司 SWOT 分析

优势： 金属件加工能力较强，完善的工艺链 有较强的 DV 加工制造能力，加工周期短 部分工艺设备先进（数控曲弯、阴极电泳） 人员结构相对稳定 公司股东资源充足	劣势： 无核心技术，自主研发能力较弱 质量控制有待加强 生产线自动化程度较低，工艺布局有待提高 内部管理有待加强 人员梯队培养能力较差（缺少专业性人才，人才流动较大） 公司公关投入不足

续表

机会： 体系内供应商 主机厂地理位置优势（一汽大众、轿车、红旗） 汽车行业市场需求稳定 新能源汽车政策支持 公司生产工艺全面，产能充裕	威胁： 商务条件不理想 行业竞争压力增加（竞争者、新介入厂家） 客户生产基地转移 生产成本增加 环保要求提高

　　根据 SWOT 分析，把各因素匹配起来进行 SWOT 战略分析从中得出具有决策性的企业发展战略（见表 5 – 2）。

表 5 – 2　　　　　　　　　　XY 公司 SWOT 战略分析

SO 战略 利用国家政策支持继续增强实力 对现有设备进行创新，支持新能源改革 利用公司市场优势不断提高市场的占有率	ST 战略 发挥工艺链优势有效控制成本 提高工艺水平，发展环保工艺
WO 战略 提高公司的核心技术 完善公司质量监督机制 升级公司生产线，提高自动化程度	WT 战略 完善人力资源系统，减少离职率，使组织结构合理化 创新生产技术提高行业内竞争力

外部因素评价矩阵概念及用法

　　外部因素评价矩阵（External Factor Evaluation Matrix，EFE）是用来帮助战略制定者的评价矩阵，它可以帮助战略制定者对内外部的环境进行总结和评价，实施 EFE 矩阵的五个步骤：

　　（1）首先要对企业进行外部分析，要写出 15 ~ 20 个可能会影响企业的主要外部因素，包括机会和威胁两个方面，列出的数字要具有对比性，数字要使用百分数，先写出存在的机会，最后列可能会出现的威胁。

　　（2）依据对企业在整个竞争市场中取得成功的影响因素的高低赋予权重，0 ~ 1 为影响因素打分。

　　（3）为了分析企业现行的战略对于与该因素之间的响应关系，用 1 ~ 4 分对其中的关键因素进行打分。

　　（4）每个对企业在市场内是否成功的关键影响因素在最后的得分是加权的分数，即加权分数 = 每个因素的权重×其评分。

（5）在分析最后的总分也是加权总分，即所有的加权分数求和（见表5-3）。

表5-3 XY 公司的外部因素评价矩阵

序号	机会（外部）	权重	得分	权数
1	体系内供应商	0.15	4	0.6
2	主机厂地理位置优势（一汽大众、轿车、红旗）	0.125	4	0.5
3	汽车行业市场需求稳定	0.1	1	0.1
4	新能源汽车政策支持	0.075	1	0.075
5	公司生产工艺全面，产能充裕	0.05	3	0.15
汇总	机会（外部）汇总	0.5	13	1.425
序号	威胁（外部）	权重	得分	权数
1	商务条件不理想	0.15	1	0.15
2	行业竞争压力增加（竞争者、新介入厂家）	0.125	3	0.375
3	客户生产基地转移	0.1	4	0.4
4	生产成本增加	0.075	2	0.15
5	环保要求提高	0.05	1	0.05
汇总	威胁（外部）汇总	0.5	11	1.125
汇总	外部环境因素评价矩阵汇总	1	24	2.55

内部因素评价矩阵概念及用法

建立内部因素评价矩阵（Internal Factor Evaluation Matrix，IFE）是对战略管理的内部分析进行总结性的一步，该矩阵用于总括与评价企业各职能领域的优势和劣势，并对这些领域直接的关系提供基础。建立 IFE 矩阵可按以下 5 个步骤进行：

（1）首先写出 10~20 个影响因素，这些因素必须是在分析中有着主要关键作用的因素，包括好坏两个方面，使用数字应采用具有对比性的数字包括百分比、比率等，写因素时应注意：先列出存在优势，后列出存在劣势。

（2）依据各因素对企业在竞争市场是否能取得成功的影响大小进行加权，为 0~1，即由不重要到重要。

（3）在上一步的基础上对列出的各个影响因素进行打分，范围为 1~4 分。

（4）加权分数 = 影响企业在竞争市场是否能取得成功的影响大小的每个因素的权重 × 其评分。

（5）总加权分数是由所有加权分数加总（见表5-4）。

表5-4　　　　　　　　　　　XY公司的内部因素评价矩阵

序号	优势（内部）	权重	得分	权数
1	金属件加工能力较强，完善的工艺链	0.175	4	0.7
2	有较强的DV加工制造能力，加工周期短	0.125	3	0.375
3	部分工艺设备先进（数控曲弯、阴极电泳）	0.1	3	0.3
4	人员结构相对稳定	0.06	2	0.12
5	公司股东资源充足	0.04	3	0.12
汇总	优势（内部）汇总	0.5	15	1.615
序号	劣势（内部）	权重	得分	权数
1	无核心技术，自主研发能力较弱	0.15	4	0.6
2	质量控制有待加强	0.125	3	0.375
3	生产线自动化程度较低，工艺布局有待提高	0.09	3	0.27
4	内部管理有待加强	0.06	3	0.18
5	人员梯队培养能力较差（缺少专业性人才，人才流动较大）	0.05	4	0.2
6	公司公关投入不足	0.025	4	0.1
汇总	劣势（内部）汇总	0.5	21	1.725
汇总	内部因素评价矩阵汇总	1	36	3.34

公司业务测度 IE 矩阵

内部-外部矩阵（Internal-external Matrix，IE）是将企业各个分部分别置于矩阵单元格中。在X轴标记IFE总加权分数，在Y轴标记EFE总加权分数。在IE矩阵的X轴上，IFE总加权分数在1~1.99表示弱势地位；分数在2~2.99表示中等地位；分数在3~4表示强势地位。同样，在Y轴上，EFE总加权分数在1~1.99表示低；在2~2.99表示中等；而3~4表示高。IE矩阵可以划分为三个主要区域，每个区域具有不同的战略意义。第一，位于单元格1、2、4的业务部分，适合它的战略是增长与扩张。集约型战略（市场渗透、市场开发和产品开发）或一体化战略（后向一体化、前向一体化和水平一体化）。第二，位于单元格3、5、7的业务部分，适合它的战略是巩固和维持，市场渗透和产品开发战略是这类业务最常采用的战略。第三，落入单元格6、8、9的业务部分，适合它的战略是收获或剥离。成功的企业应当努力使自身的业务组合落在 IE 矩阵的单元格 1 内或附近的区域中（见表 5 - 5）。

表 5 - 5　　　　　　　　　　　　XY 公司的业务测度 IE 矩阵

| | | IFE 加权平均分 | | |
		强（4~3）	中（3~2）	弱（2~1）
EFE 加权平均分	高（4~3）	1	2	3
	中（3~2）	4	5*	6
	低（2~1）	7	8	9

总结分析：业务测度处于 5 象限的公司应该采取市场渗透和产品开发策略。在市场渗透方面，采取有选择的分步骤的聚焦差异化策略，做精细行业和区域市场。不断改进产品和服务，进一步增加潜在客户并刺激现有客户对服务的潜在需求。在产品和服务开发阶段，注意协同效应，是新产品和服务与现有产品和服务形成较强的相关多元关系。

XY 公司内部优势明显，外部的机会和威胁同在，在存在机会的市场采取市场开发战略。通过改造现有产品或开发新的产品而增加市场协同领导能力。对新市场开发的同时，还应该进行旧市场的渗透，将自身优势发挥出来。

4. 组织进行战略变革措施有哪些？不同的战略变革措施的优劣是什么？不同的战略变革措施可能面临的风险与不确定性有哪些？XY 公司采用的是哪种变革方式？

安索夫（1965）定义组织变革为"企业对产品、市场领域的再选择和对其组合的重新安排""企业战略变革是企业正式的系统、组织结构的调整和企业文化的转型"（安索夫，1979）。组织进行战略变革措施包括：渐进式变革、激进式变革与混合式变革。何爱琴（2011）总结了三种战略变革类型。

（1）渐进式变革。是逐步对企业战略进行修正和改进的变革方式，这种变革力求通过小幅度的局部调整而使企业保持稳定状态。战略变革是由企业主动发起的缓慢的变革过程，渐进式变革在一定时间内对企业内部的部分构成要素进行调整，是一系列持续而柔和的改进，变革的速度和节奏缓慢，并且这种改进不会破坏企业已有的平衡局面，更不会在整个企业范围内引起混乱或恐慌，但容易产生路径依赖，有可能导致企业组织在一定时间内依旧不能摆脱旧机制的束缚。通过这种渐进式的变革，企业的部分组织要素在某段时间里，可以以一种渐进和分离的方式解决某个问题或达到某些目标，并通过较长时间的持续努力实现预期的目标。

（2）激进式变革。又称剧烈式变革，是一种彻底的战略调整方式，是从企业的内部开始发掘变革的动因，并迅速在企业范围内进行全面调整的变革方式，促使企业的整体发生重大变化。这种方式的优点是企业对市场等外部环境的变化能迅速做出反应，并有可能使企业在经济上发生很大的转变，变革的全面强势推行有利于阻力的迅速克服，有可能使企业很快适应新的形势需要。但风险是，由于变革的范围太广，力度过猛，势头过大，很容易造成企业"地震"式动荡，并且由于变革往往会伴随着一定的结构和人员调整，与渐进式变革相比可能会带来较大的恐慌和混乱。

（3）混合式变革。就是企业在战略不同阶段和不同部门，根据实际情况，灵活地采取渐进式或激进式变革方式。企业在进行变革时，根据变革阶段、企业环境状态、组织结构的不同，因地、因时灵活解决企业存在的问题和方法。这种变革方式在现实中运用较多，且效果不错。其实，混合式变革是一种权变的战略变革实施方法。

案例分析：XY 公司的战略变革属于混合式变革。XY 在混合所有制改革之后经历了一场变革风波（见系列案例《混改引发风波》）属于激进式变革。公司进行混合所有制改制后，集团公司推进组织变革，涉及全员竞聘、组织结构的调整等工作。组织变革的推动者是混改后大股东派出的总经理助理、人力资源总监。原有公司总经理和副总经理对于改革的推进非常抵触，甚至成为冲突的推动者。由于变革涉及的范围较大，出现了两次明显的冲突。改革的推进者两次被送进医院。变革带来的风波的深层次原因、危害和应该采取的措施值得深思。在进行战略变革时，莫总总结反思了在组织变革过程中的做法，采取了相比组织变革过程中更加渐进式的变革方式，先进行沟通以获得公司管理者和员工对于战略变革的理解，从而获得更多的支持，成功推进了此次战略变革的实施。综上分析，XY 公司在组织变革过程中采取了激进式变革方式，在战略变革中采取了渐进式变革方式，因此 XY 公司采用的是混合式变革方式。

五、背景信息

XY 公司的发展历程

1958XY 公司的前身 XX 市自行车总厂成立。

1990 年濒临破产。

1993 年在政府支持下成功转型为汽车配套总厂，专为当地合资汽车生产公司配套生产座椅骨架。

1999 年更名为 XY 工业（集团）股份有限责任公司座椅分公司。

2004 年与 FW‐ADT 合资，ADT 持股 40%，XY 集团持股 60%。

2008～2012 年，XY 公司产值不断攀升，最高到达人民币 5.6 亿元。

2012～2017 年，在汽车市场持续低迷的背景下，XY 公司错过了"走出去"、产品升级转型的机会，产值持续下滑，危机重重。

2018 年 8 月，XY 集团引入当地知名民营汽车企业，完成混合所有制改革，最终国有持股 5.5%，民营持股 54.5%，FW‐ADT 持股 40%。

2019 年 4 月，在经历一系列企业改革风波之后，XY 公司战略发展规划会议召开，新的公司发展战略正式制定完成。

六、建议课堂计划

本案例以 XY 公司在混合所有制改革风波过后进行新的公司战略发展规划的制定为主线，提供了较为详细的案例信息，可以作为专门的案例讨论课来进行。如下是按照时间进度提供的课堂计划建议，供教师授课与分析案例时参考。

整个案例课的课堂时间控制在 90 分钟左右。课前、课中、课后计划如下：

1. 课前计划：提前一周发放案例，提出启发思考题，请学员在课前完成阅读和初步思考。

2. 课中计划：

（1）由 2～3 位学员介绍案例要点，必要时教师作补充（5 分钟）。

（2）教师对案例做总体介绍，客观地讲述案例，指出案例分析的思路（5～10 分钟）。

（3）分组讨论：事先告知分组讨论应注意的事项和小组汇报要求。参照第四部分的分析思路，引导学生畅所欲言，积极肯定和鼓励自由发言中有新意的观点。当出现争议时，可视实际情况鼓励和引导建设性讨论甚至辩论（25分钟）。

（4）小组汇报：每组选出代表展示讨论成果，展示过程中，其他小组的成员可以进行提问，小组代表需要耐心解答其提问（每组 5 分钟，总时间控制在30 分钟）。

（5）教师提炼关键问题，引导全班进一步讨论，进行归纳总结，并就学员讨论情况进行点评（15～25 分钟）。

3. 课后计划：通过案例讨论，引发学员对 XY 公司在战略制定过程中所使用的战略分析、战略选择等相关理论的进一步认识，提交案例分析书面报告，要求理论联系实际，锻炼学员学以致用的能力。

七、参考文献

［1］盖国凤等. 混改引发的风波. 中国管理案例共享中心案例库. 2020

［2］盖国凤等. XF－AD 变革进行时. 中国工商管理案例中心案例库. 2021

［3］何爱琴. 企业战略变革理论及其与组织学习能力的关系研究述评［J］. 兰州大学学报（社会科学版），2011，39（02）：101－109.

［4］杨红. 振兴东北老工业基地，要勇于破困前行［J］. 人民论坛，2017（13）：104－105.

［5］H. Igor Ansoff. Corporate strategy：an analytic approach to business policy for growth and expansion［M］. New York：McGraw－Hill，1965

［6］H. Igor Ansoff. Strategic Management［M］. CA：Wiley，1979

案例六　艾威航科：航空工业中的"混改先锋"①

案例正文

【摘　要】　党的十八届三中全会以来，随着混合所有制改革和军民融合发展战略的深入推进，航空产业迎来新的变局。本文以一家由国企改制而来的混合所有制企业广州市艾威航空科技有限公司（以下简称"艾威航科"）为研究对象，通过对其股权结构变革轨迹进行追踪研究，深度访谈创始人团队，详细呈现和剖析历史资料，分析艾威航科在混改路上所面临的困难及应对战略，探讨艾威航科通过党建引领转变战略认知、党建与业务融合提升运营效率、深入的体制机制改革带来创新成长跃迁，实现"航空强国"公司使命的典型模式。通过对本案例的分析，学生可以以混合所有制改革为例，更好地了解组织变革对企业的影响，以及在组织变革中战略领导者所发挥的关键作用，并且加深对党建与业务融合实践的思考和理解。

【关键词】　艾威航科；混合所有制改革；组织变革；战略领导；党建与业务融合

---

①　本案例由中山大学管理学院傅慧教授、王满意、黄若雯、彭炜、广州市艾威航空科技有限公司张惠沅董事长、中山大学管理学院肖雄辉（通讯作者）撰写，联系邮箱为 xiaoxh25@ mail2. sysu. edu. cn，作者团队拥有著作权中的署名权、修改权、改编权。本案例授权陈瑞球亚太案例开发与研究中心使用，陈瑞球亚太案例开发与研究中心享有复制权、修改权、发表权、发行权、信息网络传播权、改编权、汇编权和翻译权。由于企业保密的要求，在本案例中对有关名称、数据等做了必要的掩饰性处理。本案例只供课堂讨论之用，并无意暗示或说明某种管理行为是否有效。

一、引言

2021～2025发展战略研讨会结束后,张惠沅不禁心生感慨,距离他从国企领导干部岗位离开,已经整整过去了五年。成立于2015年的广州市艾威航空科技股份有限公司,是一家由中国航空工业集团下属单位改制而成的混合所有制企业,在张惠沅的带领下,从创业团队整建制转入,到高管团队回购股份,再到实现营收过亿,利润过千万,已逐步成长为一家集研发、生产和服务于一体的航材供应保障企业。那么这支从原有国企舒适区"出走"的创始团队,是如何克服混合所有制改革带来的诸多未知呢?对这个问题的解答,与艾威航科在张惠沅的领导下大力开展党建与业务融合,深入推进企业的体制机制改革,不断激发团队活力息息相关。

二、风积厚矣,待大鹏展翅

航空产业是我国国防军工的支柱性产业之一。进入21世纪以来,航空产业迎来了发展高峰期,产业竞争力明显增强,但在产能、自主创新能力等诸多方面,尚不具备产业强国的现实力量。在过去很长的一段时间内,受国家政策保护的影响,航空产业具有较高程度的封闭性,社会资本进入壁垒高,民营企业占比少。

随着经济体制改革和军民融合发展战略的不断推进,国家大力推进国防军工军民结合,推动军工行业与制造业深度融合,构建具有中国特色的先进国防科技工业体系。航空产业也由此迎来新一轮变局,产业链专业化分工趋势不断凸显,诸如航空大部件、航空新材料等分支产业,以及航空零部件加工、转包生产、专用装备制造等配套产业逐步开放给民营资本和社会产业资本,以完善航空工业配套产品的发展模式,创造更多价值。

2013年,党的十八届三中全会顺利召开,会议指出混合所有制经济是我国基本经济制度的重要实现形式,积极发展混合所有制经济,是深化国有企业改革,完善基本经济制度的必然要求。随后,深化改革的文件陆续出台,鼓励加快发展混合所有制经济。中国航空工业集团响应号召,按照"宜混则混"原则,在所属的三、四级及以下单位,全面推进混合所有制改革的工作。

同时,党的十八届三中全会审议通过的《中共中央关于全面深化改革若干重大问题的决定》指出，要推动军民融合深度发展。2014年，工信部制定并印发了《促进军民融合式发展的指导意见》，提出进一步推动军工开放式发展这一工作重点。2015年的十二届全国人大三次会议解放军代表团全体会议上，习近平总书记强调把军民融合发展上升为国家战略。此后，国家又出台《军民融合深度发展2015专项行动实施方案》，明确了12项具体任务，鼓励以飞机等领域为重点，推进军转民、"民参军"、军民资源共享。

由此，艾威航科应运而生。

三、鲲化为鹏振翅起

1. 企业介绍

广州市艾威航空科技有限公司孵化于国有特大型军工企业——中国航空工业集团有限公司，于2015年以中航国际广州公司航空业务为基础，通过混合所有制改革成立。艾威航科以"航空报国"为使命，以争做行业细分市场隐形冠军为目标。

当前，艾威航科是一家以航空金属材料增减材制造技术为核心，集研发、生产和服务为一体的航材一体化供应保障企业，获得国家高新技术企业认证。公司高管团队共有10名成员，平均年龄37岁，均为本科及以上学历，其中9名具有硕士研究生及以上学历。

艾威航科旗下共有3家子公司（详见附录图6-1），分别负责营销业务和技术工作，而母公司则以粤港澳大湾区的区位优势，布局技术研发和人才培养建设。艾威航科当前主要客户为江西的航空制造企业及研究所，并为中国商飞提供C919客机的部分金属加工件。

2. 混改战略轨迹

艾威航科高管团队结合企业所处发展阶段和行业特性展开分析思考之后，制定了企业的发展战略规划，并加以实施控制。总体而言，艾威航科的混改历程可分为两个阶段。

（1）2015~2017年。2015年，艾威航科由原国企经过混合所有制改革成立，团队成员整建制转入，注册资本共1000万元，其中国企持股45%，团队共计持股55%，实现了资本的混合。国企以"控制不控股"的原则参与企业经营，艾威航科董事长由国企派出，张惠沅任总经理，原国企开展的业务向艾威航科转移。此阶段的艾威航科是一家主要从事航化航空产品进出口代理的贸易型企业，公司体制机制改革处于调整期。

（2）2018～2020年。2018年，艾威航科摘牌回购，艾威航科成为以高管为主要代表的合伙企业全资控股的公司，公司资本实现100%民营企业属性。在此期间，艾威航科进一步完善市场化改革，调整公司资本架构，进行企业转型，尝试跨区域的战略投资。2020年，艾威航科取得营业收入过亿元，净利润过千万元的业绩。

未来，艾威航科计划定向引入军民融合产业发展基金及开放市场基金等，共同在资本上混合，深入推进企业数字化建设，进入混改的新阶段。

四、鲲鹏之志，心存高远

1. 肩负的责任与点燃的激情

2014年中航国际正处于改革的攻坚阶段，根据要求，在一线城市或开放程度较高的城市的三、四级企业要带头实行改制，其中就有张惠沅所在的中航国际广州公司。

2014年底，公司党委书记找到几位高管谈话，鼓励大家就改制方案积极思考，分管两个事业部的总经理张惠沅沉默着，没有贸然地表达看法，但其实自听到公司要实施混改的消息开始，他的心里就有一个小火苗在燃烧了。

2015年春节期间，张惠沅一直在思考如何进行混改，并就他的方案进行调研，最终他坚定了自己带头混改的决心。在春节后的第一次总经理办公会上，张惠沅提出了自己的方案："我带头将分管业务实现混改，整建制实施。"

2. 机遇与未知共存

此时的张惠沅已经在航空工业系统内工作多年，他知道未来发展必定会面临挑战，但也有不可错失的机遇蕴藏在其中。张惠沅认为，航空产业壁垒高，一般的民营企业没有资质无法承接服务。倘若进行混改，企业可以做到"一只脚在内，一只脚在外"，借助国企积聚的资源优势克服进入壁垒，同时又有市场化的运作，能够更加灵活地解决之前在系统内效率效益不足的问题，内外部活力均能得到激发。

张惠沅提出的方案得到了公司的认可，随即他开始制定详细计划并开展员工谈话。在这一过程中，他发现大家最担心的是混改以后体制的改变。"稳定的体制内工作转变成市场化的运作，原本的金饭碗就给砸了，年纪大的老员工不肯干，年轻人则很焦虑。"

由此，为了更好地调动员工积极性，作为公司党支部书记的张惠沅与党员同志开展了一对一谈话，从处长开始到主要骨干，逐一开展思想工作。他讲道，"我们绝对不是在完成上级的指标，而是在把握机遇，利用机遇。有混改国企的背景在，能够撬动更多的资源。大家相信我，我们一起干，我有信心我们能改得更好。"就这样，张惠沅带着9人组成的团队承接了原公司的航空业务，开始了混改的探索之路。

五、决起而飞，乘风探索混改路

1. 混改启航，困难与曙光并存

（1）资本混合实现，体制机制改革阻碍重重。2015年，艾威航科改制成立，团队成员整建制转入，国企以"控制不控股"的原则参与企业经营，公司体制改革处于调整重构期。

相较于民企而言，艾威航科脱胎于国企的背景使其具有制度规范化优势。然而，由于民企和国企基因的差异，原有企业和艾威航科的创始团队在管理理念和经营策略的分歧开始凸显。原有企业在混改后仍想求稳，在业务开展时相对保守；艾威航科的创始团队想要求进，在决策时更加大胆冒险。此外，复杂的管理流程和沟通层级，影响了企业的运营效率。

（2）"鲶鱼效应"初现，人才动能不足。混改后，员工的心态发生了巨大变化。脱离国企体制后，混改企业的员工中出现"鲶鱼效应"，有助于营造良性竞争环境，使组织保持较大活力，有助于提升员工的积极性和创造力；同时，艾威航科在混改后也建立了更简单高效的组织架构，制定了更明确的岗位职责和绩效考核制度以充分调动员工的积极性。然而，由于身份的转变，员工普遍存在"失去国企身份"的焦虑感以及对企业和个人稳定发展的担忧。在混改初期，整个公司被这种焦虑不安的情绪所笼罩，艾威航科面临的最大困境是员工心态和工作动能问题。

2. 党建引领，冲破迷雾促发展

艾威航科从军工国企改制而成，且整建制转入，转入人员大部分是党员，这是艾威航科与一般非公企业党建的主要差异。张惠沅敏锐地意识到这一特点，认为艾威航科的党支部可以在混改过程中发挥独特的作用,以此有效地解决混改初期企业遇到的难题。

艾威航科的党建工作围绕公司发展战略规划要求展开,组织党员及入党积极分子就公司价值观及文化内涵等进行讨论,强调企业的"根"在于发展,"魂"在于价值观,并开展相应的教育活动促进企业文化建设。在此基础上,艾威航科根据企业的经营状况和实际困难,开展相应的党建活动。

(1)以党建促进企业经营,提升管理运营效率。艾威航科将党建工作嵌入经营管理中,年度公司经营预算、绩效考核的确定以及公司战略宣传贯彻等重要活动,均以党支部形式参与。在公司内建立由党员代表成员组成的横向协作团队,凸显业务骨干党员的先锋模范作用,促进企业高效协同运营,在利用国企的规范化管理优势的基础上,最大限度地提升企业管理和经营的灵活性与高效性。

同时,艾威航科核心骨干均为党员,有效促进了党建与业务融合的实践。党支部书记和支部委员在公司中高层管理骨干中产生,杜绝"走过场"现象,真正将党建贯穿到企业经营与业务发展过程中。针对企业经营管理过程中出现的问题,通过自我批评与相互批评的方式,在企业内部进行开放性讨论,充分让员工了解、认识、明晰管理的问题和风险,并让员工献计献策。通过这一方式艾威航科提高了员工的规范化管理和风险意识,激发了员工的主人翁精神,进一步促进企业的高效经营和稳步发展。

(2)以党建培养人才团队,解决人才动能问题。艾威航科中有大部分员工是从国企整建制转入,相似的工作背景易形成惯性思维。从"混的是资本"走向"改的是体制机制",需要以党建引领员工思维转变。因此,艾威航科通过创新党建模式,构建学习型组织,从理论到实践,从案例分析到管理提升,推动员工思维方式与行为习惯的转变,培养符合企业业务发展需求的人才,解决人才动能问题。

一对一思想工作引领团队心态转变。张惠沅作为党员干部,经常与员工进行一对一的谈话,一方面使员工正确认识混改;另一方面以自身的经历和经验为例,缓解员工由于身份转变所产生的焦虑,从而使企业员工从思想上理解混改,从行动上支持混改。

先进事迹学习激发全员奋斗者精神。艾威航科通过场景与理论结合的方式开展教育活动,以此引领员工价值观的构建。如"七一"建党节时,艾威航科组织员工前往烈士陵园参观学习，并邀请原广州公司的老党委书记讲述党史，通过学习共产党员在革命岁月中的奋斗精神，激励员工在混改过程中抛开原有的身份执念，积极投入工作。又如艾威航科组织全体员工到中共三大会址纪念馆参观学习，深入了解党的峥嵘岁月，学习艰苦奋斗的革命精神，提升员工的责任感、使命感，激励员工直面混改中的困难，与公司共克时艰、共同进步。

以信念促使命。艾威航科的每项变革或组织管理提升方案，均由分管领导组织培训，从理论、案例到公司现状，组织全员学习、讨论，逐步引导大家思考求变。此外，公司开展了"学身边的英雄，讲航空人故事"等主题活动，向老一辈航空人学习，使员工深刻领会坚持发展中国特色社会主义的必要性，激励员工强化"航空报国"的信念，实现员工的个人理想与企业使命相统一。

在一系列党建与业务融合措施的推进下，艾威航科有效地解决了员工积极性不足的问题，并在一定程度上提高了管理效率，但张惠沅却依然陷入迷思之中，因为这距离公司预期的发展目标仍然存在很大差距。两年过去了，他当初信誓旦旦向员工们说的话似乎仍是空中楼阁。

于是他找来高管团队，一起探讨问题的症结所在。经过深刻的反思和分析，他们发现主要原因在于当前原国企"控制不控股"的现实导致了创业团队在公司决策话语权不足，团队受制于理念上的分歧无法真正放手去干。由于体制改革不够深入，艾威航科尚未能充分发挥一个创业型企业的灵活性，业务开展仍然集中在原有的进出口贸易中无法转变。此前开展的一系列党建工作虽然有效地解决了混改初期员工的工作动能问题，助推了业务发展，却很难解决当前业务本身无法突破的关键问题，企业也无法实现创新跃迁。体制改革不彻底是艾威航科发展受到限制的根本原因。张惠沅意识到，这一次艾威航科可能需要更为彻底的改革。

六、明晰航向，培风图南[①]，转型升级

1. 探索混改路径，助力转型升级

作为一家混合所有制企业，2018 年以前的艾威航科在理念上更多是"重资

---

① "培风图南"一词取自《逍遥游》"故九万里则风斯在下矣，而后乃今培风；背负青天而莫之夭阏者，而后乃今将图南"，意指志向远大。

本混合，轻机制创新"。由于民企和国企基因上的差异，双方的管理理念、经营策略、考核激励机制存在诸多差异，因此体制机制的进一步改革并不容易。而艾威航科选择抓住这一痛点，继续以体制改革的难点为突破点，同时深耕机制创新。抱着"摸着石头过河"的心态，艾威航科向国企股东相关领导提出了资本退出的建议。经过机构的估算，此时的艾威航科估值比 2015 年翻了一倍，这一方面充分体现出创业团队过去两年付出努力所取得的成效；另一方面也打消了原国企公司担心被质疑"国有资产流失"的顾虑。于是在原公司领导的支持下，国企资本决定先退出，待艾威航科进一步市场化之后，再重新进入。

2018 年，经过协商，在规范的操作下，中航国际所持有的艾威航科的 45% 股份在北交所挂牌交易，艾威航科高管实现摘牌回购，艾威航科成为以高管为主要代表的合伙企业全资控股的公司，公司资本实现 100% 民营企业属性。艾威航科在市场化转型中激发出更大的活力，进一步的转型升级被提上日程。

2. 寻找业务蓝海，投身航材一体化供应

在混改取得进展后，艾威航科进一步调整公司资本架构，响应党和国家的发展战略，从贸易型企业向贸、工、技结合型企业转型，选择了以航空金属材料增减材制造为核心的技术研究，并尝试跨区域的战略投资。2018 年，艾威航科投资入股江西瑞曼增材科技有限公司，主攻基于金属增材技术的零件再制造工艺。

"入股江西瑞曼，是为了实现高质量的快速发展。2018 年之前的艾威航科主要是贸易型企业，依赖外部，如果要扎根航空，又要符合时代的发展，必须转型。"张惠沅说道。

基于粤港澳大湾区的人才和创新优势，艾威航科将高附加值的研究中心和营销中心设立在广州。而由于艾威航科的主要客户为江西的航空制造企业及研究所，为了就近配套实现协同发展，艾威航科将采购、制造等基地建立在江西南昌和景德镇。同时艾威航科响应国家号召，向发达国家的相关企业学习，借鉴"波音模式"，主动建厂于飞机主机工厂生产管理和质量管理覆盖区域，以求实现上下游一体化。

此后，艾威航科进一步发力，发展成为以航空金属材料增减材制造技术为核心的，集研发、生产和服务为一体的航材一体化供应保障的高新技术企业，建立了"两重一精"（即重技术研究投入、重制造服务化提升、精益生产制造）

及"一核心三协同"（即以航材一体化供应保障服务为核心，以航空金属材料增材制造技术为协同，以航空金属材料加工服务为协同，以"AIWAY 云"数字化云平台为协同）的全新商业模式，为客户和企业创造价值，实现双赢（业务布局详见图6－2）。

3. 前进中的困局

尽管艾威航科成功转型，进入航材供应领域，但新业务开展的困难又接踵而至。

一方面是业务开展资质的获取更加困难。考虑到业务的特殊性，艾威航科此前已开始进行资质认证布局，通过上级单位已有的认证去承接，解开了部分资质获取的"死循环"。但在军用航空领域，我国实行严格的生产资格许可管理，证照颁发要经过一系列的审查程序，对申请企业的技术、管理等方面提出了严格要求，形成了资质壁垒。在失去原公司国企身份的担保后，艾威航科资质获取愈发困难。

另一方面是江西工厂基地的人才保留出现困难。艾威航科的主要客户在江西，然而江西工厂基地却很难留住人才，难以支撑业务推进。尽管艾威航科采取了一系列激励措施，但在公司实现了资本的民营属性后，员工也因此更看重工作的发展潜力和机会而非稳定性。相较于粤港澳大湾区，江西整体的创新环境弱、发展机会较少，工作成长环境不利于人才的保留。这一困境也给艾威航科提出了新的挑战：在混合所有制改革中如何处理好员工问题，留住人才？

4. 加大投入促研发，党建创新育人才

（1）技术研发。为了应对资质问题，艾威航科加大了对技术研发的投入，研发费用占比提升至5%左右。在2018年收购江西瑞曼后，艾威航科一直进行相关的研究与服务开发，于2020年在广州成立航空金属增材技术研究中心。

此外，艾威航科积极推进产学研合作，成为一个产学研合作实践的基地，给合作的科研所和大学提供了应用的情景。艾威航科将研究成果转化为商品，推动"产学研用"为一体走向市场，在服务于产学研的同时又从中受益。

（2）人才培养。对于人才保留的问题，艾威航科以习近平新时代中国特色社会主义思想为指导，坚持党管人才，通过特定的党建活动与人才培养方案，加强人才队伍建设，培养出一批愿意将个人事业放在公司发展平台上、兼具高能力与高活力的员工队伍。

开展一对一的工作指导。受入党介绍人对入党申请人进行培养的启发，新员工入职后，公司的人力资源部会安排"一对一"的导师，开展为期一年的师徒结对，对新员工从工作到学习进行指导，加强员工对公司和工作的认同感和使命感，减少员工流失率。

实行先锋骨干人才培养计划。公司秉持"树立强烈人才意识，提高人才培养质量"的理念，每年付费安排重点人才前往知名高校参加学历提升的系统学习或模块、课程班等学习，使公司技术骨干在业内保持持续优秀，公司培训支出超过 300 万元。

人才培养与党建活动交叉进行。除特定的党建活动外，人力资源部还会根据公司发展规划及管理、业务、沟通等问题，在征求员工需求后，做好内部年度培训计划，请专家、学者予以分享，为优秀的成员提供学习机会。

在这一过程中，张惠沅作为党员干部，始终以身作则，带头宣讲，每周花 10～12 个小时查阅学习前沿资料，起到了良好的模范带头作用。

（3）考核机制。为了解决人才保留问题并满足企业转型的需求，艾威航科引入了类阿米巴模式及 OKR 的考核方式。

在张惠沅看来，"真正的柔性组织，就要似水，水能形成一个池，哪里有个口，水就往哪里流过去，这才够高效。"

在艾威航科采取的类阿米巴模式下，推进一个项目，由三个不同部门的人形成一个"总经理团队"，过程中需要的资源由对应部门的人去调度。因而艾威航科的管理模式是扁平化的，没有多层级关系的堆叠，灵活调度，效率更高。

同时，艾威航科建立"KPI + OKR"的绩效考核体系。引入 OKR 来考量项目中与持续发展相关，却无法用规模、盈利来衡量的成果，从而建立了"KPI + OKR"这样一个长短期结合的考核体系，有利于更好地考核绩效以激励员工，也有利于企业高效发展。

5. 加速发展，未来可期

2020 年，艾威航科预计营业收入为 1.15 亿元，净利润为 1050 万元，股东权益为 2700 万元，专业估值机构给出人民币 3.6 亿元的价值评估。将在 2021 年交付的在手订单已有 1.85 亿元，预计 2021 年营业收入为 2.25 亿元，净利润为 1800 万元（详见附录表 6 - 1）。

七、乘风破浪正当时

2020 年 11 月 3 日，《中共中央关于制定国民经济和社会发展第十四个五年规划和二○三五年远景目标的建议》刊印出版，董事长张惠沅和高管团队在党支部会议上一起进行了深入讨论学习。提升产业链现代化水平，锻造供应链长板；发展战略性新兴产业，培育新技术、新产品、新业态、新模式；畅通国内大循环，打破行业垄断，优化供给结构等等，这些《建议》中所提出的发展目标，必定会对行业形势变化和艾威航科的发展产生深远的影响。

随着国家支持民营军工企业和加快航空产业发展等系列政策的实施，将会有更多社会资本进入该领域，未来的市场竞争将更充分、更激烈；此外，与其他的大型民营配套供应商如爱乐达、铂力特相比，艾威航科的业务规模仍相对较小，公司的自主研发能力仍相对薄弱，需要进一步加大研发投入，但发展所需资金的压力也仍是个问题。尤为关键的是，艾威航科由传统贸易型企业转型为制造服务业，业务的转变对员工的知识技能提出了更高的要求，员工的思维转变仍是当前急需解决的重大问题。

"虽然公司目前还存在很多困难和不足，但正是因为存在不足，更需要有目标，激发我们的斗志"，张惠沅对身边一起跟着他打拼的团队成员说道。他坚信"艾威航科未来发展面临的机遇与挑战并存，但只要艾威人心往一处想，力往一处使，以饱满的激情推进创新、共赢，乘着国家政策的东风助力，艾威航科将会翱翔于九天之上。"

附录

图 6-1　子公司布局

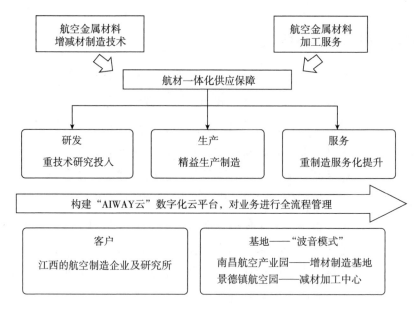

图 6 - 2　业务布局

表 6 - 1　　　　　　　　　　艾威航科部分财务报表及相关预测

项目	2019 年	2020 年	E2021 年	E2022 年
营业收入（万元）	8075.80	11500.00	22500.00	30000.00
研发费用（万元）	452.23	540.00	1147.50	1560.00
净利润（万元）	628.00	1050.00	1800.00	3000.00
营收增长率	—	25.68%	66.92%	54.87%
利润增长率	—	67.20%	69.30%	68.42%
研发费用占比	5.59%	5.32%	5.10%	5.20%

教学笔记

一、教学目的与用途

1. 适用课程：本案例主要适用于《战略管理》课程中战略领导力与组织变革内容的案例讨论。

2. 适用对象：本案例难度适中，适用对象包括学习《战略管理》课程的本科生、研究生、MBA 及 EMBA 人员，同时本案例也适用于企业高管培训 EDP 课程的案例教学。

3. 教学目的：本案例通过对艾威航科混合所有制改革发展过程的探讨和分析，引导学员学习和理解艾威航科进行混改的驱动因素，混改为企业带来的竞争优势以及企业可能面临的困难，企业党建如何作用于企业经营，思考企业组织变革、战略领导力、激励理论等理论知识点，有助于启发案例使用者在中国特色社会主义市场经济背景下对国有企业混合所有制改革的学习和思考。

二、启发思考题

1. 结合案例和现实背景，分析艾威航科进行混合所有制改革的关键驱动因素。

2. 混合所有制改革给艾威航科带来了哪些挑战？构建了哪些竞争优势？

3. 艾威航科如何借助党建工作克服所面临的改革问题和经营管理困境？

4. 假如你是艾威航科的 CEO，你会为其未来发展提供哪些建议？

三、分析思路

本案例设计的启发思考题从案例信息梳理到使用相应理论知识对案例进行具体的分析和探讨，旨在帮助学员掌握正确的案例分析思路，同时加深对知识点的理解和应用。教师可以根据自己的教学目标来灵活使用本案例。这里提出的案例分析思路仅供参考。

案例以艾威航科的混合所有制改革为主线，首先，引导学员从外部和内部两个视角对艾威航科进行混改的驱动因素进行分析，归纳出关键的驱动因素；其次，梳理艾威航科进行混改的过程及成效，提炼混改过程中艾威航科面临的困难，以及由变革所带来的竞争优势；同时进一步重点关注过程中艾威航科独特的党建与业务融合工作是如何帮助艾威应对这些困难的；最后，引导学员从开放式的视角，分析艾威航科当前面临的挑战，探讨其未来的发展之路。具体案例分析思路如图 6-3 所示。

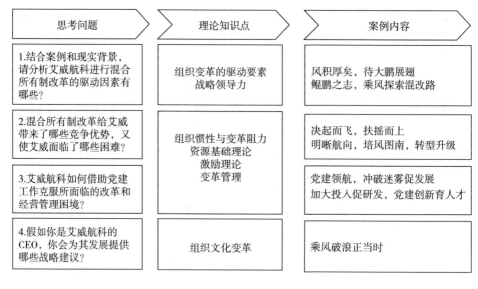

思考问题	理论知识点	案例内容
1.结合案例和现实背景，请分析艾威航科进行混合所有制改革的驱动因素有哪些？	组织变革的驱动要素 战略领导力	风积厚矣，待大鹏展翅 鲲鹏之志，乘风探索混改路
2.混合所有制改革给艾威带来了哪些竞争优势，又使艾威面临了哪些困难？	组织惯性与变革阻力 资源基础理论 激励理论 变革管理	决起而飞，扶摇而上 明晰航向，培风图南，转型升级
3.艾威航科如何借助党建工作克服所面临的改革和经营管理困境？		党建领航，冲破迷雾促发展 加大投入促研发，党建创新育人才
4.假如你是艾威航科的CEO，你会为其发展提供哪些战略建议？	组织文化变革	乘风破浪正当时

图 6-3　案例分析思路

四、理论依据与分析

1. 理论依据

（1）组织变革的驱动因素。外部和内部因素的变化营造了组织变革的需要，因此组织在动态的环境中时常面临变革。从外部来看，组织变革的驱动力包括：不断变化的消费者需求和期望、新的政策法规、技术以及经济形式等。从内部来看，组织变革的驱动力包括：新的组织战略、员工队伍的优化、新设备使用以及得到改善的文化氛围等。在当今社会中，管理者必须时刻做好准备，应对企业将面临的各种不确定性，这就对管理者识别组织变革的关键驱动因素提出了更高要求。

在具体的分析工具方面，安德鲁斯（1997）将企业的内外部因素置于一个分析框架中——SWOT 模型，希望企业能够通过战略分析获得扬长避短的战略应对策略。约翰逊和斯科尔斯（Johnson and Scholes，1997）将企业置于外界宏观环境中，提出了 PEST 模型。其中主要分析维度从政治（Politics）、经济（Economy）、社会（Society）、技术（Technology）四个因素入手。政治环境包括国家战略、政策、政府的态度等，经济环境包括 GDP、居民可支配收入水平、消费水平等，社会环境主要包括人口年龄结构、人口分布、社会观念、文化环境等，技术环境包括与市场相关的新发明、新技术、新工艺、新材料的出现和发展趋势以及应用程度等。通过运用这些工具并结合具体情况，能够更好地识别企业组织变革的驱动因素。

（2）战略领导力。组织变革通常需要一个扮演催化剂角色的人来承担变革过程的责任，即变革推动者。多数情况下，企业的变革推动者往往是企业的战略领导者。战略领导力最早由霍斯默（Hosmer，1982）提出，他认为领导者不同于管理者，领导者必须时常考虑组织战略和外部环境之间的关系，战略领导力是一种高层次的、开发战略并促进战略执行的能力。战略领导力是领导力的一个子集，是作为战略家的领导者所具备的领导能力的总和，是领导者在系统分析利益相关者、自我和战略情境的基础上提出并推动愿景实现的能力。

战略领导力主要指研究对象包含公司 CEO、高管以及董事的个体层高阶理论和组织层非人格化要素功能的相关研究（张燕，2021；Hambrick and Mason，1984；Shrivastava，1989）。张燕（2021）提出，中国特色战略领导力是目前突破该领域研究的重要方向。从理论和实践结合分析切入，从新的角度和问题背景分析（朱琦，2021），有助于深化认识体制混改过程中的中国企业战略领导力，是理解并形成中国战略领导力相关理论的独特机会。

（3）组织惯性与变革阻力。在实施变革之后，变革推动者需要认识到，对于组织中的成员而言，变革可能是一种威胁。组织总有这样的惯性，使得人们维护现状，抵制改变，即使改变是有益的。由此，对企业变革阻力的管理就显得尤为重要。

研究表明，只有通过不断变革，企业才能在竞争中得以生存和发展（Soparnot，2011）。然而，由于组织变革会引起组织内部个人和部门利益的重新分配，必然会遭到来自各个方面的阻力，包括个人阻力和组织阻力等。学者们对组织结构、组织能力、员工态度及流程惯例等对变革产生阻碍的关键因素进行了分析。

组织惯性是造成组织阻力的重要因素。组织惯性是组织无法适应环境变化的根源，是组织对现有战略之外的战略性变化的抵制（Besson and Rowe，2012；Mens et al.，2015）。组织惯性既源于企业不能灵活改变原有资源的投入模式即资源刚性，也源于企业难以灵活改变应用资源的组织流程即惯例刚性。

（4）资源基础理论。巴尼（Barney，1991）将资源定义为企业所拥有的资产、信息、技术、人力资源、组织过程以及企业特质，强调基于企业内部拥有的独特资源和能力所具有的特定优势。沃纳菲尔特（Wernerfelt，1984）提出了"企业的资源基础论"，标志着资源基础论的诞生。该理论的基本假设是，企业拥有不同的有形和无形资源，这些资源可转变成独特的能力，资源在企业间是不可流动的且难以复制；这些独特的资源与能力是企业持久竞争优势的源泉。资源基础理论为研究竞争战略提供了一个基础性的分析框架，根据该理论，当企业资源满足：有价值、稀缺、难以被模仿或替代、能够被企业利用四个条件时，这种资源就构成了企业竞争优势的来源。企业战略应使得竞争优势得到发挥，从而提高经营绩效，否则，企业如果未能有效利用竞争优势，则将承担高昂的机会成本。

（5）激励理论。激励理论是行为科学中用于处理需要、动机、目标和行为四者之间关系的核心理论。根据研究层面的差异，激励理论可以分为内容型激励理论和过程型激励理论。

内容型激励理论。内容型激励理论旨在找出促使员工努力工作的具体因素。该类理论主要研究人的需要以及如何满足需要，也被称为需要理论。然而，由于不同人的需求各不相同，故难以找到一套适用于所有人的激励需要层次。内容型激励理论主要包括马斯洛（Maslow）的需要层次理论、赫茨伯格（Herzberg）的双因素理论、奥尔德费尔（Alderfer）的 ERG 理论和麦克莱兰（McClelland）的成就需要理论。

过程型激励理论。过程型激励理论主要关注动机的产生以及从动机产生到采取具体行为的心理过程。过程型激励理论试图发现用于解释激励行为的普遍过程，这类理论聚焦于过程而非具体的激励内容，比内容型激励理论具有更广泛的适用性。过程型激励理论主要包括斯金纳（Skinner）的强化理论、洛克（Locke）的目标设置理论、弗鲁姆（Vroom）的期望理论和亚当斯（Adams）的公平理论等。

（6）变革管理。从变革流程上看，被称为领导变革之父的约翰·科特（John P. Kotter，1996）提出了企业变革的八步流程：树立紧迫感、组建领导团队、设计愿景战略、沟通变革远景、授权赋能、积累短期胜利、促进变革深入以及将成果融入文化。

从变革模式上看，主要有三种模式。一是塞沃特（Shewhat，1930）提出后，戴明（1950）进行调整，并最终演变而成的 PDCA 模式，即计划（Plan）、执行

（Do）、检查（Check）、行动（Act）。二是由迈克尔·哈默（Michael Hammer，1993）提出的业务流程再造（BPR）模式，针对工作流程进行彻底的改革。三是价值链模式，基于企业研发、采购、生产、营销、服务的业务活动链，从任一环节开始，带动其他活动的变革，使整个变革过程动态连续且不断改进。

　　从变革对象上看，罗宾斯（Robbins，2004）在《管理学》一书中将管理者主要面临的三种变革类型划分为结构变革、技术变革和人员变革。组织结构的变革通常是由外部环境以及组织战略的变化导致的，包括结构变量上的所有改变，如机制创新、员工授权、部门调整和组织转型。技术变革主要指将投入转化为产出的技术，包括运作模式、工作流程和使用方法及设备的改进，还包括自动化、计算机化、数字化等与高新技术的融合。人员变革包括员工个体和群体的态度、期望、认知和行为的改变。沃伦·本尼斯提出的组织发展（organizational development，OD），就用于描述聚焦于组织成员及工作中人际关系的性质和质量的变革方式。最普及的组织发展技巧及开展人员变革的具体方式有：敏感性训练、团队建设、群体间关系的开发、过程咨询和调查反馈（图6-4）。

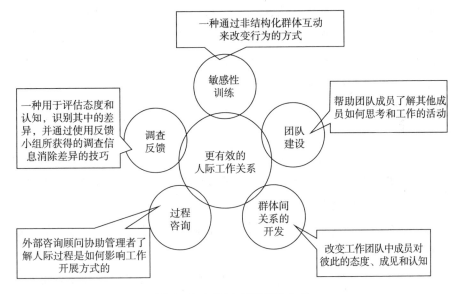

图6-4　开展人员变革的方式

资料来源：Stephen P. Robbins，Mary Coulter. 管理学 ［M］. 第13版. 刘刚. 北京：中国人民大学出版社，2017，168-168.

（7）组织文化变革。一个组织的文化是由相对稳定而持久的特性构成的，这往往使得文化变革难以推行。这种文化的形成需要长时间的积淀，而一经成型则变得根深蒂固。组织内的强文化尤其抵制变革，因为员工已经相当认同这些文化。有朝一日，如果某种特定的文化成为组织变革的障碍，管理者很可能根本做不了任何改变，特别是在短期内。即使是在最有利的条件下，组织文化的变革也必须经历几年而不是几周或者几个月，才能显现出效果。

识别情境因素可以帮助企业家判断何时是促进文化变革的"最有利条件"。其中一种情形是重大危机的出现，比如一次意想不到的财务亏损、一个重大客户的损失，或者是由某位竞争对手引领的一次重大科技创新。这样的冲击能够弱化现状，从而使人们开始思考现有文化的适用性。另一种情形可能是组织的领导者易主。新的高层领导者会提倡另一套核心价值观，并且很可能被认为相对于之前的领导者而言更有能力应对危机。还有一种情境是组织比较年轻且规模比较小。组织越年轻，它的文化就越容易改变。对于管理者而言，在一个小型组织中比在一个大型组织中更容易传播新的价值观。

而当文化变革的有利条件达成之后，管理者需要有效恰当地实施文化变革。任何单一的行动策略都不可能产生足够的影响来改变某些受到人们高度重视的根深蒂固的东西。管理者需要为文化变革的管理制定战略，并保持警惕，意识到文化变革的发生是一个缓慢的过程，组织成员不会轻易放弃那些他们在过去所认可且很好地发挥了效用的价值观。

2. 具体分析

此章节内容为思考题的具体分析思路引导与说明。使用者需要在认真阅读理解案例正文的基础上进行更详细丰富的材料整理与分析。而思考的方向与具体使用知识点的解释说明可以参考本章节。

（1）结合案例和现实背景，请分析艾威航科进行混合所有制改革的关键驱动因素。

思路引导：艾威航科进行混合所有制改革的驱动因素主要可以分为外部和内部两大方面。本题主要考察对宏观环境分析、行业态势分析以及战略领导者分析的相关知识点的理解应用，以及对关键驱动因素的识别。外部驱动因素主要包括政策因素、行业因素，内部驱动因素主要是战略领导者。

参考分析：

①外部驱动因素：宏观环境分析。应用 PEST 模型，从政治、经济、社会和技术四个方面对艾威航科混改的驱动因素进行分析，但同时需要结合实际案例进行关键因素的选择性分析。

在此案例中，来自国家层面的政策因素是最重要的驱动因素。2013 年党的十八届三中全会对非公有制发展首次采用了"鼓励"的提法，明确了公有制和非公有制的同等地位，并在《中共中央关于全面深化改革若干重大问题的决定》① 中提出"积极发展混合所有制经济"，认为"国有资本、集体资本、非公有资本等交叉持股、相互融合的混合所有制经济，是基本经济制度的重要实现形式""允许更多国有经济和其他所有制经济发展成为混合所有制经济"。2014 年《政府工作报告》② 进一步提出"加快发展混合所有制经济"，使国企民企融合成为新一轮国资国企改革重头戏。2015 年国务院印发《关于国有企业发展混合所有制经济的意见》③，明确了国有企业发展混合所有制经济的总体要求、核心思路、配套措施，并提出了组织实施的工作要求。此后，国有企业混合所有制改革一直在稳步推进，且已建立起日趋完善的政策体系。

国家的军民融合发展战略是重要的驱动因素。2015 年在党的十二届全国人大三次会议解放军代表团全体会议上④，习近平总书记重点就深入实施军民融合发展战略提出要求，指出要正确把握和处理经济建设和国防建设的关系，使两者协调发展、平衡发展、兼容发展。随后，国家政策也不断加大改革力度，推动军工行业与制造业深度融合，构建中国特色先进的国防科技工业体系。

此外，相关的经济、社会及技术因素，可以结合现实背景，选择与艾威航科相关性较高的因素进行相应的分析。

②外部驱动因素：行业环境分析。应用波特五力模型，搜集相关材料，对艾威航科所处的行业竞争态势进行分析。艾威航科所处的行业是航空零部件制造行业，上游为原材料供应商，下游为整机生产工厂，替代品主要为国外进口的零部件。

---

① 详见中国共产党新闻网 . http：//cpc. people. com. cn/n/2013/1116/c64094 - 23561783. html.

② 详见中国政府网 . http：//www. gov. cn/guowuyuan/2014 - 03/14/content_2638989. htm.

③ 详见中国政府网 . http：//www. gov. cn/zhengce/content/2015 - 09/24/content_10177. htm.

④ 详见中国人大网 . http：//www. npc. gov. cn/zgrdw/pc/12_3/2015 - 03/13/content_1925799. htm.

同时，关注行业的特点及发展情况等。航空产业自身具有较高程度的封闭性，社会资本进入壁垒高，民营企业占比较少。同时，随着我国近年来航空制造业规模扩张，产业链专业化分工的需求越来越迫切。在这一背景下，2014年航空工业集团响应混改号召，按照"宜混则混"原则，在所属的三、四级及以下单位，全面推进混合所有制改革的工作。此外，为了顺应军民融合发展战略，航空工业集团颁布了《航空工业军民融合发展行动纲要》，设定2020年三个70%目标：即军民融合产业收入占比达到70%，军品一般制造能力社会化配套达到70%，集团公司资产证券化率达到70%[1]。

③内部驱动因素：战略领导者。战略领导者是指具有战略管理思想，善用战略思维，具有战略能力，掌握战略实施艺术，制定战略决策，指导企业开拓未来的高层决策群体。本案例中，张惠沅是艾威航科的战略领导者之一。

结合战略领导力的相关理论对张惠沅进行分析，可以看出他具有较强的战略领导力，对战略的制定及推动起到较为重要的作用。

张惠沅目光较为长远，且已在航空工业系统内工作多年，能够准确识别出未来发展面临的挑战，认识到混改后的体制机制改革能激发内外部活力，推动企业高效发展。同时，张惠沅的党员身份推动他积极响应国家号召，带头领导企业混改的落地，在混改过程中能够更好地发挥党建作用以调节员工心理，维持组织整体平衡，并发挥党员的模范带头作用，以身作则引领员工发展。此外，张惠沅在混改过程中，不断采取多种创新方式进行混改尝试，带领艾威航科探索国企混改之路。

（2）混合所有制改革给艾威航科带来了哪些挑战？构建了哪些竞争优势？

思路引导：建议结合组织惯性与变革阻力、资源基础理论、激励理论等理论知识点与艾威航科在混改过程中获得的主要竞争优势和面临的困难进行分析。

参考分析：

①挑战：混改各阶段的变革阻力

混改第一阶段：体制机制问题与员工动能问题

第一，由于民企和国企基因的差异，原公司和艾威航科的创始团队在管理理念和经营策略方面存在分歧，体制机制改革存在困难。

---

[1]　详见中国航空报社发表的新闻. https：//www. sohu. com/a/260177712_269515.

第二，每个人的职业规划和追求不同，艾威航科的员工既然在混改前选择了国企，更看重的就是工作的稳定性。由于身份的转变，艾威航科的员工普遍存在"失去国企身份"的焦虑以及对企业和个人稳定发展的担忧。

混改第二阶段：人才保留问题与资质获取问题

第一，在公司实现了资本的民企属性后，员工更看重工作的发展潜力和机会。江西整体的创新环境较弱、发展机会较少，工作成长环境不利于人才的保留。艾威航科的江西工厂基地长期面临着留不住人才的困境，难以支撑业务推进。

第二，在军用航空领域，我国对军品承制单位实行严格的生产资格许可管理，企业必须获得相关资质证照才可进行相关的生产活动。证照颁发对申请企业在技术、规模、管理等方面提出了严格要求，形成了资质壁垒。在失去了国企身份担保后，艾威航科资质获取愈发困难。

②主要竞争优势：克服组织惯性，激活内外部资源，以独特资源构建核心竞争力

核心竞争力是能够为企业带来比较竞争优势的资源，以及资源的配置与整合方式。国企混合所有制改革是围绕着市场化展开的，市场化帮助混改企业重新识别、整合、利用独特资源以构建核心竞争力。通过混改，企业一方面盘活了原有的基础能力，有助于克服资源刚性，另一方面获得了市场化竞争能力，有助于克服惯例刚性，从而共同激活企业内外部资源，构建企业的核心竞争力，确立全新的可持续发展模式。

内部资源：在改制之初，艾威航科依托原国企的身份背景，不断完善公司的资质体系，获得了ISO9001、AS9120、国军标以及民航航材分销商等质量体系认证和军工保密资格认证等，为后续业务开展奠定良好基础。随着混改的不断深入，艾威航科充分利用其在航空工业积累的行业经验，最终确立了以航空金属材料增减材制造技术为核心的集研发、生产和服务为一体的航材一体化供应保障的业务战略，使其核心能力得以充分发挥。

外部资源：航空工业配套产业的客户壁垒很高，艾威航科通过原有国企背景的基础，获得了优质稳定的客户群体，包括中航工业、中国商飞等国内航空工业核心制造商。在市场化竞争的进一步激活下，艾威航科充分利用国家政策优势，主动挖掘客户需求，大力招揽航空产业人才，最终建立了"两重一精"

以及"一核心三协同"的全新商业模式，构建起业务护城河。

（3）艾威航科如何借助党建工作克服所面临的改革问题和经营管理困境？

思路引导：结合战略变革中的认知理论、资源基础理论、激励理论、企业文化、变革管理等相关知识以及党的创新理论，对艾威航科的党建工作展开分析。

参考分析：

艾威航科从军工国企改制而成，且整建制转入，转入人员大部分是党员，具有红色基因，这是艾威航科有别于一般非公企业党建的一大特色，也是艾威航科的党建能够充分融入企业业务经营，实现双线流程交叉融合，并在混改过程中发挥相应作用的重要基础。在这一基础上，艾威航科将党建与经营管理、人才培养及企业文化建设紧密结合，使党建帮助艾威航科应对好混改不同阶段下存在的困难，助力艾威航科构建独特竞争力。

①机制问题：开展结构变革，通过协调机制，调整架构，将党建与经营管理结合，提升管理运营效率。

艾威航科将党建工作融入企业日常经营管理工作中，真正践行党建与业务融合。多项经营活动均以党支部的形式参与，党支部书记和支部委员在公司中高层管理骨干中产生，支部领导与公司领导在"双元领导协同配合"，杜绝"走过场"现象。同时结合党建制定相关制度约束员工行为，使员工从思想上敬畏制度，督促员工恪尽职守，有利于企业有序经营。

此外，在公司主要部门纵向架构的基础上建立党支部、党小组等党员代表成员组成的横向协作团队，弥补部门之间的跨团队问题，突显业务骨干党员的先锋模范作用，促进企业高效协同运营，从而做到在利用国企的规范化管理优势的基础上，最大限度地提升企业管理和经营的灵活性与高效性。

②员工动能问题：开展人员变革，创新性地将党建与人才团队培养相结合，提升员工动能。

艾威航科充分运用党的创新理论，创新党建模式，构建学习型组织，为业务培养人才。有别于一般的人才培养机制，艾威航科基于党建模式创新，构建学习型组织，从思想层面上引导员工进行知识技能的学习，提高员工的参与度。通过从理论到实践，从案例分析到管理提升推动员工的思维方式与行为习惯的改变，同时，在实践中同步学习的方式也大幅提升员工对公司变革的参与感，培养出充分适应企业业务发展需求的人才，解决人才动能问题。

对于员工的心态转变问题，艾威航科通过一对一的思想工作、开展思想教育活动、举行与企业经营相关的主题学习来引导员工思想和心态上的转变，对企业的使命和愿景有更为充分的认识，进而从适应混改到支持混改、推动混改。

③人才保留问题：融合组织变革与人员变革，结合党建创新人才培养及绩效考核机制。

对于第三阶段人才的保留、培养和激励的问题，艾威航科在高管团队的带领下，以党的创新理论为指引，通过特定的党建活动与人才培养方案，以一对一工作指导，先锋骨干人才培养计划以及人才培养会与党建活动交叉进行等形式，加强人才队伍建设，培养出一批高能力与高活力的员工队伍。

④小结。

艾威航科的转型从结构变革起步，充分开展人员变革，提高效率助力结构变革的实现，并最终推动企业在技术变革上积极探索。在过程中，人员变革起到了非常核心的作用，也充分体现了"以人为本"的思想。进一步看，相较于其他企业，艾威航科的人员变革更多地通过党建工作从思想层面上对企业员工形成约束、督促及激励作用，再结合具体的制度，使艾威航科的整体治理更为有效，有利于企业日常经营的稳定，为企业业务的快速发展奠定组织基础。

（4）假如你是艾威航科的CEO，你会为其未来发展提供哪些战略建议？

思路引导：

结合文章最后部分的内容，教师可以引导学生聚焦于转变员工思维以应对业务转型这个主要问题来进行思考。结合有关组织文化变革的相关理论知识点来展开讨论，学生可以借鉴以下的一系列具体行动抑或是依据在企业实践中获得的经验来提供自己的建议。

①通过管理者的行为奠定基调；尤其是高层管理者，应该充当积极的楷模角色。

②创造新的故事、象征和仪式以替代当前的故事、象征和仪式。

③选拔、提升和支持那些接受了新价值观的员工。

④重新设计社会化过程以匹配新的价值观。

⑤为促进员工接受新的价值观体系，进行薪酬体系的变革。

⑥用明文规定的期望取代不成文的规定。

⑦通过转岗、轮岗以及/或者终止工作来重组现有的亚文化。

⑧通过员工参与和创造高度信任的环境来努力达成共识。

本题的解决思路没有标准答案，可以针对艾威所面临的不同挑战提出解决方案，根据案例信息、使用者本身所掌握的知识以及查询到的行业环境资料等展开思考，言之成理即可。

五、关键要点

1. 案例分析关键点

本案例分析的关键在于：

（1）从外部和内部两个方面，准确识别艾威航科混改的主要驱动因素；

（2）分析艾威航科在混改过程中为成功变革所采取的措施与取得的成效，提炼混改给艾威航科带来的挑战，以及构建的竞争优势；

（3）分析艾威航科党建的独特之处，探讨如何帮助艾威航科应对困难，构建企业独特竞争力。

2. 关键知识点

组织变革的驱动要素、战略领导力、组织惯性与变革阻力、资源基础理论、激励理论、变革管理。

3. 能力点

（1）结合案例和现实背景，运用 PEST 模型、波特五力模型对艾威航科混改的驱动因素进行分析，识别关键驱动因素。

（2）分析企业面临的困境及其产生来源。

（3）剖析企业竞争力及构建过程，党建在其中发挥的作用。

（4）识别艾威航科发展面临的挑战及机遇，提出有效开展组织文化变革的解决方案。

六、建议课堂计划

本案例建议在授课时结合理论分析进行案例讨论使用。案例讨论的时间建议控制在 90 分钟。

表6-2　　　　　　　　　　　建议课堂计划

阶段	内容	预计时间	备注
课前计划	发放案例正文及思考题给学生，让学生在课前进行阅读和思考		教师可给出一定建议引导学生搜集信息的方向与方式
	请学生查阅混合所有制改革、航空产业相关资料，初步了解案例背景		
课中计划	教师进行简要案例引入，明确讨论主题与核心问题	10分钟	在进行案例讨论时，教师要注意适当引导，鼓励学生深入思考，并注意控制每一环节的时间
	5~6位同学为一组，组内成员讨论案例以及思考题，交流汇总意见	25分钟	
	在教师引导下，全班同学就案例问题自由发言，其他同学进行提问补充	30分钟	
	教师对发言进行评价并讲解案例问题分析的框架及逻辑要点，并解答学生疑惑	20分钟	
	教师对整个案例及讨论过程进行归纳总结及点评	5分钟	
课后计划	根据课堂案例研讨结果形成一份完整的案例研究报告		教师结合课堂讨论情况及研究报告进行综合评分

开场白建议：授课教师介绍案例的大致背景，例如混合所有制改革、航空产业、军工行业等，案例内容梗概，以及思考问题等内容。

结束语建议：授课教师对案例本身和案例讨论过程进行简要点评。最后可提出几个开放性的问题，供学生课后继续思考。

七、案例后续进展

艾威航科在2020年实现了营业收入达1.15亿元人民币、净利润达1050万元人民币。公司IPO相关工作有序推进，现已完成股权调整方案。同时，艾威航科完成了江西景德镇加工中心的建设以及研究中心的成立并启动运营，而"AIWAY云"数字化云平台建设也已实现一次规划，将在接下来分步实施。

八、案例研究方法说明

案例中的所有数据均来自访谈、艾威航科企业内部资料以及二手资料。案例中有关艾威航科的非公开数据均由广州市艾威航空科技有限公司提供并授权，案例中涉及的人物话语均来自访谈记录。

表6-3   访谈记录

访谈对象		广州市艾威航空科技有限公司张惠沅董事长、李泽厚总经理、汤毅总监
现场访谈	访谈人	中山大学管理学院傅慧教授、王满意、黄若雯、彭炜、韦远、许敏
	时间	2020 年 12 月 31 日
	地点	中山大学管理学院善衡堂 N211
线上访谈		对公司战略、运营及其他业务进行全方位补充网络访谈，与公司主要高管都持续保持联系，展开了 3 个月以上的持续联系调研

案例七　全球视野，本地行动：前海像样如何"玩转"出海营销？[①]

案例正文

【摘　要】　基于国内外市场环境的变化和中国企业出海营销的痛点，前海像样于 2016 年成立，致力于为出海企业提供全球营销解决方案。创始之初，前海像样错位竞争，将基础薄弱但具备增长潜力的非洲市场作为主要切入点。在非洲市场，前海像样遭遇了来自法律、宗教等层面的跨文化管理难题，后通过人力资源的本地化弥合与员工、客户、用户间的文化冲突。与此同时，前海像样不断丰富业务矩阵，积极融入全球商业生态，逐渐成为非洲市场的领跑者。未来，放眼全球移动互联网市场的前海像样仍然面临着来自竞争者、行业与宏观环境的变化与挑战。本案例聚焦于中国互联网企业出海的热点话题，探究"人类命运共同体"理念指引下和"一带一路"倡议背景下的中国企业国际化战略和目的地产业培育实践。

【关键词】　出海营销；国际化；跨文化管理；本地化战略

2019 年 9 月，枯黄辽阔的非洲热带草原上，数以百万计的角马成群结队地向北迁徙，追逐着雨季移动的轨迹。这正是前海像样 CEO 王立[②]此刻透过飞机舷窗看到的画面。从中国到尼日利亚，这趟长达十数小时的航程，她已是再熟

---

① 本案例由北京师范大学经济与工商管理学院钱婧、屈逸、王为凤，江西师范大学商学院李晓燕撰写，作者拥有著作权中的署名权、修改权、改编权。本案例授权陈瑞球亚太案例开发与研究中心使用，陈瑞球亚太案例开发与研究中心享有修改权、发表权、信息网络传播权、改编权、汇编权和翻译权。由于企业保密的要求，在本案例中对有关名称、数据等做了必要的掩饰性处理。本案例只供课堂讨论之用，并无意暗示或说明某种管理行为是否有效。

② 王立为化名。

悉不过……三年前，和逐水草而动的角马一样，王立与前海像样在无人看好的情况下，来到非洲大陆这片充满机遇与挑战的"绝对蓝海"，并在实践中克服困难、不断成长。三年后，前海像样已然成为中国互联网企业出海非洲的"首选"，以及全球领先的全案数字营销方案解决商。

这次，王立来到尼日利亚，是为推进公司电商领域的业务拓展。此前，前海像样服务的品牌已涉及游戏、短视频、社交等多个领域，成绩瞩目。但由于新兴市场的物流体系、支付体系并不健全，国内的电商模式不能完全套用，本地化电商平台的落地与普及障碍重重，效果和速度并不尽如人意。王立认为，电商与其他业务不同，很难在短时间内取得成效，也不能仅仅依靠单兵作战，需要更多的上下游相关企业的协作。也就是说，以往前海像样的广告分发很大程度上依赖于中国出海产品形成的庞大矩阵，而对于电商业务而言，前海像样必须更多地同新兴市场当地的合作伙伴建立链接。作为"外来客"的前海像样如何更好地融入当地商业生态，参与海外新兴市场的产业培育呢？王立陷入沉思。

一、开拓：错位竞争，锚定蓝海

1. 互联网老兵二次创业

前海像样（品牌名称：HuntMobi）成立于 2016 年，是全球领先的全案数字营销方案解决商，为出海企业提供包含头部媒体投放解决方案、程序化广告解决方案和全网流量视频聚合营销方案等在内的综合解决方案，帮助广告主精准直击用户，实现品效合一的优质广告互动。公司总部位于中国香港特区，大中华地区总部位于深圳，在新加坡、澳大利亚、菲律宾、肯尼亚、尼日利亚等多地设有分部办公室。业务覆盖 200 多个国家，合作广告商超 5000 家，服务移动开发商超 30000 家，获取独立用户 3 亿个以上，月广告展示量超过 1500 亿次，年下载量 20 亿次以上，年管理预算 30 亿元人民币。2019 年，被白鲸出海评选为"年度十佳海外营销服务商"。

成立前海像样，并不是联合创始人兼 CEO 王立及其团队的第一次创业。2012 年，王立和团队联合创办了上海威搜游科技有限公司，主要致力于手机游戏的研发、发行与运营，搭建和管理着当时中国覆盖最广的 Android 手机游戏平台——Vsoyou 游戏中心。

然而，移动游戏市场的火爆很快吸引了大量玩家入局，其中不乏腾讯、网易等实力雄厚的巨头，这使得国内的互联网人口红利存量渐趋饱和。与此同时，互联网人口红利的增量也在减少，主要体现在移动智能终端的增速明显放缓，这意味着移动游戏市场很难再迎来初期的爆发式增长。在这样的市场环境下，和许多渴望生存与成长的中国互联网企业一样，王立团队将目光投向新兴的海外移动互联网市场。

在出海过程中，王立不仅发现了海外市场蕴藏的巨大潜力，还切身体会到中国开发者出海中的痛点。首先，开发者在出海初期面临着获取用户难的问题，面对陌生的市场环境，开发者缺少精准、可靠、高性价比的流量获取渠道。其次，开发者面临着变现难的问题，难以对接到优质的广告主实现流量变现。最后，开发者还面临着本地化的难题，广告内容需要契合当地用户的语言、文化、风俗和使用习惯等，这对于刚刚起步的开发者而言需要耗费大量的资源与精力。

针对这些痛点，王立决定在原有的团队的基础上分流出一部分人员，进行海外市场的二次创业。2016 年 9 月，前海像样正式成立，从 SDK① 广告业务入手，开始为中国互联网出海企业提供数字营销服务。凭借着手机厂商资源的长期积累，以及原有出海首发业务与海外广告变现业务的高度契合，前海像样当年便达成了与一百多家广告商、二百多家渠道商的深度合作，跨出了出海第一步。

2. 孤独的非洲淘金客

尽管主创团队有着丰富的互联网从业经验，但 2016 年才正式出海的前海像样在行业中并非先行者，众多玩家的涌入正逐渐使这片蓝海变得拥挤起来。因此，作为新的入局者，前海像样急需结合自身资源能力以及不同海外市场的差异，明确业务布局和发展路径。

综合考虑与调研后，前海像样决定将非洲市场作为切入点。在当时，这是一个让同行与朋友都"看不透"的选择，因为大多数出海企业选择的目的地都是欧美以及印度、东南亚、拉美等新兴市场。欧美成熟市场的规模大，用户价值高、付费能力与意愿强，吸引了众多出海企业，但进入壁垒相对较高。印度、东南亚等新兴市场有着众多的年轻人口，蕴藏着巨大的消费潜力，且从地缘、

---

① SDK 是 Software Development Kit 的简称，译为软件开发工具包，是第三方服务商提供的用于实现软件某项功能的工具包。SDK 广告是在程序内嵌入代码广告，为开发者提供变现和盈利的渠道。

文化上更为接近，是中国企业出海最为成功的市场之一，竞争也十分激烈。而非洲市场，给人的印象是陌生的、空白的甚至"贫瘠的"，缺少互联网企业"生根发芽"的基本条件。出海非洲，是一条名副其实的"少有人走的路"。

事实上，关于非洲市场的固有认知与实际情况并不完全相符。王立和团队高层通过多次实地考察，对非洲当地的经济环境、基础建设、法律政策、风俗宗教以及民众的消费习惯有了更为深入的了解。的确，同其他新兴市场相比，撒哈拉以南非洲地区的物流、通信等基础设施整体较薄弱，移动互联网渗透率仅在45%左右（见附录7-1全球区域市场网络覆盖差异一览）；但非洲的人口基数大、结构年轻化，头部区域的经济增速处于世界领先水平，能够为移动互联网的发展提供强大动力。此外，非洲本地的创业企业与中国企业相比在资源、技术和认知层面尚且存在一些差距，短期内能为出海企业带来很大的降维竞争优势，是一块机遇明朗的蓝海市场。

明确业务布局之后，前海像样积极组建当地人事后备团队、法律支撑团队、专业业务团队，在肯尼亚、尼日利亚等多地设立分部办公室，并针对性地探索、开发与输出适用于当地生活水平和网络环境的广告形式。2017年5月，前海像样凭借与Tala、Banch等当地广告主的战略合作，正式进入非洲市场。

二、挑战：文化差异，水土不服

1. "开荒者"的难题

出海非洲的战略布局很快便有所收获，但前海像样的出海征程也并非一帆风顺。作为近乎空白的非洲市场的"开荒者"，前海像样落地非洲最明显的困难来自中非间的文化差异，以及中国管理团队对于非洲的认知局限。

差异和局限首先体现在与客户、合作伙伴的沟通与协作之中。与国内对于非洲互联网行业管理粗放、规则感弱的主观猜测不同，非洲的互联网从业者具有极强的契约精神，秉持着"合约大于一切"的观念。在国内，各个环节都需要并且可以频繁地修改条款，以适应客户需求或是市场环境的变化；而在非洲，往往是先有合约再有一切，人们始终围绕合约中商定的内容去思考解决方案，在具体条款的执行上也丝毫不打折扣。由于缺少心理预期，这样的差异在初期给双方的合作制造了一些障碍和波折。此外，非洲市场对于商业行为是否合乎法律法规的细节也很重视，这对前海像样法务团队的专业水平和严谨意识提出更高的要求。

在内部管理中，前海像样的管理层也受到了文化差异导致的冲击。如何在尊重员工宗教信仰的同时正常开展工作，便是在国内极少碰到的"新议题"之一。宗教信仰是非洲民众生活的重要组成部分，伊斯兰教和天主教是非洲两大主要宗教，都有着各自的宗教仪式和祷告时间。宗教面前，工作也要为之让步。而且，非洲没有国内盛行的"加班文化"，上班时间与下班时间界限分明，即便是再紧急的事务，也很少利用下班时间处理。此外，非洲地区多实行与国内月薪制不同的周薪制或双周薪制，加之非洲员工习惯于超前消费，没到发薪日便"囊中羞涩"甚至需要借钱的现象也时有发生。新状况的出现，对管理观念的更新、管理手段的优化发出召唤。

此外，广告营销，最终是需要面向受众、面向用户的。因此，广告的内容与形式也必须考虑到中非的文化差异，适应当地用户的习惯与偏好。拿语言来说，非洲地区国家的官方语言多为英语和法语，使用阿拉伯语、西班牙语、葡萄牙语、斯瓦希里语等小语种的也不在少数，而许多当地民众私下交流使用的是夹杂非洲原始语言的"方言"，为内容创作和交流沟通制造了额外的成本。如果说语言问题尚且能够通过招聘掌握小语种的人才得以解决，了解、顾及和迎合当地的社会禁忌、宗教信仰、传统习俗、流行文化等，对于缺少当地生活经验和社会阅历的外来团队来说，就难免有些力不从心了。

在前海像样进入肯尼亚市场的初期，就曾经因为母国广告设计团队对当地民众喜好的不了解，而导致一款手机工具产品推广的进展缓慢。设计团队希望通过纯净的蓝色主色调、简洁的线条与文字来传达产品安全快捷、专业好用的特点，最终的成品也得到来自中国的产品开发者的赞许，认为其兼具了"高级感"与辨识度。然而，广告上线后，转化效果并不理想，团队百思不得其解。直到王立第一次来到肯尼亚首都内毕罗的街头，困扰她很长一段时间的难题迎刃而解。沿街大大小小的商铺，无论是招牌、墙体还是门槛都涂满了高饱和度的鲜艳色彩，行人的服饰也是五彩缤纷、让人目眩神迷，就连一般来说统一涂装的公交车都在车身上铺满了各异的颜色，以及各式各样的涂鸦、人像。在这样一个"灯红酒绿"的花花世界里，之前的设计根本无法抓住用户的注意力。这次教训使王立深深地意识到：母国团队在对当地市场的认知上还存在许多难以弥补的短板，而这些短板将极大地制约营销服务的整体水准。

2. 本地化团队来破局

如何才能弥合上述中非间的文化差异，规避认知局限的短板？"一带一路"倡议顶层设计中的两项共建原则为王立和团队提供了启示：一是坚持和谐包容，尊重不同文明间的差异，加强对话，兼收并蓄；二是坚持市场运作，遵循市场规律和国际通行规则①。基于这两项原则，前海像样在出海实践中探索出一条"本地化"的解决之道：以本地领导管理本地员工，以本地团队服务本地客户，以本地法律法规、商业准则与文化习俗为准进行本地营销。

首要的应对措施便是组建本地化的执行团队，招募本地员工，用本地员工管理本地员工。在前海像样的 200 多名员工中，海外员工占到 40% 以上，主要负责当地业务的拓展、特殊语种配合、原始视频与图片素材的产出等相关执行类工作。海外员工的来源十分丰富，当地的招聘网站、对标的竞争企业、社招、校招等均有涉猎，语言优势和市场敏感度是甄选中的两个重要维度，约 95% 的员工拥有 6 年以上的互联网从业经历。除了基层员工，管理层也主要由当地员工担任，他们通过企业内部办公管理系统向总部汇报，定期回到母国开展学习交流；同时，总部也会派出少量母国员工，协助管理当地执行团队，进行业务指导与项目验收。执行团队的本地化，不仅减少了文化差异和认知局限带来的摩擦，还更易获得当地合作伙伴、客户与员工的信任与青睐。

目前，前海像样已经形成了母国与海外员工有机协作的成熟团队服务流程（见附录 7 - 2 前海像样团队服务流程示意）。首先由客户所在地区的商务团队确认客户需求、匹配定制服务。之后，商务团队和客户会将资料输送给当地的运营团队，由本地员工负责开展风险评估、政策把控、资料收集、投放方案制定、头部媒体开户等工作。母国设计团队则接手之后的事宜，在和客户及本地团队的磋商之中进行产品学习、受众视觉偏好分析以及创意定制。在投放环节，母国优化团队进行不间断地投放测试、数据监控和投放优化，商务团队也会与客户保持沟通，进行数据反馈、目标沟通及日常对接等工作。母国技术团队通过账户管理系统、数据分析系统以及广告交易变现系统参与客户服务的全流程。

人才的本地化推动了产品本地化的实现，因为本地员工更加了解当地的社

---

① 新华社. 授权发布：推动共建丝绸之路经济带和 21 世纪海上丝绸之路的愿景与行动 [EB/OL].
新华网，http://www.xinhuanet.com/world/2015 - 03/28/c_1114793986.htm，2015 - 03 - 28.

会规则与民众生活，使广告的传达更具有适应性与针对性。无论是语法、拼写、币种还是素材选择，如果哪一环节出现错误或者与当地用户的偏好相悖，就好像在阅读中出现了乱码或者难以理解的信息，十分影响广告投放的效果。而本地化的团队，既可以提供恰当的原始文字与图片素材，参与广告内容与形式的设计，也可以在广告发布之前充当"把关人"的角色。特别地，前海像样很注重广告内容审核与法律风险规避。例如在现金贷广告的投放中，前海像样会建议和协助客户根据当地的法律、薪酬水平、消费水平拟定合理的放贷指标，避免出现不符合规定的文案表述，根据规定在应用市场的落地页详细地披露产品的借款周期、费率信息等政策。

三、领先：产品迭代，整合生态

1. 科技赋能全案营销

在进行市场开拓以及管理优化的同时，前海像样也没有停下锤炼技术、创新产品的步伐，业务矩阵日益丰富和进化。

2017 年 6 月，正式进入非洲市场 1 个月后，前海像样便在初期 SDK 业务的基础上拓展出 SSP 业务，建成涵盖多种广告形式的人工智能程序化广告交易平台，并对外开放。该平台与全球 180 多个不同媒体的 SSP[①] 对接，实时竞价排名，通过人工智能引擎平台将广告位分发给 220 多个 DSP[②] 的相关卖家。基于机器学习和智能算法，平台对海量用户数据建模，从数百个维度提供点击率预测，让每次点击都能达到最优变现效果。其主要优势在于通过机器学习减少人力损耗，实现供给方与需求方的精准、高效匹配。

2018 年 10 月，前海像样新增媒体代理业务，先后与布局非洲生态的互联网巨头如 Facebook、Google 等达成战略合作，并获得 Twitter、Tik Tok、Opera 等知名媒体的官方代理商资质。依托着丰富的平台与媒体资源，前海像样开始提

---

① SSP 是 Sell‑Side Platform 的简称，译为供应方平台。供应方平台能够让出版商也介入广告交易，从而使它们的库存广告可用。通过这一平台，出版商希望他们的库存广告可以获得最高的有效每千次展示费用，而不必以低价销售出去。

② DSP 是 Demand‑Side Platform 的简称，译为需求方平台。需求方平台使广告主更简单便捷地遵循统一的竞价和反馈方式，对位于多家广告交易平台的在线广告，以合理的价格实时购买高质量的广告库存。

供包括广告投放、流量变现、MCN① 内容聚合等在内的全案数字营销解决方案。非洲短视频独角兽 Vskit 是前海像样提供全案营销服务的第一款产品，也是最成功的案例之一。在产品推广、流量变现、媒体投放等其他与开发者相关的环节，前海像样均深度参与。在前海像样的营销服务下，Vskit 在非洲 12 个国家投放广告，覆盖 12 亿名用户，安装量提升 83%，最高日安装量 8 万以上。目前，Vskit 注册用户已超过 2000 万名，在肯尼亚、尼日利亚等国长期占据 Google Play 免费应用榜单的前三位，被誉为"非洲抖音"。

迄今为止，前海像样已经形成了包括海外营销投放服务、内容资源服务、中台服务和变现服务在内的四大业务板块（见附录 7 - 3 前海像样业务矩阵），构成全案数字营销解决方案生态链。其中，海外营销投放服务主要致力于帮助客户增加头部媒体曝光、定制营销策略、优化品牌运营；内容资源服务包括连接全球网络红人、内容制作与发布、粉丝运营、频道管理等；中台服务则能提供精准的用户画像，帮助客户筛选匹配营销资源，提升广告投放的效率；变现服务则聚焦于为互联网产品的变现赋能，通过前海像样自建的广告交易平台，开发者能够更便捷地实现内容变现、流量变现。

2. 融入全球商业生态

与更多的市场主体建立有益联系，是市场营销的天然要求。对于提供出海营销服务的前海像样而言，融入全球商业生态更为重要。

初期，非洲市场的特殊情况曾给出海产品的推广形成不小的障碍。薄弱的网络基础设施意味着很多地方无法联网，或者即使可以联网也只能接入 3G 甚至 2G 网络；而落后的金融体系意味着在线支付几乎没有可能。对此，前海像样与非洲当地的电信运营商合作，通过运营商提供的订阅与代支付功能，将轻型的、网络要求较低的本地化产品推向市场，成功进入东非与西非市场。此外，基于非洲较低的移动互联网渗透率，线下渠道也成为出海产品获取用户的重要来源，前海像样曾与当地的明星、网络红人共同开展线下推广活动，结果证明也十分有效。

除了运营商与线下渠道，和 Google、Facebook 等头部媒体的深度合作也是

---

① MCN 是 Multi - Channel Network 的简称，译为多频道网络，是一种新型的网红经济模式。该模式将不同类型的专业生产内容组合起来，在资本支持下，保障内容的持续输出，最终实现商业变现。

前海像样融入全球生态的重要体现。根据前海像样的运营数据，新兴市场上几乎 70% 的流量都来自头部媒体，剩下的则来自自建平台接入的本地开发者。但是，拿到头部媒体的官方代理资质并不简单，不仅要透彻了解目标市场状况与平台政策，符合平台对于专业水平与服务质量的要求，还要满足流水、新客等众多指标要求。同时，为了保证合作伙伴的水准与竞争力，代理资质会定期考核更新。而前海像样之所以能相继拿到 Facebook、Google、Tik Tok、Twitter 等头部媒体的代理资质，最大的优势来自新兴市场上较高的客户追随度。但前海像样也没有因此忽视与本地开发者的链接，因为尽管头部媒体控制了大部分流量，但在经济欠发达的地区，与当地开发者达成合作反而能够更好地触及目标用户。

与此同时，随着非洲移动互联网的快速发展，以及"一带一路"倡议的推进和中非命运共同体的建立，越来越多的中国企业选择出海非洲，给这块市场创造着新的变化。目前，在非洲市场，前海像样约 80% 的客户来自国内。其中包括传音、网易、快手、抖音、YY 娱乐、Opera 等颇具实力的出海企业。他们有些已经在当地深耕多年，有些同时运营着十几款矩阵生态产品，不但是慷慨的流量采买者，也可以成为优质的流量提供者。前海像样的重要获客方式正是优质客户群体的裂变，每渗透一个当地市场，便由当地的资源介绍资源，形成"滚雪球"一般的带动效应。此外，前海像样每年会在全球参与三到四场的大型营销展会，同时在当地的头部媒体上投放广告，兼顾线上与线下的品牌推广。

历经四年的沉淀与积累，前海像样不仅成功融入当地互联网生态，而且与布局非洲市场的全球移动互联网巨头在短视频、音乐、阅读、金融等诸多领域达成深度战略合作，这使得前海像样成为业内出海非洲的"首选"。

四、未来：放眼世界，乘风破浪

从当初孤独地远赴非洲"淘金"，到现在与越来越多的中国出海企业同行，前海像样的"朋友圈"和业务版图不断丰盈，却也面临着更多的变化与挑战。虽然暂时还没有感受到来自竞争对手的威胁，但随着非洲市场的蛋糕越做越大，新玩家的加入以及本土竞争者的崛起几乎不可避免。如何在这股潮流中独树一帜，保持差异化的竞争优势，也许是前海像样从现在开始需要思考的问题。

作为坚守品牌和产品出入海口的全案数字营销方案解决商，以新兴市场为起点，前海像样进一步放眼全球移动互联网，以 48% 的欧美日韩主流市场和 52% 的新兴市场的基本格局覆盖全球。在非洲大陆之外，前海像样相继布局菲律宾、越南等东南亚市场以及澳洲市场。目前，前海像样的主要盈利点一方面在于为出海开发者提供全案营销解决方案；另一方面在于智能匹配供需双方的广告交易平台，所服务的主要是游戏、短视频领域的轻型产品。而随着服务能力与商业资源的拓展，前海像样将逐步实现商业模式的迭代，深度参与金融、电商等复杂项目在海外新兴市场的研发与落地，覆盖价值链的上游环节。

未来几年，前海像样计划把战略重心放在海外团队的建设以及新兴市场电商领域的拓展上。但鉴于新兴市场的实体与网络基础设施发展相对滞后，国内的电商模式并不能完全套用，有待在实践中落地、迭代；并且电商并不像游戏、娱乐产品一样短时间内就能取得成效与收益，而是需要更多的企业共建生态和更多的耐心静待花开。除此之外，对于前海像样和其他出海企业而言，东道国的政策环境和当下的国际市场环境也存在很大的不确定性。

特别是 2020 年初以来，受疫情冲击，全球和"一带一路"沿线国家的经济发展受到重创，基础建设停滞，消费需求萎缩。这样的市场环境给中国互联网出海企业的发展笼罩上一层阴霾，但也带来了潜在的市场与政策机遇。疫情期间，许多防疫物资通过跨境电商渠道得到有效串联，规模呈现爆发式增长。与此同时，中国政府持续推进"数字丝绸之路"① 建设，鼓励中国企业同沿线国家特别是发展中国家在网络基础设施建设、数字经济、网络安全等方面开展合作。这给王立和团队打上了一针"强心剂"：出海营销行业仍然具备政策红利与发展前景。真正摆在前海像样面前的考题是：如何乘着"数字丝绸之路"的浪潮，更好地融入新兴市场的商业生态，升级至营销价值链的上游环节？

---

① 新华社. 习近平出席第二届'一带一路'国际合作高峰论坛开幕式并发表主旨演讲［EB/OL］. 中国政府网, http://www.gov.cn/xinwen/2019 – 04/26/content_5386560. htm, 2019 – 04 – 26.

附录

附录7-1 全球区域市场网络覆盖差异一览

区域	网络普及率（%）（2019年）	预计网络普及率（%）（2025年）	智能手机普及率（%）（2019年）	预计智能手机普及率（%）（2025年）
亚太地区	60	65	64	81
欧洲地区	86	87	76	83
独联体地区	81	82	62	77
北美地区	83	85	83	91
拉丁美洲地区	68	73	69	79
撒哈拉以南非洲地区	45	50	45	67
中亚与北非地区	64	68	57	74

资料来源：《2020中国互联网企业出海白皮书》。

附录7-2 前海像样团队服务流程示意

技术团队 5人
· HuntMobi账户管理系统
· HuntMobi数据分析系统
· HuntMobi ADX变现系统

平面组12人 视频组8人

商务团队 5人 ----→ 客户 资料输送 运营团队 15人 资料输送 设计团队 20人 资料输送 优化团队 20人

投放前：
· 确认客户需求
· 匹配定制服务

· 风险评估
· 政策把控
· 资料收集

投放后：
· 数据反馈
· 目标沟通
· 日常对接

· 投放方案
· 头部媒体开户

· 产品学习
· 受众视觉喜欢分析
· 定制化创意

· 产品学习
· 受众分析与挖掘
· 设定投放周期与目标

· 投放测试
· 24×7数据监控
· 投放优化

降低CPI/CPA
提升CVR/CTR/ROI

· 高质量安装用户
· 丰富客户服务经验
· 24×7不间断客户服务

资料来源：前海像样公司。

附录 7 - 3　前海像样业务矩阵

业务板块	具体内容
海外营销投放服务	全媒体流量采购服务；全案移动营销服务；头部媒体绿色开户通道；头部媒体政策解析；全媒体品牌运营与投放优化；社交媒体营销服务
内容资源服务	KOL* 对接；内容运营；内容制作；内容发布
中台服务	投放数据建模；智能匹配引擎；竞价排名优化
变现服务	HuntMobi 程序化广告交易平台；Google AdSense 系统应用

资料来源：前海像样公司。

　*　KOL 是 Key Opinion Leader 的简称，译为关键意见领袖，指拥有更多、更准确的产品信息，且为相关群体所接受或信任，并对该群体的购买行为有较大影响力的人。

教学笔记

一、教学目的与用途

1. 教学用途

本案例主要适用于工商管理硕士（MBA）和高级管理人员工商管理硕士（EMBA）《国际商务管理》《国际市场营销学》等课程的教学。

2. 教学目的

通过案例本身和课堂问题的展开，引导学生：

（1）识别企业竞争态势与国际营销环境；

（2）进行国际营销市场调研，掌握企业跨国经营区位选择的决策框架；

（3）归纳国际营销活动中的文化影响，在此基础上制定国际营销战略规划和配套的执行措施；

（4）结合案例思考中国出海企业如何在"人类命运共同体"理念和"一带一路"倡议的指导下开展国际营销活动，融入当地商业生态，参与目的地产业培育。

二、启发思考题

1. 前海像样为什么选择从事出海营销？在当时，它面临怎样的竞争态势与国际市场营销环境?

2. 前海像样如何对国际营销市场开展调研? 为什么最终选择将非洲作为国际市场的切入点?

3. 在开展国际营销活动的过程中，前海像样遭遇了哪些跨文化管理难题? 采取了怎样的战略举措?

4. 基于"人类命运共同体"理念与"一带一路"倡议，分析前海像样如何更好地融入新兴市场的商业生态?

三、分析思路

本案例通过启发思考问题帮助学生加深对国际管理、跨文化管理相关知识的理解，并通过拓展问题引导学生进行深度思考。教师在使用案例教学的过程中可参考图 7 - 1 的思路，根据教学实际进行调整。具体思路如下（见图 7 - 1）：

1. 要求学生仔细阅读案例，自主运用 SWOT 模型，分别从优势、劣势、机会、威胁四个角度分析企业开展国际市场营销活动面临的内外部环境。

2. 要求学生对国际营销市场环境的调研结果进行归纳，找出影响跨国企业经营区位选择的因素，分别从东道国环境、母国环境和企业自身三个维度对前海像样跨国经营选择非洲市场的原因进行剖析。

3. 归纳国际营销活动中的文化影响，在此基础上制定国际营销战略规划和配套的执行措施，使学生了解跨文化管理问题形成的原因和表现，能够识别与概括案例中出现的跨文化管理问题，从而理解跨国企业实施本地化营销战略的目的和意义。

4. 明确主人公的决策条件与决策情境，引导学生结合相关知识与案例信息，思考中国跨国企业如何融入当地商业生态，参与目的地产业培育，将"人类命运共同体"理念和"一带一路"倡议应用到管理实践之中。

案例问题	理论知识点	教学目标
前海像样为什么选择从事出海营销？在当时，它面临怎样的竞争态势与国际市场营销环境？	国际营销环境识别	充分分析企业内外部环境，理解其开拓海外市场的动机
前海像样如何对国际营销市场开展调研？为什么最终选择将非洲作为国际市场的切入点？	国际营销市场调研	掌握企业跨国经营区位选择的决策框架
在开展国际营销活动的过程中，前海像样遭遇了哪些跨文化管理难题？采取了怎样的战略举措？	国际营销战略规划与执行	归纳并理解国际营销中的文化问题，进而理解本地化营销战略
基于党的共同发展理论与"一带一路"倡议精神，分析前海像样如何更好地融入新兴市场的商业生态？	"人类命运共同体"价值观和"一带一路"合作倡议	思考如何在党的理论指导下融入海外商业生态，推动产业培育

图 7 - 1　案例分析思路

四、理论依据与分析

1. 前海像样为什么选择从事出海营销？在当时，它面临怎样的竞争态势与国际市场营销环境？

【理论依据】

国际市场营销环境包括国际市场营销宏观环境和微观环境。宏观环境是指企业在从事国际营销活动中企业难以控制也较难影响的营销大环境；微观环境是企业在不同目标市场进行营销活动中企业所构建的处于不同国家和不同地域的分支机构的组织结构，以及与当地社会文化特征相结合的企业文化特征等环境。SWOT 分析模型是用于识别国际市场营销环境的基本工具之一。

SWOT 分析模型，又称态势分析法，是可以对企业内外部环境进行综合概括的管理决策工具。学生可借助 SWOT 框架对企业内部的优势（Strengths）与劣势（Weakness）、外部的机会（Opportunities）与威胁（Threats）进行分析，从而为开拓海外市场的决策提供依据。

【案例分析】

教师应首先向学生介绍对国际营销环境进行识别的意义、工具与相关准则。学生可自主选择使用 SWOT 模型、PEST 模型等工具，以下以 SWOT 模型为例对前海像样面临的竞争态势与国际市场营销环境进行分析。

优势（Strengths）

（1）主创团队具备多年的移动互联网从业与管理经验，在上一次创业中已经组建起技术成熟、分工协作的专业团队。

（2）原有的移动游戏出海发行业务与海外广告变现业务高度契合，积累了丰富的手机厂商资源，有利于快速实现与广告商、渠道商和开发者的链接。

劣势（Weakness）

（1）作为一家中小规模的创业企业，面对国内移动互联网行业众多实力雄厚的入局者，没有足够的能力建立起很强的竞争壁垒。

（2）2016 年才正式出海的前海像样，并非中国互联网出海的引领者，与先行布局欧美、东南亚等海外市场的企业相比缺少经验与资源。

机会（Opportunities）

（1）新兴的海外互联网市场正在蓬勃发展，蕴含着巨大的人口红利与增长潜力；当地创业者的认知、资源与技术还存在差距，提供了降维竞争的机遇。

（2）"一带一路"倡议的实施，以及政府对互联网企业"抱团出海"的鼓励，推动了众多中国互联网出海企业的涌现，为前海像样提供了丰富的客户与合作资源。

威胁（Threats）

（1）经过了连续多年的快速市场增长，国内的互联网人口红利存量渐趋饱和；腾讯、网易等实力雄厚的巨头入局，使得国内的互联网行业竞争加剧。

（2）国内互联网人口红利的增量日益减少，主要体现在移动智能终端的增速明显放缓，这意味着移动游戏市场很难再迎来初期的爆发式增长。

通过对内外部竞争环境的识别与分析，前海像样决定实施最理想的 SO（优势—机会组合）战略，充分发挥内在的团队、资源与认知优势，同时积极抓住新兴市场互联网蓬勃发展的机遇，实现从国内移动游戏开发商到全球出海企业营销服务商的转型。

2. 前海像样如何对国际营销市场开展调研？为什么最终选择将非洲作为国

际市场的切入点？

【理论依据】

国际市场营销调研是指企业运用科学的方法，有目的地、系统地搜集、记录一切与国际市场营销活动相关的信息，对所收集到的信息进行整理分析，从而把握目标市场的变化规律，为国际市场上的营销决策提供可靠的依据。

国际市场营销调研的内容主要包括两部分：一是对东道国的环境进行调研，二是对东道国的消费者市场进行调研。其意义在于：（1）有助于企业发现国际营销机会；（2）为企业制定国际营销决策提供依据；（3）国际市场调研能够及时反映国际市场的变化；（4）有助于企业分析和预测国际市场未来的发展趋势，从而掌握国际市场营销活动的规律。

【案例分析】

企业跨国经营的区位选择主要受到东道国环境因素、母国环境因素和企业自身因素三个方面的影响，而这也是国际市场营销调研的重要内容。教师可引导学生可从这三个方面对前海像样的国际市场营销调研情况进行总结，并从中得出前海像样选择非洲市场的原因。

东道国环境因素

企业跨国经营的目的可划分为三大类型：资源寻求型、市场寻求型以及技术与管理经验寻求型。不同的类型对于东道国的区位环境有着不同的诉求。前海像样出海正是看中了海外新兴的互联网市场，因此属于市场寻求型。市场寻求型企业在区位选择中主要考虑的因素包括市场规模、市场竞争程度与贸易壁垒。以下从这三个维度将当时的非洲市场、欧美市场和东南亚市场的情况进行简单的对比分析（见表7-1：东道国市场环境分析）。

表7-1　　　　　　　　　　东道国市场环境因素分析

	欧美市场	东南亚市场	非洲市场
市场规模	市场的成熟度高但增长乏力，用户价值高、付费能力与意愿相对较强	拥有较大比例的年轻人口，蕴藏着巨大的互联网人口红利	人口基数大、结构年轻化，头部区域的经济增速动能强劲
市场竞争程度	市场中存在众多互联网巨头与优秀的成熟开发者，以及潜在竞争者	由于地缘和文化的接近，吸引众多中国出海企业，竞争激烈	出海企业较少，属于蓝海市场；短期内本土开发者没有显著威胁

续表

	欧美市场	东南亚市场	非洲市场
贸易壁垒	资质与安全审查较为严格，企业进入的壁垒较高	新兴市场的贸易壁垒较欧美市场偏低	"一带一路"倡议的实施使贸易壁垒相对较低，但对合规性的要求较高

母国环境因素

母国的宏观经济发展情况对企业的区位选择有较大影响。一般而言，母国的经济规模越大，发展水平越高，制度建设越健全，该国企业跨国经营的区位选择越自由，且分布范围更广。初期，由于出海企业的国际竞争力和管理能力较低，跨国经营多遵循"就近原则"，在周边地区进行投资或经济往来。后期，随着母国经济发展水平的提高，企业会根据自己的比较优势有选择地对经济发展水平更高或地缘距离更远的市场进行投资。中国作为世界第二大经济体，经济仍在中高速增长，且中国互联网企业的国际竞争力逐渐提升，为互联网企业出海发达国家市场和地缘更远市场提供更强劲的动能。

企业自身因素

影响区位选择的企业自身因素主要包括企业的战略目标、竞争优势与规模。前海像样的战略目标属于市场寻求型，而非洲丰富的互联网人口红利、较少的竞争对手为其提供了一块机遇明朗的蓝海市场。在竞争优势方面，在国内深耕移动互联网多年的前海像样具备较为成熟的团队、技术和丰富的营销资源，在非洲市场具备降维竞争优势。前海像样作为中小型企业，相比大型企业而言，抗拒风险的能力更弱，在区位上的选择余地较小，深耕欧美市场和东南亚市场的资源能力不足。

综上，非洲市场的环境因素与母国环境因素以及企业自身的战略、资源、能力最为匹配，适合作为前海像样进入国际市场的切入点。

3. 在开展国际营销活动的过程中，前海像样遭遇了哪些跨文化管理难题?采取了怎样的战略举措?

【理论依据】

霍夫斯塔德文化维度理论与跨文化管理

霍夫斯塔德文化维度理论（Hofstede's cultural dimensions theory）是荷兰心理学家吉尔特·霍夫斯塔德提出的用来衡量不同国家文化差异的一个框架。他认为文化是在一个环境下人们共同拥有的心理程序，能将一群人与其他人区分开来。通过研究，他将不同文化间的差异归纳为六个基本的价值观维度：

（1）权力距离（Power Distance）：指某一社会中地位低的人对于权力在社会或组织中不平等分配的接受程度。

（2）不确定性规避（Uncertainty Avoidance）：指一个社会受到不确定的事件和非常规的环境威胁时是否通过正式的渠道来避免和控制不确定性。

（3）个人主义/集体主义（Individualism versus Collectivism）：是衡量某一社会总体是关注个人的利益还是关注集体的利益。

（4）男性化与女性化（Masculinity versus Femininity）：主要看某一社会代表男性的品质如竞争性、独断性更多，还是代表女性的品质如谦虚、关爱他人更多，以及对男性和女性职能的界定。

（5）长期取向与短期取向（Long – term versus Short – term）：指的是某一文化中的成员对延迟其物质、情感、社会需求的满足所能接受的程度。

（6）自身放纵与约束（Indulgence versus Restraint）：指的是某一社会对人基本需求与享受生活享乐欲望的允许程度。

所谓跨文化管理，实质上是对与企业有关的不同文化群体在交互作用过程中出现的矛盾和冲突进行管理。其中心任务是解决文化冲突。文化冲突，是指不同形态的文化之间相互排斥相互对立的过程，既包含跨国企业母国与东道国间由于文化观念不同产生的冲突，也包含同一个企业内部不同文化背景的员工之间的冲突。导致文化冲突的原因包括种族优越感、以自我为中心的管理模式以及语言、思维方式、沟通方式、宗教信仰和风俗习惯的不同等。

国际市场营销战略规划

所谓国际市场营销战略规划，是指企业根据国际市场环境与企业自身条件而制定的既能实现既定目标、又能系统管理的营销行动方案。

随着经济全球化的发展，跨国公司之间的竞争日益激烈，使得它们不仅要与当地的公司抢占市场份额，而且还要与同在一国市场的其他国竞争对手竞争市场。因此，谁更了解目标市场，谁更熟悉东道国的文化习俗，谁就能够在激烈的市场竞争中领先。从市场营销的产品差异细分市场、个性化营销方面来看，为了迎合不同社会和文化对产品的不同需求，企业必须研究当地社会和文化，开拓当地市场所需的产品。

　　跨国公司的入乡随俗实际上是一种趋于本土化的营销战略。跨国公司之所以能成为跨国公司，其背后肯定有特色的产品或服务做支撑，而这些特色绝对体现了母国特色。而它们在外国的分支机构必须在保持这种母国特色的基础上根据分支机构所在国的地理、人文状况做适当的调整。否则，很难在当地立足和发展，这是因为分支机构面对的消费者有别于母国的消费者。

　　本土化营销战略，就是指一些跨国经营的企业、公司为了在所在国或所在地区获得最大化的市场利益，充分满足目标市场国的市场需求，适应本地区的文化，利用本地区经营人才和经营组织生产、销售适应特定地域的产品和服务，而实行的一系列生产、经营、决策的总和。简而言之，就是企业要想融入目标市场、努力成为目标市场中的一员所采取的一种营销策略。

【案例分析】

国际市场营销中的文化冲突

　　首先，跨文化管理难题来自与客户、合作伙伴的思维和工作习惯的不同。在国内，各个环节都需要并且可以频繁地修改条款，以适应客户需求或是市场环境的变化；而在非洲，往往是先有合约再有一切，人们始终围绕合约中商定的内容去思考解决方案，持着"合约大于一切"的观念。此外，非洲市场对于商业行为是否合乎法律法规的细节也更为重视。由于缺少心理预期，这样的差异在初期给双方的合作制造了一些障碍和波折。

　　其次，在内部管理中，前海像样也遭遇了由宗教习俗、职场文化、消费观念的差异所导致的跨文化冲击。如何在尊重员工宗教信仰的同时正常开展工作，便是在国内极少碰到的"新议题"之一，工作安排也要为宗教习俗让步。此外，非洲职场中没有国内盛行的"加班文化"，即使时间紧、任务重，一般也仅仅利用上班时间处理；员工超前消费、需要借钱的现象也是国内很少发生的。新状况的出现，对前海像样管理观念的更新、管理手段的优化发出召唤。

　　最后，在广告的设计与发行中，前海像样也面临着语言、用户习惯、流行文化、传统习俗等的差异所导致的跨文化挑战。非洲地区国家的官方语言多为英语和法语，使用阿拉伯语、斯瓦希里语等小语种的国家也很多，而许多当地民众使用夹杂非洲原始语言的"方言"，为内容创作和交流沟通制造了额外的成本。除了语言问题，了解、顾及和迎合当地的社会禁忌、宗教信仰、传统习俗、流行文化等，对于缺少当地生活经验和社会阅历的外来团队来说十分困难。

营销战略规划与执行

本地化战略，指跨国企业在国际生产和经营活动中，为迅速适应东道国的经济、文化、政治环境，淡化企业的母国色彩，在人员、资金、产品、技术开发等方面力求本地化，成为地道的当地公司的战略。本土化策略强调企业要适应环境，以获得更大的发展空间。其一方面有利于跨国企业更好地满足当地消费者的需要，节省海外派遣和跨国管理的高昂费用，与当地社会文化融合，减少当地社会对外来资本的危机情绪；另一方面有利于促进东道国的经济安全、就业和管理变革，进一步与国际市场接轨。

本地化战略，尤其是人才本地化战略，帮助前海像样化解了跨文化管理的难题。前海像样在当地组建了本地化的执行团队，雇用当地员工和管理人才。本地化的执行团队，既规避了由文化差异和认知局限带来的内外部摩擦，降低了人力与管理成本；又有利于克服在东道国的经营障碍，更易获得当地合作伙伴、客户与员工的信任与青睐。

人才本地化，助推了产品本地化的实现。因为本地员工更加了解当地的社会规则与民众生活，使广告的传达更具有适应性与针对性。具体体现在，本地化的专业人才既可以提供恰当的原始文字与图片素材，参与广告内容与形式的设计，也可以在广告发布之前充当"把关人"的角色，以确保广告内容不触犯禁忌并契合当地用户偏好。

4. 基于"人类命运共同体"理念与"一带一路"倡议，分析前海像样如何更好地融入新兴市场的商业生态？

【理论依据】

"人类命运共同体"理念

早在 2012 年，党的十八大便明确指出，"要倡导人类命运共同体意识，在追求本国利益时兼顾他国合理关切"。2017 年 1 月 18 日，习近平主席在联合国日内瓦总部发表题为《共同构建人类命运共同体》的主旨演讲，从伙伴关系、安全格局、经济发展、文明交流、生态建设五个方面提出了国际社会构建人类命运共同体的理念纲领：

（1）伙伴关系：坚持对话协商，建设一个持久和平的世界。国家之间要构建对话不对抗、结伴不结盟的新型伙伴关系。大国要尊重彼此核心利益和重大关切，管控矛盾分歧。要秉持和平、主权、普惠、共治原则，把深海、极地、外空、互联网等领域打造成各方合作的新疆域，而不是相互博弈的竞技场。

（2）安全格局：坚持共建共享，建设一个普遍安全的世界。各方应该树立共同、综合、合作、可持续的安全观。恐怖主义、难民危机等问题都同地缘冲突密切相关，化解冲突是根本之策。当事各方要通过协商谈判，其他各方应该积极劝和促谈，尊重联合国发挥斡旋主渠道作用。

（3）经济发展：坚持合作共赢，建设一个共同繁荣的世界。各国要抓住新一轮科技革命和产业变革的历史性机遇，转变经济发展方式，坚持创新驱动，进一步发展社会生产力、释放社会创造力。要维护世界贸易组织规则，支持开放、透明、包容、非歧视性的多边贸易体制，构建开放型世界经济。

（4）文明交流：坚持交流互鉴，建设一个开放包容的世界。文明差异不应该成为世界冲突的根源，而应该成为人类文明进步的动力。每种文明都有其独特魅力和深厚底蕴，都是人类的精神瑰宝。不同文明要取长补短、共同进步，让文明交流互鉴成为推动人类社会进步的动力、维护世界和平的纽带。

（5）生态建设：坚持绿色低碳，建设一个清洁美丽的世界。绿水青山就是金山银山。我们应该遵循天人合一、道法自然的理念，寻求永续发展之路。我们要倡导绿色、低碳、循环、可持续的生产生活方式，平衡推进2030年可持续发展议程，不断开拓生产发展、生活富裕、生态良好的文明发展道路①。

"一带一路"倡议

"一带一路"（The Belt and Road，B&R）是"丝绸之路经济带"和"21世纪海上丝绸之路"的简称，2013年9月和10月由中国国家主席习近平分别提出建设"新丝绸之路经济带"和"21世纪海上丝绸之路"的合作倡议。

依靠中国与有关国家既有的双多边机制，借助既有的、行之有效的区域合作平台，"一带一路"倡议旨在借用古代丝绸之路的历史符号，高举和平发展的旗帜，积极发展与沿线国家的经济合作伙伴关系，共同打造政治互信、经济融合、文化包容的利益共同体、命运共同体和责任共同体。截至2021年1月30日，中国与171个国家和国际组织，签署了205份共建"一带一路"合作文件。

"一带一路"倡议秉承共商、共享、共建原则，具体内容如下：

---

① 《求是》杂志．习近平：共同构建人类命运共同体［EB/OL］．中国政府网，http://www.gov.cn/xinwen/2021-01/01/content_5576082.htm，2021-01-01.

（1）恪守联合国宪章的宗旨和原则。遵守和平共处五项原则，即尊重各国主权和领土完整、互不侵犯、互不干涉内政、和平共处、平等互利。

（2）坚持开放合作。"一带一路"相关的国家基于但不限于古代丝绸之路的范围，各国和国际、地区组织均可参与，让共建成果惠及更广泛的区域。

（3）坚持和谐包容。倡导文明宽容，尊重各国发展道路和模式的选择，加强不同文明之间的对话，求同存异、兼容并蓄、和平共处、共生共荣。

（4）坚持市场运作。遵循市场规律和国际通行规则，充分发挥市场在资源配置中的决定性作用和各类企业的主体作用，同时发挥好政府的作用。

（5）坚持互利共赢。兼顾各方利益和关切，寻求利益契合点和合作最大公约数，体现各方智慧和创意，各施所长，各尽所能，把各方优势和潜力充分发挥出来[①]。

2020年，突如其来的新冠肺炎疫情给各国人民生命安全和身体健康带来严重威胁，对世界经济造成严重冲击。在此背景下，坚持以"一带一路"高质量发展推动构建人类命运共同体，具有深刻的时代价值与现实意义。

【案例分析】

本题为开放性问题，学生应以"人类命运共同体"理念和"一带一路"倡议为指导，结合案例情境、实践经验与相关领域知识，从多角度认识与思考问题。以下给出一些可供参考的具体方案：

可能的回答一：动态审视内外部竞争环境。企业的创立与发展是不断遇到阻力并突破障碍的过程，推动企业突破现阶段障碍的动力会演变成阻碍企业进一步成长的障碍。在后疫情时期，前海像样应动态识别外部宏观环境尤其是东道国市场政策的变化，同时兼顾自身的资源能力，适时调整企业的产品与市场战略。

可能的回答二：严格遵守当地法律法规与平台政策，尊重当地文化习俗。前海像样在布局全球市场的过程中，应始终坚持恪守当地法律法规，密切关注与合理规避政策风险；吸取非洲市场的本地化经验，因地制宜，适应并融入当地的经济、社会与文化环境，加强本地化团队的建设与管理。

---

① 新华社．授权发布：推动共建丝绸之路经济带和21世纪海上丝绸之路的愿景与行动［EB/OL］．新华网，http://www.xinhuanet.com/world/2015-03/28/c_1114793986.htm，2015-03-28.

可能的回答三：共建全球和当地商业生态，与中国企业"抱团出海"。作为一家出海营销服务企业，应当以全球视野链接全球商业资源，有效利用中国互联网出海热潮带来的集群效应，提升市场占有率与影响力；同时，深度融入商业生态链可以在一定程度上避免恶性竞争，增强抗风险能力。

五、关键要点

1. 国际营销环境识别
2. 国际营销市场调研
3. 霍夫斯塔德文化维度理论
4. 跨国企业本地化营销战略
5. "人类命运共同体"理念与"一带一路"倡议内涵

六、建议的课堂计划

本案例可作为专门的案例讨论课开展，案例教学时间建议为 2 课时（80 ~ 90 分钟）。具体的课堂教学计划如下所示，仅供参考。

	内容	时间	备注
课前计划	在课前通知学生阅读案例及教材相关章节，并就启发问题进行思考和资料收集	提前 1 周	教师在提供案例的同时，向学生提出相关思考问题，并引导学生搜集相关资料
课中计划	明确课程时间安排，向学生阐述案例讨论相关要求	2 ~ 5 分钟	结合专业背景与管理经验进行分组，以便案例研讨更为深入。在小组讨论和展示的过程中，教师应当注意课程时间的把控
	按照班级人数分成若干小组，各小组针对案例内容讨论，形成小组观点	30 分钟	
	各组将讨论成果向全班展示	30 分钟	
	教师总结各小组发言，结合理论对相关知识进行系统梳理	10 - 15 分钟	
课后计划	利用课后时间通过互联网等多种途径进一步搜集案例相关资料，加深对理论知识的体会。在课堂讨论的基础上，整理完成启发思考题	/	可布置相关主题的课程论文或相关企业的分析报告

七、案例研究方法说明

本案例为现场案例，由作者采编的一手资料撰写而成。案例作者分别于 2019 年的 11 月 28 日和 12 月 24 日进入企业收集数据，和前海像样总经理王立进行对话访谈。同时，在案例的撰写过程中，总经理王立和团队成员积极配合，多次提供补充信息。案例中涉及的人物心理、对话和情节均为受访者提供。

八、相关阅读材料

1. 陈凌宇，魏立群. 跨国公司人力资源本地化策略［J］. 中国人力资源开发，2003（5）：58 – 60.

2. 乔宇. 中国互联网品牌国际化的劣势与机遇［J］. 华东经济管理，2016（6）：47 – 53.

3. Smith，Peter Bevington.，Mark F. Peterson，and David C. Thomas. *The Handbook of Cross-cultural Management Research*［M］. Los Angeles：Sage（2008）.

4. Frank Horwitz. International HRM in South African multinational companies ［J］. *Journal of International Management*. 23，no. 2（2017）：208 – 222.

5. Soares，A. M.，Farhangmehr，M.，& Shoham，A. Hofstede's dimensions of culture in international marketing studies ［J］. *Journal of Business Research*，60，no. 3（2007）：277 – 284.

案例八 极臻智能践行"两山"理论的冲突与抉择①

案例正文

【摘　要】　"绿水青山就是金山银山"②，可持续发展理念随着"两山"理论的提出逐渐深入人心并得以践行。广州市极臻智能科技有限公司，就是这样一家充分践行"两山"理论的公司。该公司在"两山"理论的指引下，经历了三个阶段的冲突与抉择过程。阶段 I：模糊的企业家使命确立过程——极臻智能创始人郑子杰确立献技祖国可持续发展的企业家使命；阶段 II：智能无人船登陆水产养殖业的抉择；阶段 III：经济效益和生态效益难以相谐的抉择。该公司在三个场景都有激烈的冲突和抉择，但最终还是克服困难、充分践行了"两山"理论并取得成效。案例深刻揭示了极臻智能在"两山"理论指引下，历经重重困境，实现生态环境保护、养殖业产业发展与企业自身平台提升的良性互动的历程，以期为我国企业探索"绿水青山就是金山银山"的转化路径和方法提供借鉴。

【关键词】　"两山"理论；水产养殖业；企业家使命；企业社会责任；创新

---

① 本案例由华南理工大学工商管理学院的王红丽、李天骄、宁琪撰写，作者拥有著作权中的署名权、修改权、改编权。本案例授权陈瑞球亚太案例开发与研究中心使用，陈瑞球亚太案例开发与研究中心享有复制权、修改权、发表权、发行权、信息网络传播权、改编权、汇编权和翻译权。由于企业保密的要求，在本案例中对有关名称、数据等做了必要的掩饰性处理。本案例只供课堂讨论之用，并无意暗示或说明某种管理行为是否有效。

② 2013 年 9 月 7 日，习近平在哈萨克斯坦纳扎尔巴耶夫大学的演讲。

一、引言

在我国社会经济的发展历程中，如何处理经济发展与生态环境之间的关系，经历了漫长而曲折的探索过程。从最初走"先发展、后治理"的粗放道路，造成了不可挽回的环境破坏；到之后有人提出"保护环境比发展经济更重要"的偏颇观点；再到2005年时任浙江省委书记的习近平同志提出"绿水青山就是金山银山"的科学论断①。这个过程体现了党和人民对于有机统一生态效益和经济效益的思考。

2018年3月第十三届全国人大一次会议决定：将生态文明写入宪法，生态文明建设逐渐成为国家发展的主旋律②。企业在参与国家经济建设的同时，应当积极履行企业社会责任，献力生态文明建设。"两山"理论作为将生态效益和经济效益有机统一的超前理念，是企业参与生态文明建设的灯塔。企业应当把"两山"理论融入日常经营发展活动，将理论旗帜转化为行动纲领，实现经济效益、生态效益及社会效应的有机统一。如何实现这个过程？如何在不牺牲企业经济效益的同时践行"两山"理论？企业家是否也会经历一系列冲突和抉择？这些问题却少有案例进行说明。本案例记载了校园孵化企业——极臻智能（广州市极臻智能科技有限公司）在水产养殖科技产品开发过程中，拥抱"两山"理论指引，形成企业使命，经历冲突与抉择，最终获得更广阔的发展平台的经历，为后续企业提供了经验借鉴。

二、未来已来："两山"理论指引渔业发展新形势

我国水产养殖历史悠久。在《诗经》中便有"南有嘉鱼，烝然罩之。君子有酒，嘉宾式燕以乐"的记载，生动展示出我国春秋时期渔业的萌芽。近年来，在"两山"理论的指引下，渔业迎来了发展新形势。

1. "两山"理论指引发展生态经济新理念

2017年初，在联合国日内瓦总部，习近平总书记向全世界发出"中国声音"："绿水青山就是金山银山。我们应该遵循天人合一、道法自然的理念，寻

---

① 时任浙江省委书记习近平于2005年8月在浙江湖州安吉考察时提出的科学论断。
② 2018年3月11日第十三届全国人民代表大会第一次会议通过的《中华人民共和国宪法修正案》。

求永续发展之路。"①"两山"理论是回应当代实践问题的思想成果,顺应了人民群众对美好生活的期盼、适应了新时代社会主要矛盾的转化、回应了生态环境恶化的现实性问题,体现了高度的历史自觉性、现实紧迫性、时代前瞻性,将指引新时代生态经济建设取得更大成就。

2. 智慧渔业成为新目标

近年来,国务院及各相关部委屡次发布各项指导文件,层层深入对于智慧农业、智慧渔业以及水产养殖业绿色发展的理论指导。

2016 年 12 月 31 日,国务院 2017 年中央文件指出,17. 加强农业科技研发;18. 强化农业科技推广;19. 完善农业科技创新激励机制;20. 提升农业科技园区建设水平;21. 开发农村人力资源②。2018 年 1 月 2 日,国务院 2018 年中央文件继续提到,优化农业从业者结构,加快建设知识型、技能型、创新型农业经营者队伍,大力发展数字农业,实施智慧农业林业水利工程,推进物联网试验示范和遥感技术应用③。这些中央文件将智慧农业的建设提升到国家策略方针的高度。

2019 年 2 月 15 日,经国务院同意,相关部委联合印发了《关于加快推进水产养殖业绿色发展的若干意见》④,这是当前和今后一个时期指导我国水产养殖业绿色发展的纲领性文件。意见中强调,落实绿色发展,加强科学布局,发挥科学技术在水产养殖产业转型升级中的关键作用是水产养殖业的当务之急。

3. 我国传统水产养殖业行业现状

全球范围内水产品的需求量逐年上升。水产养殖逐渐取代了水产捕捞,成为全球水产增量主要来源。从 1950 年的 58 万吨到 2017 年的 11200 万吨,全球水产养殖总量的年均增速在 5% 以上。根据预测,到 2030 年,全球水产养殖总量将超过捕捞总量。

---

① 2017 年 1 月 18 日,习近平在瑞士日内瓦万出席"共商共筑人类命运共同体"高级别会议所发表题为《共同构建人类命运共同体》的主旨演讲。

② 节选自 2016 年 12 月 31 日,中共中央、国务院印发的《中共中央国务院关于深入推进农业供给侧结构性改革加快培育农业农村发展新动能的若干意见》。

③ 2018 年 1 月 2 日,中共中央、国务院印发的《中共中央国务院关于实施乡村振兴战略的意见》。

④ 2019 年 2 月 15 日,农业农村部、生态环境部、自然资源部、国家发展和改革委员会、财政部、科学技术部、工业和信息化部、商务部、国家市场监督管理总局、中国银行保险监督管理委员会共同印发的《关于加快推进水产养殖业绿色发展的若干意见》。

联合国粮食及农业组织数据显示，目前全球水产养殖总量的 92% 来自亚洲，亚洲水产养殖总量的约 70% 来自中国（见图 8-1）。我国水产养殖产量已领跑全球。同时，我国也是世界上唯一养殖产量大于捕捞产量的国家。我国水产养殖行业在全球水产养殖中占据了半壁江山，更在我国水产经济中处于重要地位。

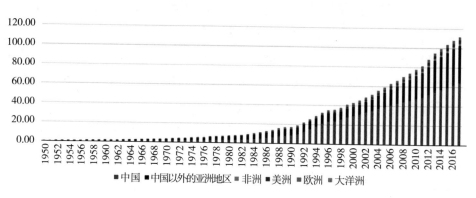

图 8-1　全球水产养殖产量分布

4. 我国传统水产养殖业面临三大痛点

然而，我国水产养殖业仍存在许多问题。中国科学院院士桂建芳在《水产养殖绿色发展现状和趋势》中总结道，当前水产养殖业存在三大问题：一是投喂不精准，营养浪费大；二是技术标准低、环境恶化重；三是入行门槛低、品质参差不齐。

（1）过度依赖人工养殖，成本压力大。经历两千多年的发展，水产养殖业仍未发生决定性的生产力革命，仍然以传统的人力养殖模式为主。

随着社会发展及城镇化、工业化的进行，农业人口不断流失，全球农业从业人数不断下降、从业年龄结构不断老龄化。近几年来，我国渔业从业人口数量不断下滑，年龄结构逐渐老龄化（见图 8-2），平均从业年龄逼近 55 岁[①]。反映到实际生产中，这带来了招工难、招熟练工更难的问题，导致水产养殖业人力成本居高不下。

---

① 刘景景，张静宜，袁航. 淡水鱼养殖成本收益调查与分析 [J]. 中国渔业经济，2017，35（01）：18-27.

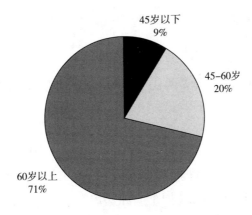

图 8 - 2　国内水产养殖户年龄结构示意图

（2）技术标准无法解决现实问题，环境压力重。水产养殖中的环境污染来源多种多样：盲目施肥、撒料，饲料、肥料沉积，使得鱼塘水体浑浊；不规范用药，导致水体内物质含量平衡被破坏；过高的养殖密度，造成水体营养被过分攫取。几乎所有的生产环节都有可能造成环境污染，使得我国水产养殖业污染治理效果较为不理想，给生态环境带来极大压力。

（3）养殖户缺乏养殖知识，品质压力大。近年来，经济的发展和人民群众生活水平的不断提高所带来的水产品消费结构的改变和水产品消费总量的提升，正在倒逼水产养殖业进行养殖品种和生产模式的升级，这对养殖户的学习能力提出了一定的要求。相关研究显示，国内水产养殖户平均受教育水平偏低（见图 8 - 3），仅有 6.25％ 的从业者拥有本科及以上的学

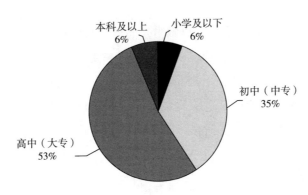

图 8 - 3　国内水产养殖户受教育程度结构示意图

历水平①。养殖户实际学习能力与品种升级所需要的学习能力之间的矛盾，导致最终的产品品质不足。

三、舍小取大：践行"两山"理论中的冲突与抉择

1. 极臻智能企业概况

极臻智能是一家以自主研发的自动控制、数字化网络传输及人工智能技术为核心技术的，国内领先的智能工业设备及解决方案提供商，是校园孵化企业中的佼佼者，主要员工均为在读博士。自2017年成立以来，极臻智能凭借其国内首创的雷达激光及智能巡检系统，开发出世界领先水平的电力巡检无人机。产品迅速占领了国内电力巡检无人机的市场，2020年销售额达4000万元。然而，极臻智能却不满足于此，其充沛的技术储备及优异的研发能力给予了公司多样化的可能性。凭借自身技术优势，极臻智能希望在其他市场领域内有所斩获。

在极臻智能进行多元化的过程中，先后经历了三个阶段的冲突、抉择和发展。首先是"两山"理论对极臻智能创始人、CEO郑子杰企业家使命的冲突和改变；接着是进入水产养殖业过程中产品设计理念的冲突与抉择；最后是企业经济效益与企业家使命的冲突与抉择。

2. 阶段Ⅰ：郑子杰企业家使命在"两山"理论冲击下的模糊建立

极臻智能创始人、CEO郑子杰给自己的标签是"完美主义的极客"。极臻智能对扩张的渴望，某种程度上来源于企业家对成功和完美的不断追求。聊到几年前的创业初期，郑子杰说道：

"最开始是发现自己在实验室里做出来的东西都挺有用的，不给别人用用可惜了，就开了这么一家公司。当时也没想着后来能做到怎么样，就是做好自己能做的事，把每一个步骤每一个产品都做到最好。公司慢慢大了起来，我就偶尔会想，我到底要把极臻做成怎么样的公司？我觉得我还是想把极臻越做越大的。我们几个一合计，认为是时候进军新大陆了。"

恰好，郑子杰和水产养殖业早就结缘：郑子杰的家乡湛江盛产泥鳅，几乎

---

① 刘景景，张静宜，袁航．淡水鱼养殖成本收益调查与分析［J］．中国渔业经济，2017，35（01）：18－27.

村村都有饲养泥鳅的池塘。郑子杰回忆道：

"自打我有记忆开始，村子里面就在养泥鳅，几乎家家户户都养。为了赚钱，每个人都要搞好几个鱼塘；每天要搬一两千斤饲料，从清晨忙到天黑，人吃饭的时间比鱼吃饭的时间还短。忙就算了，其实赚的也没多少钱，村子里还是穷。"

水产养殖业极低的自动化程度，代表着巨大的市场潜力。郑子杰认为，凭借水产养殖农机解决水产养殖业主要矛盾，极臻智能将获得第二个增长点，迈入新的发展阶段。这和郑子杰将极臻智能做大、做强的期望相符合。但是，"两山"理论的冲击改变了郑子杰的想法。

"2018年底的时候，一次偶然的机会，去婺源旅游，整个村子就是一个旅游风景区，环境非常好。一条小溪穿过整个村庄，很有情调。村头就贴着村规，说大家要一起保护村里的环境，不能像以前一样在小溪里洗衣服、涮拖把。当时非常好奇村民们是怎么产生这种觉悟的。直到后来，看到路边竖着的'两山'理论标语牌，绿水青山就是金山银山，才明白这些都是'两山'理论的实践。再想想我们自己老家村里，到处都是养鱼的腥臭味，外面来了人都不愿意进村，心里感触很大。以前经常听到'两山'理论，绿水青山就是金山银山，总是没法体会到这中间的含义。我的目标不应该仅仅是发展公司。我想解决（水产）养殖户的所面临的实际问题，为所有（水产）养殖的村庄迎回绿水青山。"

3. 阶段Ⅱ：智能无人船进入水产养殖业的两难抉择

伴随着"两山"理论的指引与对水产养殖业的责任感，2018年12月，极臻开始研发智能无人船。为了成功打入市场，极臻智能进行了一系列的调研与思考。极臻智能需要在两条路中进行选择：一条是瞄准养殖户经济问题，研发提高养殖户生产效率的无人农机；一条是聚焦养殖户生态问题，研发解决水产养殖污染的农机。

回忆产品研发的初期对于产品路径的抉择，极臻智能CEO郑子杰说：

"我们的市场很大。养殖户都是人力劳动的，全国养殖户几百万，有百分之一用我们的产品都是极大的市场了。如何让养殖户选择我们的产品呢？还是要有核心竞争力，要做的比其他人都好。我们公司的核心竞争力是什么？可能是我们在智能机器人上的视觉识别与控制算法，可能是我们快速研发的能力，但肯定不是处理污水。所以，虽然我想一步到位直接解决污染问题，为村庄重新迎回绿水青山，但我们做第一版产品的时候，我们还是要做有核心竞争力的无人农机，帮养殖户省钱。只有能帮养殖户省钱，我们的产品才能有市场、卖得出去。养殖户都非常淳朴，他们认为的好东西很简单：便宜、耐用、能省力。我们的产品设计思路肯定要围绕这几点来的。"

经过思考与抉择，极臻智能选择所有行业都绕不开的一座大山——成本问题，作为开拓市场的关键点，以期快速地占领市场。在水产养殖行业中，成本问题更是所有养殖户、养殖企业心中最在乎的一件事：降低成本就意味着提高利润。据水产养殖网数据显示，当前大部分品种的养殖活动中，成本还是以饲料成本为主，占到70%~80%的大头，人力成本在5%~10%之间不等（见图8-4）。

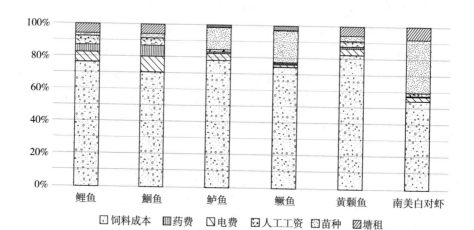

图8-4 部分种类水产养殖成本结构

为了拓展水产养殖农机市场，极臻智能研发的目标是对水产养殖业传统劳动模式进行颠覆，希望通过无人机械化养殖的新方式，降低水产养殖成本，提升水产养殖利润，协助水产养殖户创造经济价值。结合无人控制机械系统技术优势，极臻智能设计了以船形为基础的智能无人船系统。初版无人船包括船身、明轮、抛料和遥控；主打半自动功能，利用机械代替人工，免去重复性的工作，提高投喂的效率。整个船结构简单，成本低廉，操作简便，用App设置好任务后一键任务操作。和传统的人工投喂对比，节省成本明显（见表8-1）。

表 8-1 第一代无人船成本缩减效果

	人工投喂	无人船投喂
操作方式	手动划船和撒料	手机规划,自动作业
耗时(15 亩塘)	每次耗时约 60 分钟	每次耗时约 15 分钟
投喂效果	人工投喂不均匀	路径偏差 1 米,均匀投喂
成本	一年工人成本 8 万元~10 万元	无人船售价 1.5 万元

2019 年 6 月,极臻智能第一代无人船产品一经推出便在广东佛山的养殖户中激起了极大反响。2019 年内,第一代无人船(见图 8-5)通过让利销售方式,在广东佛山、江门、汕头,四川资阳等地区 50 余家个体养殖户和养殖基地内投入使用。

图 8-5 第一代无人船示意

随着无人船养殖系统迅速的市场扩张,极臻智能需要开始产品迭代,完成郑子杰解决水产养殖业环境问题的目标。

4. 阶段Ⅲ:经济效益和生态效益难以相谐中的抉择

2019 年 12 月底,极臻智能开始第二代智能无人船养殖系统的研发,以提升水产养殖业生态效益为主要目标。为此,极臻智能研发工程师前往客户现场,开始调研水产养殖业中的生态效益问题。很多人准备了一套专门的衣服用来出差:养殖现场的味道比较大,出差所穿的衣服经常洗完了还有味道。一段时间以后,极臻智能研发部门的人都对水产养殖行业所产生的污染有了新认识。

"其实我们一直都知道(水产)养殖户的地方很臭,但是一直都觉得这是因为鱼饲料的味道比较大，鱼腥味也很重。但是没想到这只是很小的一部分原因。"

与笔者谈到调研结果时，郑子杰表示，通过结果看到了很多水产养殖业生态上的问题和潜力。养殖户活动对生态环境的破坏主要集中在对水质的破坏上，养殖业内有一句话，七分养水，三分养鱼，水质的好坏对于养殖的收益影响是显著的。调研过程中，经常看到成片的鱼塘因污染而被荒废。污染之后，需要对水体进行撒药处理，当水体污染严重时，需要休渔7天以上时间；更严重时需要将水放干，重新翻晒塘。不仅会影响当季的养殖情况，更影响到了之后的养殖周期。

极臻智能无人船的设计目标是做到对污染的提早预防、尽早发现，将污染消灭在发生之前。为了达成设计目标，第二代无人船的设计从科学喂养和实时监测两条路径出发，对应污染的提早预防和尽早发现。为此，新一代无人船搭载了智能探鱼声呐，按照鱼苗分布情况以及科学养殖方案，通过精准定量投放饵料从源头上规避水体污染。同时，无人船还搭载了基于船载传感器的智能污染监测系统，革新了原有鱼塘监测手段，覆盖面积更大、更灵活，根据变化趋势提前预警，提升了污染监测效果。

新产品在试验中表现很好，然而却在试生产的过程中出现了新的问题。原来，由于增加了许多新的功能和模块，第二代无人船的制造工艺标准和成本都有了一定程度的上升。这导致第二代无人船不得不大幅提高定价：第一代无人船仅售1.5万元，而第二代无人船的价格却涨到3万元~5万元。由于养殖户对价格非常敏感，极臻智能内部也对第二代无人船的未来产生了争议。

最后还是郑子杰给事情拍了板。郑子杰根据"两山"理论中绿水青山和金山银山的辩证关系，辨别了水产养殖行业可持续发展未来中经济效益和生态效益的动态循环共生关系。"两山"理论的完整论述包含三句话："我们既要绿水青山，也要金山银山。宁要绿水青山，不要金山银山，而且绿水青山就是金山银山。"① 结合到水产养殖业，极臻智能总结，经济效益和生态效益并非是不可兼得的关系，而应该是可以协调发展的；要在保证生态效益的前提下发展经济效益，才能实现更高的经济效益提升；也只有保护好了生态效益，才能保护住

---

① 习近平在哈萨克斯坦纳扎尔巴耶夫大学的演讲，2013年9月7日。

水产养殖业的经济效益,甚至带来更多的经济效益。具体来说,在提升生态效益的同时,第二代无人船还能节省养殖户处理污水的成本,获得经济效益。改善鱼塘生态后,也能减少鱼池的休渔时间。以泥鳅为例,由于污染、休渔很多养殖户只能做到一年两季,解决了污染问题,便带来了一年三季的可能性。

"当时我就跟大家说,咱们做这个无人船,第二代是贵了,但是也带来了新的可能性。习近平总书记说了嘛,生态效益和经济效益是有机统一的。我们解决了生态问题,对经济效益有潜在的促进作用。而且大家也都看到了,渔村里的环境问题真的是很严重,大家都是有切身体会的。我们需要做点什么去改变这种状况。我是渔村里走出来的。我内心里就是想让养育我的地方变得更美,不再给人脏乱臭的印象。现在我们这个船也许赚不到多少钱,但是只要卖出去一艘,就能让一个塘变得更好。等几年以后,说不定整个广东的渔村也都能搞特色旅游了。"

于是,2020年6月,极臻智能第二代无人船(见图8-6)面世了。

图8-6 第二代无人船示意

第二代无人船投入市场以后反响平淡。对于普通养殖户来说,第二代无人船的价格比第一代高许多,直接节省的成本却没有太大变化;对于大型养殖场用户,第二代无人船的效益还有待检验,尚没有购买意愿。直到9月份,发售了3个月的第二代无人船仍鲜有人问津(见图8-7)。

以快速迭代研发作为核心能力的极臻智能,通常会在一代产品推出后很快投入到下一代产品的设计中。然而公司的资金较为有限,需要最大效率地在各个项目中进行分配。与第二代无人船同期上市的无人机产品势头迅猛,三个月内斩获近2000万元的订单。是否要在新一代无人船的研发上继续投入资源和精力,是否还要继续坚持推动水产养殖业可持续发展的事业,成为摆在郑子杰面

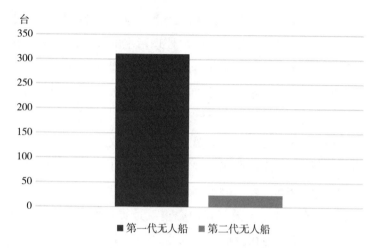

图 8 - 7 　2020 年 6 月到 2020 年 9 月无人船销量对比

前的一大难题。现金流的困难让郑子杰的心中起了动摇："我吹破了牛皮的新产品卖不出去，真的挺痛苦的。公司现金流本来也不是很充足，一个项目的大量投入，眼看就得不到回报，大家也都看在眼里，急在心里。以后还要不要继续保护环境，这真的和公司发展能够兼容吗？我每天都在和自己在内心争论这些。第一代的产品卖得这么好，经常有人劝我，就当我们试了一次错，交了点学费，回到原来的路上就好了。"

几经思考，郑子杰还是决定坚持下去。

"我觉得做企业和做研究有时候是类似的。我博士的导师就告诉我不能单单只是追求发文章，要找到自己的兴趣和初心，一直把它坚持下去，把科研论文写在中国大地上。我做无人船的目标现在是帮助养殖户，帮助养殖户建设更美的乡村，帮助养殖户改善自己的生活。极臻也不是处在生死存亡的边缘了，勒紧裤腰带也还是能继续坚持下去。只要我一直干下去，总有一天养殖户也能在绿水青山里养鱼、生活。"

四、守得云开：迎接发展新篇章

极臻智能勒紧腰带，继续投入到新一代产品的研发中。同时，极臻智能在2020 年 10 月的广州渔博会上，凭借其独特的生态效益，迎来了意想不到的客户。

1. 第二代无人船收获合作试点项目

第二代无人船的生态效益引起了各大水产协会的兴趣。2020 年 11 月，极臻智能与四川省资阳市水产协会达成合作，共建水产养殖无人船关键技术研究及产业化示范研究点。在该试点内，首批投入 40 艘第二代无人船，用于泥鳅养殖试点工程建设，争取达到稳定的一年三季。

在试点成立后，生态效益和经济效益的优异融合引起了当地农业局和科技局的注意，两个月内组织各大养殖相关企业与当地媒体进行参观和采访，并登上了四川省农业频道、CCTV13 新闻，极大地加快了无人船的推广力度。

截至 2020 年底，极臻智能已同数家养殖企业达成了合作意向，涉及水体面积达 2000 亩。同时，极臻智能也开始和饲料企业合作探索"饲料 + 无人船"的捆绑销售商业模式。

2. 第三代无人船深化水产养殖品质建设

以生态效益为导向，助力水产养殖业智慧升级转型的方向得到了政府的肯定与支持，更坚定了郑子杰通过极臻智能为水产养殖业发展献技、助力的决心。2020 年 12 月，极臻智能开始第三代无人船的研发，着重解决水产养殖业的品质压力，同时将鱼塘整体生态环境纳入数字系统管理中。

2021 年 1 月，极臻智能在开发第三代无人船的过程中有了新的合作伙伴：江苏省兴化市供电局，双方共同开发用于当地大闸蟹养殖的特色系统。大闸蟹养殖是江苏省的特色产业，仅兴化、泰州两市大闸蟹养殖面积就达 80 万亩，经济效益极高，是当地农业的主要收入来源。而当地众多的养殖用户大都是传统养殖方法，鱼塘上增氧设备常常 24 小时不关机，带来了巨大的用电成本。因此当地供电局创新性地提出了"智慧养殖用电"概念，将鱼塘农机设备用电监控、鱼塘环境监控、无人船养殖和水下养殖监控结合在一起。这是依托极臻智能无人船所带来的新的可能性，将"两山"理论结合可持续发展理念应用到水产养殖业的新方法、新实践，是在水产养殖业中实践"两山"理论的新路径，也代表着极臻智能在"两山"理论的指引下，跨上了新的发展平台。

回想极臻智能无人船项目这几年的发展历史，郑子杰说道：

"找到正确的方向指引是很重要的，坚持自己的想法和使命也是必要的。最开始的时候只想着赚钱，格局太小了，平台也就很小。党带给了我们'两山'理论，带给了我们生态效益和经济效益共同发展、相互促进的思想理念，让我有了新的目标和方向。事实证明这条路是对的，带着极臻智能走上了新的道路。但在这过程中我也有很多次怀疑自己，有很多次想到放弃。但是很庆幸我自己和公司都能坚持下来，现在我们也能看到自己的技术和产品真真正正地在为祖国建设添砖加瓦，一步步地完成我们的使命。这种感觉是很棒的。"

五、结语

本文追随着企业家对自身企业的思考线索，对极臻智能在"两山"理论指引下所进行的创新过程进行了记录。极臻智能首先追随"两山"理论指引，确立企业家使命与企业战略目标；其次结合行业痛点分析完成技术创新；在经历三次现实与使命目标的冲突与抉择之后，最终实现了水产养殖业经济效益与生态效益的良性互动，获得了企业家使命的升华。

本文通过对企业在"两山"理论的指引下完成创新的过程进行记录，首先为中国企业探索将"两山"理论转化到实际运用的方法和路径提供了借鉴，有利于中国企业实现在"两山"理论指引下的新创新；其次，展现了企业家践行"两山"理论过程中的冲突与抉择，凸显了"两山"理论落地执行的不易；最后，体现了"两山"理论在指引企业创新过程中的核心作用，为研究"两山"理论的深刻意义提供了案例。此外，本文对水产养殖业升级历程的描述，也为研究我国水产养殖业演化进程提供了便利。

教学笔记

一、案例摘要

"绿水青山就是金山银山"，可持续发展理念随着"两山"理论的提出逐渐深入人心并得以践行。广州市极臻智能科技有限公司，就是这样一家充分践行"两山"理论的公司。该公司在"两山"理论的指引下，经历了三个阶段的冲突与抉择过程。阶段Ⅰ：模糊的企业家使命确立过程——极臻智能创始人郑子杰确立献技祖国可持续发展的企业家使命；阶段Ⅱ：智能无人船登陆水产养殖业的抉择；阶段Ⅲ：经济效益和生态效益难以相谐的抉择。该公司在三个场景都有激烈的冲突和抉择，但最终还是克服困难、充分践行了"两山"理论并取得成效。案例深刻揭示了极臻智能在"两山"理论指引下，历经重重困境，实现生态环境保护、养殖业产业发展与企业自身平台提升的良性互动的历程，以期为我国企业探索"绿水青山就是金山银山"的转化路径和方法提供借鉴。

二、教学目的与用途

1. 本案例主要适用于面向 MBA、EMBA、高级管理培训课程的讲授。适用于《商业伦理与企业家精神》《创新与领导力》两门课程。其中包括：

（1）《商业伦理与企业家精神》课程中关于企业家使命、企业家精神和企业社会责任的相关知识。

（2）《创新与领导力》课程中关于创新与变革、领导力的相关知识。

2. 本案例的教学目的：通过对广州市极臻智能科技有限公司依托自身掌握的技术基础，紧跟习近平总书记"两山"理论指引助力产业升级的案例进行介绍，一是引导学生结合广东极臻所处的市场环境、政策环境、行业痛点，思考当代中国企业如何实现在"两山"理论指引下的新创新，如何探索将"两山"理论转化为实际方法论的方法和路径；二是引导学生体会企业家使命、企业家领导力在企业发展过程中的重要作用；三是引导学生思考"两山"理论在本案例中对企业家使命和企业战略的影响，认识"两山"理论在指引企业实现环境保护和经济发展的良性互动过程中发挥的重要作用。

三、思考题

1. 在发展过程中，极臻智能及其领导者在践行"两山"理论过程中经历了什么样的冲突？做出了什么样的抉择？做出抉择的出发点是什么？

2. 伴随着这些冲突与抉择，极臻智能的产品设计思路及战略方向发生了什么样的变化？企业家的使命感与企业的社会责任意识经历了怎样的变化过程？

3. 产品设计、企业战略、企业家使命以及企业的社会责任意识的转变过程之间，有着怎样的相互动态联系？企业家的领导力在其中发挥了什么作用？"两山"理论在极臻智能的发展过程中起了什么作用？

4. 极臻智能在未来的发展中应当如何继续践行"两山"理论？当代企业应

当如何将"两山"理论转化到实际应用中去？

四、分析思路

根据各自的教学目标（目的），教师可灵活使用本案例。在此所提出的解决与分析思路仅供参考。

问题 1 是对案例中极臻智能所经历的抉择和冲突进行定位和分析。教师可列出案例中极臻智能无人船发展阶段图辅助进行分析（见图 8 - 8）。

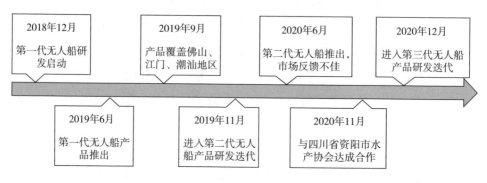

图 8 - 8 极臻智能无人船发展阶段

极臻智能经历的第一次冲突是"两山"理论先进理念与原有企业家目标的冲突（冲突一）。这次冲突初步建立了郑子杰的企业家使命。第二次冲突是智能无人船登陆水产养殖业过程中，初始方向的选择与企业家使命的冲突（冲突二）。这次冲突中，企业家做出了与企业家使命看似相反的抉择：选择以成本领先进入市场，而不是直接解决水产养殖业生态问题；看似是一步退让，其实这是一次从理性思考出发、为未来积蓄力量的抉择。

第三次冲突是研发过程中，企业经济效益与实现生态效益目标之间的冲突（冲突三）。企业家在这次冲突中，应用"两山"理论分析实际问题，遵从内心使命领导，发挥自身领导力，做出以生态效益为首要目标的抉择。第四次冲突是企业发展受阻后，经济效益与实现生态效益目标之间的冲突（冲突四）。企业家选择坚守初心，执着发展生态效益为先的智能无人船。抉择的内容同样体现出企业家对"两山"理论和自身使命的思考历程。

接着分析问题 2 中极臻智能经历抉择后的转变。

首先是伴随着冲突的企业家使命改变。企业家使命的改变可以从郑子杰的话中进行提取和分析。郑子杰的企业家使命经历了三个阶段的改变,第一阶段为冲突一发生之前,尚未形成企业家使命,企业家目标为扩大经济收益,获得更大的市场。第二阶段为经历了冲突一后,企业家使命在接触到"两山"理论之后完成了初步和模糊的建立,郑子杰希望能帮助水产养殖户改善生态环境,助力国家生态文明建设。第三阶段为企业家使命的坚定与成长阶段,贯穿冲突二、冲突三、冲突四。随着冲突二的发生,企业家结合现实情况,找寻到实现使命的实际路径;冲突三和冲突四使得企业家愈发地坚定了自己的使命,在进一步领悟与体会"两山"理论后,企业家使命也逐渐蜕变为把科研论文写在祖国的大地上。

其次是伴随着冲突与抉择的企业社会责任意识改变。企业社会责任的对象多种多样(见图 8-9)。极臻智能的企业社会责任水平随着企业的成长而逐渐提高。在当前的阶段内,其企业社会责任主要有以下三个对象:水产养殖户(客户)、政府、环境。

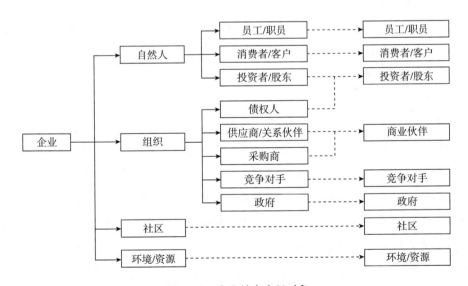

图 8-9 企业社会责任对象

其中,对客户的社会责任,体现在极臻智能深度挖掘客户问题的症结与客户需求,力求改变客户困境;对政府的社会责任,体现在极臻智能响应党和政府的号召，积极践行党的"两山"理论，积极支持政府水产养殖业政策；对环境的社会责任，体现在极臻智能根据"两山"理论指引，将生态效益放在企业目标的首位，保护生态环境。教师可按照教学目标，要求学生识别社会责任的类型。

最后是伴随着冲突与抉择的企业战略方向改变。跟随冲突二的第一次战略转变是从专注发展无人机转向共同发展无人船。首先，从技术实现和研发难点上来说，两者较为相关，都是以图像识别算法为核心，控制无人机械进行运动，完成指定动作；从面向的客户和市场上来说，两者差异极大，巡检无人机主要面向电网及相关企业，水产无人船主要面向水产养殖户及水产养殖企业。其次，应当进行内外部行业分析。案例中已经对政策背景和水产养殖业行业背景进行了分析，教师可根据案例背景内容自行引导学生进行。最后，分析企业的核心竞争力及其转移难度。极臻智能的核心竞争力是其国内领先的技术储备与研发能力。在无人机和无人船的研发过程中，极臻智能的核心竞争力是可以进行转移和沿用的，基本没有转移难度。冲突三带来的第二次战略转变是极臻智能企业战略承诺的改变，从以扩大市场为目标转变为以生态效益优先的研发。在这个过程中企业家的使命发生了改变，企业的社会责任意识得到唤醒。这些变化进而导致了极臻智能的企业战略承诺发生了变化。

根据问题1和问题2的答案，可以轻松得到问题3第一部分的答案。企业家使命的变化往往伴随着企业社会责任意识的觉醒，由此推动了企业战略承诺的改变。产品的设计要符合企业战略，服务于企业战略实现，因此产品的设计也会随着企业战略承诺的变化而变化。这是一个随着企业生命周期变化的动态变化过程，各个变量之间是相互联系、有机统一的。

问题3的第二部分是"两山"理论在极臻智能发展过程中的作用。结合问题2中的关键冲突点对企业家使命造成的影响，可以得出，"两山"理论促使郑子杰形成自身企业家使命，协助极臻智能确定统一发展生态效益和经济效益的核心概念，几乎贯穿了极臻智能转变的全过程，起到了显著的理论旗帜作用，指出了党和国家需要的发展方向，给足了企业家奋斗拼搏的信心和勇气。

明确了"两山"理论在极臻智能当前发展阶段中的作用后，就很容易得出在未来极臻智能应当如何继续践行"两山"理论，也就是问题4的答案。极臻智能应当继续贯彻落实"两山"理论，以生态效益为第一着力点，深耕水厂养殖业痛点，改良水产养殖业生产方式，推进水产养殖业改革升级。极臻智能还应当扩大视野范围，响应党和国家的号召，积极发现水产养殖业和其他行业的联动效应，以高新科学技术促进产业融合升级，分享行业生态效益。

以极臻智能在"两山"理论的指引下进行创新的过程为参考，当代企业应当发挥主观能动性，深刻学习理解"两山"理论内涵，深切感受"两山"理论的现实效益和作用，树立培养以"两山"理论为核心的创新方法。具体到实际转化路径中来，就是企业需要扎根所处领域，结合社会环境、历史背景、行业发展动态，以生态效益和经济效益双视角，具体分析行业痛点；同时，结合行业发展方向，思考时代技术变革，从生态效益、经济效益和社会效应三个角度出发，思考技术变革会给行业带来什么样的提升，行业怎样的未来才是可持续发展的未来。在"两山"理论的指引下，企业可以清晰洞见可以达成的永续发展之路。以此为基础，企业以未来蓝图为创新目标，实现技术突破，以经济、环保的方式完成对产业的升级，探索将"两山"理论转化为实际效益的路径。

五、理论依据与分析

1. "两山"理论的科学内涵

"两山"理论不仅仅是"绿水青山就是金山银山"一句话，而是三句话构成的完整表述："我们既要绿水青山，也要金山银山。宁要绿水青山，不要金山银山，而且绿水青山就是金山银山。"[①] 由此可见，"两山"理论的科学内涵包括下列三个方面：

一是"兼顾论"——"既要绿水青山，也要金山银山"。"两山"理论认为，"绿水青山"与"金山银山"之间、生态保护与经济增长之间并非始终处于不可调和的对立关系，而是对立统一的关系。只要坚持人与自然和谐共生的理念，尊重自然、敬畏自然、顺应自然、保护自然，就可能兼顾生态保护与经济增长，实现生态经济的协调发展。因此，"绿水青山"与"金山银山"的兼顾是可能的。

二是"前提论"——"宁要绿水青山，不要金山银山"。针对机械主义发展观指导下竭泽而渔、杀鸡取卵的做法，习近平总书记明确指出"宁要绿水青

---

① 习近平在哈萨克斯坦纳扎尔巴耶夫大学的演讲，2013 年 9 月 7 日。

山，不要金山银山"，一旦绿水青山被破坏，往往是不可逆转的，留得青山在，才能不怕没柴烧。这就说明，在环境容量给定的情况下，要以此作为约束性的前提条件，再来考虑经济增长的可能速度。除非通过技术进步和制度创新，才可能在同样的环境容量下实现更高的经济增长。这说明，在条件约束下，无法做到兼顾的特殊情况下，要有所选择，要坚持"生态优先"。

三是"转化论"——"绿水青山就是金山银山"。从字面理解，不仅石油资源是经济资源，可以转化为金山银山，生态环境和生态产品也是经济资源，也可以转化为金山银山。但是，仅仅这样理解是不够的。深入一层的理解是，绿水青山是实现源源不断的金山银山的基础和前提，为此，要保护好绿水青山。再深入一层理解，保护好生态环境、保护好生态产品就是保护好金山银山。与之对应，减少资源消耗和污染排放就是减少绿水青山的损耗，也就是保护金山银山。因此，"绿水青山就是金山银山"不能仅仅理解成生态经济化，而是生态经济化和经济生态化的有机统一。

无论是"兼顾论""前提论"还是"转化论"，始终不变的一条主线是妥善处理好人与自然的关系，妥善处理好"绿水青山"与"金山银山"的关系，妥善处理好生态保护与经济建设的关系。在这些关系的处理中，习近平总书记要求始终坚持"生态优先，绿色发展"①。因此，绿色发展观是"两山"理论的精神实质。绿色发展要渗透和贯穿于创新发展、协调发展、开放发展、共享发展的各方面和全过程，从而使新发展理念成为我国经济社会发展的指导思想。

2. 企业社会责任及其驱动力

国际标准化组织在社会责任标准 ISO26000 中提出，"组织社会责任是组织通过透明的道德行为来确保对自身决策和活动的社会与环境负责，这些行为的特点包括有利于可持续发展、健康和社会福利，充分考虑利益相关方的期望，符合法律法规和国际行为规范，并全面融入组织，在组织与社会、环境的关系中得到充分体现。"根据这个标准，可以得出企业社会责任的定义，即企业在某特定社会发展时期，企业对其利益相关者应该承担的经济、法规、伦理、自愿性慈善以及其他相关的责任。定义明确了企业要为其利益相关者承担的社会责任。

---

① 出自 2016 年 1 月 5 日习近平在推动长江经济带发展座谈会上的讲话。

根据卡罗尔（Archie B. Carroll）的研究，企业社会责任包括经济责任、法律责任、伦理责任和慈善责任四个类别（见图 8 - 10）。而根据黎有焕等的研究，企业社会责任基本可以分成三个层次（见图 8 - 11）：经济责任和法规责任为第一层级，因为经济责任和法规责任是企业必须承担的最基本的社会责任；伦理责任和自愿性慈善责任为第二层次，这些是除经济责任和法规责任之外的受社会伦理道德约束的社会责任。第三层次的其他相关责任，包含了不受社会伦理道德约束而是企业自发产生的其他责任。

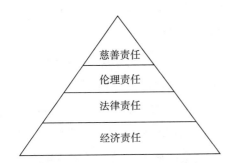

图 8 - 10 卡罗尔企业社会责任金字塔

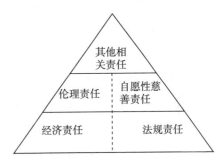

图 8 - 11 企业社会责任定义层次

鲍恩（Howard R. Bower）认为，公司是企业社会责任的主体，管理者是社会责任的实施者。而企业社会责任所指向的对象，是企业社会责任的客体。根据利益相关者理论，企业的活动或者行为会对利益相关者造成一定的影响，因此，企业社会责任的客体是企业所有的利益相关者。

驱动企业社会责任成长的因素有很多，可以大致分为外部驱动力和内部驱动力。其中，外部驱动力包括宏观环境和产业环境。例如，本案例中 "两山" 理论对极臻智能企业社会责任的驱动，可以视为宏观环境中的政治因素驱动。内部驱动力是指，承担企业社会责任与企业竞争力、企业绩效、企业价值和企业可持续发展息息相关，有着举足轻重的作用。

3. 颠覆式创新

克里斯坦森提出的颠覆式创新理论是后发企业赶超先进、实现跨越式发展的重要方法及工具。他认为，颠覆式创新是拥有较少资源的企业定位于低端市场，随着产品或服务性能的提高达到最终吸引主流消费者的过程，后发企业应首先利用市场成熟技术进行产品创新，推出价格低廉、功能便捷的产品迅速打开低端市场；然后通过技术积累持续创新以不断改善产品性能，扩大低端市场份额，向主流企业发起挑战并侵蚀主流市场；最后形成技术和市场优势，完成对主流市场的破坏甚至对主流企业的颠覆。

六、背景信息

1. "两山"理论的发展历程

"两山"理论的形成和发展过程，主要可以分为理论起源、理论发展和理论深化三个阶段。"两山"理论的理论起源是习近平同志在浙江执政期间的思考和实践。2005 年 8 月，习近平到浙江安吉天荒坪镇余村考察时讲到，"我们过去讲，既要绿水青山，又要金山银山。其实，绿水青山就是金山银山"①。这是"两山"理论的内涵第一次出现在人们面前。在同月的浙江日报《之江新语》上，习近平发表了《绿水青山也是金山银山》的评论②。文章中强调，"我们追求人与自然的和谐，经济与社会的和谐，通俗地讲，就是既要绿水青山，又要金山银山"。这是第一次将生态、经济与社会的概念三者融合在一起论述。

"两山"理论的理论发展阶段是一个实践的阶段过程。在"两山"理论于浙江省被提出之后，浙江率先用实践践行理论，发展省内生态文明建设。随后，全国多地也加入了探索"两山"理论实践的过程中来，探索生态经济化、经济绿色化的有效路径，打造生态和经济良性互动的绿色发展方式。如陕西省留坝县大力促进生态旅游和生态农业发展，调整产业结构，保护生态环境，提高经济收入；又如山西省右玉县营造防风固沙等多功能的森林生态稳定系统，使荒芜的塞上高原变成绿色海洋；又如贵州省贵阳市乌当区将大数据理念引入生态文明建设，形成"绿水青山就是金山银山"的生态文明建设"4G"模式。全国各地探索"两山"理论实践意义的过程，为指导其他各地开展生态文明建设提供了标杆样板。

"两山"理论的理论深化阶段，是"两山"理论的体系化、制度化阶段。随着习近平总书记对"两山"理论阐述的不断深入，"两山"理论体系的不断

---

① 2005 年 8 月 15 日，时任浙江省委书记的习近平在安吉考察时首次提出"绿水青山就是金山银山"这一科学论断。

② 2015 年 8 月 24 日，习近平在浙江日报《之江新语》发表的《绿水青山也是金山银山》评论。

完善,"两山"理论开始被作为生态文明的重要思想组成部分写入各项意见纲领中。2015 年 3 月 24 日,《关于加快推进生态文明建设的意见》通过审议,将"坚持绿水青山就是金山银山"写进中央文件,"两山"理论作为生态文明改革和绿色发展的重要方法论,上升为治国理政的基本方略和重要国策[①]。2017 年 10 月 24 日,中国共产党第十九次全国代表大会审议并通过《中国共产党章程(修正案)》,把"增强绿水青山就是金山银山的意识"等内容写入党章[②]。"两山"理论作为党积极探索经济规律、生态规律、社会规律有机统一的深刻成果,正式上升为党的意志,成为党的执政理念转变的重要标志。

2. 国内水产养殖无人船竞争对手分析

国内的水产养殖无人船开发均集中在 2018 年以后,因此尚未发展出明显的领军者。各个公司之间的技术路线有相似之处,也有很大的不同。目前市场内极臻智能的主要竞争对手有佛山中渔有限公司、湖北泉欣生物科技有限公司、安徽欣思创科技有限公司等。

其中,佛山中渔有限公司起步较早,但是走的是功能较为单一的技术路线。其自动投料机仅仅有巡航与按设定投料的功能,尚未推出拓展功能的机型。佛山中渔产品的优势是价格简单,操作方便快捷,能够满足普通养殖户的直接诉求:降低人力成本,不需要额外的培训即可上手使用。

湖北泉欣生物科技有限公司无人船产品较佛山中渔相似,但是其可以同时搭载饲料和药品,实现同时进行抛料和施药。同时,泉欣公司无人船还有声呐捕捞功能,能够实施小规模的捕捞作业。相比佛山中渔,泉欣公司无人船的缺点是料仓比较小,对于大型养殖塘来说,效率较低。

安徽欣思创科技有限公司主营业务为各种不同的无人船应用平台。在行业内,安徽欣思创拥有一定的无人船平台技术优势,主要体现在其拥有完整的无人船平台产品应用链,包括水文无人船、测绘无人船等。欣思创在 2018 年提出了使用无人船进行智能水产养殖的概念,概念内包括使用无人船进行定时定量地在目标范围内自动投料、环境监察或进行水质检测,并把投料/药情况、水质状况及水域环境状况即时发送至手机/电脑等终端显示,以实现自动投料/药、

① 2015 年 5 月 5 日,中共中央、国务院印发的《关于加快推进生态文明建设的意见》。
② 2017 年 10 月 24 日,中国共产党第十九次全国代表大会通过的《中国共产党章程(修正案)》。

自主巡查、水质监测、探鱼等渔业自动化养殖功能，并为大面积水域的精细化智慧养殖提供所需的大量数据支持。但是目前尚未推出成型的水产养殖无人船产品。

极臻智能无人船产品和欣思创科技无人船产品基本在同期开展研发，并且，极臻智能实现了欣思创对于智能无人船养殖系统的构想，完成了智慧养殖数据平台的搭建。相比较之下，极臻智能的无人船水产养殖系统在当前市场内拥有相当大的技术优势。

七、关键要点

1. 结合案例思考"两山"理论的深刻内涵和深远影响，并思考当代中国企业结合"两山"理论进行创新的方式和路径。

2. 结合案例思考党的政策和理论如何影响企业家的使命和企业社会责任意识，进而影响企业的战略和行动。

八、课堂计划

本案例建议的课堂计划约为100分钟。

课前计划：给出案例及相关思考题，请学员在课前完成阅读和初步思考。课前阅读的重点应当放在了解案例的背景信息上，尤其是水产养殖行业的行业背景信息以及"两山"理论的提出背景、发展历程。

课堂计划：

（1）案例背景（20分钟）。教师首先介绍本案例中涉及的行业环境和政策背景，帮助学生了解案例的外部环境。可播放附件中的"习近平讲故事：造好两座山"视频帮助介绍"两山"理论的科学内涵。

其次，教师介绍案例中的公司——极臻智能的背景信息，帮助学生分析企业内部环境。可播放附件中的"极臻智能央视采访：把科研论文写在祖国大地上"视频辅助介绍。

完成介绍后，教师按照课程需要，引导同学进行本案例的内外部环境分析、波特五力模型分析，思考极臻智能的核心竞争力内容。示例五力模型分析板书见表8-2。

表8-2   波特五力模型分析示例板书

进入障碍	障碍较小
替代产品威胁	威胁较低
顾客议价能力	能力较强
内部竞争强度	竞争强度较低
结论	行业吸引力较高

（2）案例冲突与抉择（30分钟）。介绍案例故事中公司和企业家经历的冲突与抉择，教师可以从企业家思考和产品设计变更两个方面讲解极臻智能抉择的主要内容与原因，可借助教学笔记图8-8进行板书。在介绍过程中，可以播放附件中的"极臻智能无人船介绍视频"视频，帮助学生理解无人船产品。在此过程中，教师应当聚焦关键抉择节点，以引导同学聚焦"两山"理论的重要作用。

介绍完毕后，提出第一个和第二个思考题。教师可根据课程目标决定课堂讨论重点。分析极臻智能企业社会责任觉醒内容时，可参照图8-12进行板书。

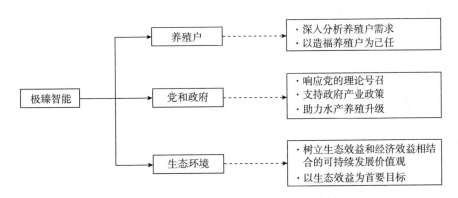

图8-12 极臻智能企业社会责任觉醒内容

（3）案例结果与发展（20分钟）。介绍极臻智能取得的阶段性成果，结合环节2中的讨论结果，引导学生对产品设计、企业战略、企业家使命以及企业的社会责任意识之间的动态联系与转化过程进行分析，在各个转化的关键节点中，引导学生思考"两山"理论的关键作用。可结合板书图8-13进行教学分析。

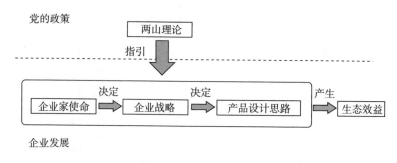

图 8 – 13 "两山"理论与企业发展的联系分析图

（4）小组讨论（20 分钟）。学生分组讨论思考题 4，思考"两山"理论在实际应用中的转化方法，回顾我国发展过程中"两山"理论的深远影响。在本环节中教师应当调动学生积极性，鼓励学生将政策理论与自身实践相结合。

（5）教师总结（10 分钟）。教师回顾讨论历程，补充思考题中同学尚未回答完善的要点。

课后计划：根据课程需要，要求学员以书面报告形式给出自己的想法。

九、案例研究方法说明

案例作者与案例企业之间无直接利益关联。

本案例资料主要通过访谈及调研的方式进行收集。

作者于 2020 年 9 月 6 日、2020 年 9 月 9 日、2021 年 4 月 20 日~2021 年 4 月 22 日期间，与极臻智能创始人团队郑子杰等人在华南理工大学博学楼进行了 12 人次、约 25 小时访谈。访谈过程中，首先由极臻智能团队对公司的发展历史及未来规划做了详细介绍，其后作者对各个问题进行了提问。案例中出现的人物话语均来自这些访谈。

案例九　中远海运特种运输股份有限公司：
爱国主义与商业文化的融合①

案例正文

【摘　要】　本案例以中远海运特种运输股份有限公司爱国主义文化建设、文化传承与发展为线索，重点介绍了以爱国主义为核心的企业文化对员工的影响、文化的传承机制以及新时期爱国主义文化如何与商业文化相互融合，从而能够在坚持爱国主义文化的同时，发展适应时代变化的企业文化新内涵和传播方式。

【关键词】　爱国主义；企业文化；案例研究

过去有非常多的国有企业都崇尚爱国主义、产业报国等。然而随着时代的变迁与市场经济的迅速发展，企业面临着更加复杂的经营环境和更加激烈的竞争，部分企业的文化中已不再推崇爱国主义，而是强调效率和经济效益至上的商业文化。在不少人看来，企业提倡爱国主义文化更像一种空泛的说教，很难让员工真正地接受和认可。但自成立以来，中远海运特种运输股份有限公司一直坚持以爱国主义为核心的企业文化并取得了卓越的成效，员工也以振兴中国远洋运输业为使命，报效祖国。中远海运特种运输股份有限公司如何培养爱国主义文化并影响员工将爱国之情化为自觉的行动？面对商业社会的新挑战，中远海运特种运输股份有限公司如何融合爱国主义文化与商业文化，如何传承和

① 本案例由中山大学管理学院邓靖松、许珅兰、王雪晴撰写，作者团队拥有著作权中的署名权、修改权、改编权。本案例授权陈瑞球亚太案例开发与研究中心使用，陈瑞球亚太案例开发与研究中心享有修改权、发表权、信息网络传播权、改编权、汇编权和翻译权。本案例研究得到国家自然科学基金项目资助（71772189），案例基于中远海运特种运输股份有限公司的企业文化的实践和真实资料开发，案例只用于教学目的，不对企业的经营管理做出任何评判。

发展爱国主义文化?

一、公司背景

中远海运特种运输股份有限公司（以下简称中远海运特运）成立于1961年4月27日，2002年4月18日在上海证券交易所挂牌上市，由中国远洋海运集团有限公司控股。

中远海运特运主营特种船，战略目标是"打造全球领先的特种船公司，实现向'产业链经营者'和'整体解决方案提供者'转变"。目前拥有规模和综合实力居世界前列的特种运输船队，经营管理半潜船、纸浆船、多用途重吊船、沥青船等各类型船舶，形成了以中国本土为依托，辐射全球的业务经营服务网络，在远东至地中海、欧洲、非洲、南美等航线上，形成了稳定可靠的班轮运输优势。

中远海运特运的发展史可以分为三个阶段：

阶段一：中远海运特运的前身

中远海运特运的前身是中华人民共和国第一家国有远洋运输企业——广州远洋运输公司（以下简称"广远"）。广远于1961年4月27日成立，是中远集团的子公司。广远的成立标志着中华人民共和国远洋运输事业的开始，从此肩负起在特殊历史时期为国家接侨和物资运输等任务。1997年，中远集团决定进行资产重组，广远被定位为特种杂货专业运输公司，集装箱船和散货船被分配给兄弟公司，只剩下相对老旧的杂货船。

阶段二：中远海运特运成立与成长

1999年12月8日，广州远洋运输公司作为主发起人，成立了中远航运股份有限公司。2002年4月18日，中远航运股份有限公司在上海证券交易所挂牌上市，标志着中远集团航运主业首次进入国内资本市场。2011年12月，按照中远集团部署，广远公司与中远航运股份有限公司进行机构整合，实现整体上市。

中远集团和中海集团2016年实施合并重组，成立中国远洋海运集团有限公司。2016年12月7日，中远航运股份有限公司正式更名为中远海运特运。

中远海运特运是中国乃至全球最大的特种船运输企业，被誉为国际航运界的"特"字号旗舰。2008年金融危机爆发以来，国际航运市场深陷寒冬，中远海运特运却始终瞄准建设国际一流航运企业的目标，迎难而上，成功实现国有资产保值增值，2008 年以来实现连年盈利，被誉为行业奇迹。在为国家创造可观利税的同时，公司出色完成了国家和地方交给的各项建设任务，精神文明建设也取得了累累硕果，荣获广东省直机关文明单位、广东省五一劳动奖状、全国学习型组织先进单位、全国五一劳动奖状、全国文明单位等荣誉称号。

二、文化建设：培育爱国主义文化

60 年来，为什么中远海运特运的远洋船队能由弱成强？为什么能从老牌航运企业蜕变成为特种船运输行业的翘楚？为什么能够在危机面前逆势而上，取得令人瞩目的成绩？

这不仅因为公司拥有较长的远洋历史，积累了丰富的应对危机的经验和高素质人才队伍，还因为公司建立了以爱国主义为核心的优秀的企业文化，继承了"艰苦奋斗，图强报国"的优良传统，弘扬了"同舟共济"的企业精神，为中国远洋运输事业做出了历史性的贡献。作为中华人民共和国第一家国有远洋运输企业，公司将其第一艘自营远洋船舶命名为"光华"轮，体现了"发展远洋，光我中华"伟大梦想与使命担当。1961 年 4 月 28 日，光华轮作为中华人民共和国第一艘悬挂五星红旗的自营远洋船舶从广州黄埔港区鸣笛起航，承担起将处于危险之中的印度尼西亚华侨接回祖国的重任。出发前，船员们庄严宣誓：忠于祖国，人在船在，接回难侨，完成首航。中远海运特运的爱国主义文化与公司共发展。以爱国主义为核心的企业文化是公司强大的精神支柱，企业文化建设是企业和员工双方的互动。一方面，中远海运特运高度重视企业文化建设，通过爱国、爱企、爱员工教育来培育爱国主义文化；另一方面，在爱国主义文化的熏陶下，员工高度认可爱国思想，将爱国之情化作自觉的行动报效国家。

1. 企业高度重视文化建设

中远海运特运高度重视企业文化建设，为了增强企业文化的传播效果，中远海运特运设置了企业文化部。通过爱国、爱公司和爱员工教育等激发员工的爱国、爱企精神，引导员工报效祖国、敬业奉献，从而培育了爱国主义文化。

（1）爱国教育。中远海运特运的成长与国家航运业的发展紧密地联系在一起。不管在过去还是未来，中远海运特运都执着地投身于不断发展壮大的中国远洋海运运输事业。公司的所有员工在入职时都会接受企业文化培训，这其中就包含爱国主义教育，船员们在出海前的培训中也会进行爱国主义教育。中远海运特运培育了以爱国主义为核心的文化传统，不断继承与发扬爱国主义，通过持续的爱国主义教育来凝聚人心，激励员工。

当船员遇到困难时，中远海运特运会通过爱国主义教育进行引导，激励员工以远洋海运事业为追求，以报效祖国为己任，教育其爱国奉献，坚守岗位。在爱国主义的熏陶下，员工对祖国怀有深沉的爱，对远洋海运事业抱定执着的追求，为祖国的远洋海运事业做出贡献。

2015年7月至10月，永盛轮14名船员，在祖国需要、中远集团需要时，在气候恶劣、多变的北冰洋海域，不畏艰险，义无反顾，奋勇前行，圆满完成了"再航北极，双向通行"的艰巨任务，对拓展"一带一路"倡议内涵，对中国制造和中国装备走出去、扩大欧洲市场份额起到促进作用。作为浮动的国土，许多船只在外出航行时都会举行升旗仪式。在2016年北极之行的纬度最高点，永盛轮就举行了庄严的海上升国旗仪式，升旗仪式唤醒了船员们的身份意识和身为中国人的自豪感，坚定其完成任务的必胜信心。"开拓创新，爱岗奉献"的永盛轮精神之花，正在中远海运特运的船队绚丽绽放。

2020年，一场突如其来的新冠肺炎疫情打乱了原有的工作和生活节奏，远航回国船舶抵靠国内港口时，家属不能探船，船员不能下地，部分工作到期的船员不能换班，船员的身心健康和船舶的安全稳定受到严重影响。但船员们面对突发状况不退缩、不慌张，继续坚守在船，等待换班的船员也暂缓了接班的脚步，按照疫情防控的要求，静候上船的指令。在船船员坚守岗位、尽职尽责，在做好船舶疫情防控的同时，为维护全球产业链的稳定、保证国际贸易往来有序进行做出了巨大贡献，反映了员工们对爱国奋斗理念的认同。

企业文化建设并非一蹴而就，爱国主义教育也不可能只凭强制宣导就产生效果，而是需要建立有效的舆论机制，通过合适的载体和方式来逐步引导。在网络宣传方面，公司专门创建了网络宣传系统，系统介绍企业文化，帮助员工正确地认识其深刻内涵。在报刊宣传方面，公司定期更新企业文化宣传栏，定时发行内部刊物。借助典型的爱国主义事件和模范员工进行宣传教育，力求全方位地向员工传达中远海运特运的文化传统和精神主张。

（2）爱公司教育。中远海运特运爱国主义教育的落地方式是爱公司教育。中远海运特运举办丰富多彩的文化活动，让员工受教育，自觉传承公司的优良传统；从公司辉煌的成就中，让员工感自豪、受鼓舞，坚定攻坚克难、再创辉煌的自信。举办文化宣传活动，引导员工将爱国之情迁移为爱企之情，并通过在岗位上敬业奉献报效国家。永盛轮把船舶文化建设作为凝聚人心、鼓舞士气、增强市场竞争软实力的一项重要工作来抓紧抓好，长期坚持一手抓业务技能的突破，一手抓船舶文化的引领。在"战必用我，用我必胜"的核心理念指引下，着力打造船舶生产文化、安全文化、管理文化、服务文化、风险文化等，通过"内化于心""外化于形""固化于制"等措施，将船舶文化引入思想、植入行为、融入管理，进而推动船舶各项工作更上一层楼。这一系列的宣传教育丰富了公司的企业文化载体，拓宽了企业文化教育面，形成强大的舆论机制，引导员工认可、拥护和热爱公司。

近年来，为了进一步加强爱公司教育，中远海运特运提出了船岸互动新思路，即在岸基继续倡导"关爱船员、尊重船员、服务船员"，在船员队伍中则重点营造"关心公司、理解公司、支持公司"的理念。公司与员工相互影响，相互支持。在公司岸基的指导下，永盛轮开辟了安全学习园地，摆放有如劳动安全操作手册、水上交通事故典型案例分析、家属安全寄语等诸多书籍，供大家随时翻阅；还在船舶公共场所，张贴了集团和公司企业文化、核心价值和安全理念挂图，以及公司 QHSE 黄金法则以及《终止作业方针》《酒精毒品管理政策》《个人安全防护矩阵图》等规章制度，还通过局域网，让船员可以方便地进入 SETT 系统进行安全视频观看学习，从而认同理解公司及永盛轮的安全文化和安全理念，并化为自觉的行动。

（3）爱员工教育。中远海运特运将员工视为至关重要的战略资源，在管理制度中贯彻爱员工教育，兼顾公司和员工利益。中远海运特运重视员工个人价值的实现，并引导员工将个人追求与中国的远洋运输事业紧密结合，为员工提供高质量的职业培训，为员工的职业生涯规划提供了充分的自由和发展空间，让员工感受到公司爱员工、尊重员工的理念。

除了重视员工的个人价值和职业规划以外，公司对员工的生活给予了无微不至的关怀。无论是在生产经营中严格的要求和培养，调动资源救治海上病危的船员，还是为船只配置 WiFi，使员工在远洋深处也能及时获得信息，拉近与陆地的距离，都体现了中远海运特运以人为本的准则和"爱员工"的管理理念。面对突如其来的新冠肺炎疫情，公司始终把全体船岸员工的生命安全和健康放在最重要的位置，周密部署落实各项疫情防控措施，克服种种困难把关心关爱船员工作做细做实，确保船员生命安全健康和船队安全运营。"乐从"轮船员表示，虽然身在万里之外，但船员们时刻心系祖国，每天都通过网络了解国内疫情动态，并且非常希望能够"为祖国做点什么，为国内抗击疫情做点什么"。正是在这种爱员工教育的感染下，中远海运特运提升了企业文化内涵和精神品质，使员工更加认可企业文化，从而在世界超极限运输领域内，创造出了许多令人瞩目的成就。

远洋运输事业关系国家的安全与繁荣，中远海运特运是国家航运业的中坚力量，肩负着伟大而艰巨的历史使命。而最终攻坚克难、完成任务的是中远海运特运的每一位员工。只有以国家的利益为重，将个人的价值实现与国家的远洋运输事业融为一体，将个人的人生追求与中远海运特运的愿景紧密结合，才能实现国家、公司和个人利益的统一。中远海运特运爱国主义文化就是一股将国家、公司和个人紧密结合的精神力量。通过爱国主义、爱公司和爱员工教育，中远海运特运引导员工将爱国之情迁移为爱企之情，激发了员工的忠诚感和敬业奉献的精神，打造了高绩效、低流动率的员工队伍，为公司和祖国的远洋运输事业创造了辉煌的成绩。

2. 员工高度认同爱国主义文化

中远海运特运企业文化建设的重要成效体现在员工高度认可爱国主义文化，员工以中国人为荣，以中远海运人为傲，将集团利益放在第一位。在同行业中，中远海运特运的员工素质和绩效都非常突出，而员工流失率也相对较低。员工们为公司争创一流业绩而倾力拼搏。不仅如此，为了维护国家和公司的利益，员工甚至付出了生命的代价。企业出版的《艰难历程 光辉业绩》系列书籍记录了企业成长的历史足迹，记载了60年来那些感天动地的爱国事迹。

1959年，印度尼西亚突然大规模排华，面对这一突发事件，中央决定派船接运难侨回国。为接运印度尼西亚华侨回国和发展中华人民共和国远洋运输事业，我国政府以26万英镑买下一艘20世纪30年代建造的旧客货轮，由于船体老旧，许多设施都存在问题，但我国的船员们不畏困难，边修边走，终于把船开抵广州黄埔港，经过10个月的紧张修理，让这艘报废旧船终于获得了新生，船舶正式改名为"光华"，取"光我中华"之意。1961年5月3日，"光华"轮经过六天航行，抵达印度尼西亚雅加达，在荷枪实弹、戒备森严的印度尼西亚军警和便衣监视下将 577 名难侨带回了中国。从首航到同年 10 月 1 日，"光华"轮共 5 次前往印度尼西亚接回华侨 2649 人。此后，"光华"轮继续活跃在中华人民共和国撤侨战线上，一次次顺利完成撤侨任务，是名副其实的中华人民共和国远洋第一船。光华轮退役后，变卖资金用作成立广州海员学校，继续培养航运人才。

1980 年两伊战争爆发，数十条中外货轮被困于阿拉伯河中，受到炮弹的袭击。当时，中远就有四条船停泊于此，仅 9 月 26 日这一天，就有上百发炮弹倾泻在"阳春"轮上。旁边外国货轮的船员纷纷弃船逃命，只有中远海运特运的船员临危不惧，坚守岗位，在炮火中抢险护船。最终，为了保护国家财产，"嘉陵江"轮的莘留生壮烈牺牲。他在临终时说："请转告公司，我没有给祖国丢脸！"

1989 年 4 月 26 日，伊朗阿迈斯港汽油泄漏引发港池火灾，烧毁炸沉大小船只 25 艘，烧死 126 人。"安庆江"轮船员奋力自救，没有像外轮船员那样为保命而弃船，更没有像码头工人那样只顾个人安危拼命扒车逃难，而是在党支部的领导下，以惊人的胆略，神奇的速度，高超的技术，在外国国土上战胜了这场特大的火灾，把船从火海中救了出来。

1993 年 7 月，"银河"轮在执行由天津、上海至海湾的定期班轮运输任务中，蒙冤受屈，被美国无端指责载有制造化学武器的前体硫二甘醇和亚硫酰氯，致使该轮被迫在公海上中止航运 33 天之久。38 位船员顶住了巨大的精神压力和缺水、缺油、缺粮食等艰难考验，形成了一个坚强的战斗集体，以实际行动与美国的强权政治进行坚决斗争，表现了中国海员高度的爱国主义精神。船员们纷纷表示，"银河"轮的每一寸甲板都是祖国"浮动国土"，我们的一举一动都关系着国家的主权和声誉，祖国和人民是我们的坚强后盾。

2013 年 8 月～9 月，中远海运特运的"永盛"轮肩负国家使命，历经 27 天 7931 海里的航行，圆满完成首航北极东北航道的光荣任务，极大地提升了中国远洋航运业的形象。面对着风浪、浮冰、搁浅、暗礁、险滩等无数危险，远少于其他船船员数量的"永盛"轮 15 名船员同舟共济，攻坚克难。全体船员以振兴国家远洋运输业为己任，在爱国主义精神的激励下，凭借过硬的船艺和严谨细致的工作作风，成功操控船舶穿越航线。他们的英勇表现不仅是企业的骄傲，也是国家的骄傲。

2014 年 5 月，越南发生了打砸中资企业事件，中资企业和人员生命财产受到威胁，中国政府派出多组专机和船舶接运我国在越人员回国。中远海运特运克服时间紧、任务重、要求高等困难，及时选调五名经验丰富的远洋船长赶赴指派船舶。五位船长临危受命，到达海南后即刻开始工作。他们克服了各种困难，在国家需要的时候毫不犹豫地挺身而出。经过三日两夜的奋战，他们驾驶船舶运载 3553 名同胞平安返回祖国。此次任务的圆满完成再一次展示了中远人热爱祖国、报效祖国、无私奉献的崇高品德和爱国主义文化教育的卓越成效。

2020 年是世界最大油气项目之一 TCO 项目的收官之年，但一场突如其来的新冠肺炎疫情，使整个项目经历了前所未有的挑战。对于 TCO 项目位于英国的物流总部近三百人的项目管理团队来说，仅有 8 名成员的特运英国项目组是众多分包商队伍中人数最少的一支，但这群"防疫达人"在此次应对疫情中的亮眼表现，却以一种最直观的方式生动呈现了中远海运特运"举重若轻的实力，举轻若重的精神"，赢得了客户的信任与肯定和合作伙伴的欣赏与赞誉。基于国内防疫工作取得的宝贵经验和特运公司本部及时有效的指导，特运 TCO 英国项目组的防疫工作从一开始就不慌不乱，有序推进。项目组充分发挥了解国内外防疫资讯与经验的优势，主动与客户沟通交流，密切协作，互信互助，共克时艰；针对客户提出的担忧以及项目执行中各个环节可能出现的问题，积极进行分析交流，开展风险评估，因地制宜制定项目防疫工作方案，这些解决方案成为整个项目后续其他分包商采取相应防疫措施的重要参考，并获得客户高度肯定。疫情当前，项目组不仅仅关注己方人员的人身安全，更主动与 TCO 项目的其他分包商沟通交流，积极践行 TCO 项目所倡导的互相关心的 IIF 安全文化，努力打破文化壁垒，建立友谊和互信，确保大家都安全。在与他国防疫措施的对比下，员工们的爱国之情更甚。

从中远海运特运成立的那天起，爱国主义精神便融入了全体员工的血脉里。正是因爱国主义文化的熏陶，员工们作为中国人的认同感也传递为作为中远人的认同感，把自己的毕生精力和满腔热血都奉献给了祖国的远洋运输事业和公司，促进了职业精神的提升，从而使他们不惧艰难地投身于远洋运输事业，把青春和生命献给祖国、献给企业。

三、文化传承：反对说教，以制度引导

虽然现如今很多企业强调效率和经济效益至上的商业文化，然而，中远海运特运却能通过文化传承保持着爱国主义文化的生命力，为企业快速成长和壮大提供保障和精神支柱。中远海运特运企业文化内涵核心始终如一，那就是爱国主义。员工怀着感恩的心投身于祖国伟大的远洋运输事业中，激励员工敬业奉献，报效祖国。

究竟中远海运特运是如何传承和发扬优秀的文化传统的？中远海运特运反对空泛的说教，而是通过将爱国主义文化与公司的管理工作紧密结合，以制度和实际行动引导员工的行为，获得员工的认可，从而使员工自觉地践行爱国主义精神，使爱国主义文化永葆生命力。

1. 通过文化宣传教育员工

建立案例库，树立榜样。在中远海运特运一系列的企业文化宣传工作中，独具特色的做法是通过建立案例库和树立榜样，对员工言传身教，使其能传承优秀的文化传统。企业文化部积极编写企业内刊以及珍贵的企业文化故事集，通过收集和传播这些感人的故事，员工可以深刻感受到前辈们深深的爱国之情，加深了对公司企业文化的思想认同、情感认同，增强了崇尚力行、发扬光大的行动自觉。用实际行动去传承和发扬公司的企业文化。真实的案例以及身边榜样的力量远比空泛说教的宣传效果强大得多，也能让员工切实地感受到爱国主义文化的深刻内涵。

在60多年的发展历程中，有无数爱国奉献、感人励志的故事。中远海运特运一直坚持收集并整理发展过程中的珍贵素材，编成了企业文化故事集《筑梦故事》。通过分享和学习这些感人励志的案例，员工感受到了前辈们如何在危急存亡之刻精忠报国，如何在企业需要之时坚守岗位、敬业奉献，如何在两难抉择中以集体利益为重……这些案例激发了员工的爱国之情，增强了员工对国家、对企业的责任感和荣誉感，从而不畏困难，以高绩效报效祖国、报效企业。

在树立榜样、典型引路方面，中远海运特运开展"两优一先""钻石团队"评选、创先争优活动，对先进集体和个人进行广泛宣传，推出在争创效益、燃油控制等方面的先进船舶典型，让全体员工以祖国的远洋海运事业为荣、以企业为荣，有追赶的榜样和目标。中远海运特运企业文化部加强典型宣传，在内

部媒介开辟专栏宣传先进人物事迹，提高员工的学习意识，使个别的积极因素转化为倍增的集体效应，激励和带动广大员工共筑信念，从而深化企业文化的影响力。

2. 通过实际行动关怀员工

以实际行动赢得员工的认同。中远海运特运把系统内船员视为战略竞争优势，在公司营造"关爱船员、尊重船员、服务船员""上了特运船就是特运人"的管理理念，为船员解决实际问题，从而使员工更加支持中远海运特运的文化，实现企业文化的传承。

远洋运输业与其他行业有很大的差异，为了解决船员的后顾之忧，中远海运特运在全国各地船员比较集中的地方建立起近 100 个船员家属站，帮助船员家庭解决实际困难。2000 年以来，中远海运特运以家属站为组织形式，大力开展"亲情祝安全"活动。组织家属给船员写安全寄语、给船员讲述家属对安全工作的理解、对船员安全生产的期盼，用亲情唤起船员对安全工作的共鸣。"亲情祝安全"活动已经成为中远海运特运安全文化建设的重要组成部分，也是集团的优秀文化品牌。坚持"支部建在船上"，自有船舶全部建立党支部，并配备了专职政委兼党支部书记，船上党支部建设有着坚实的组织基础和制度保障，为船员提供了战斗的堡垒。

船员在海上的条件艰苦，干净的淡水和蔬菜水果匮乏。为了解决船员的这些困难，公司坚持每年给船员做好事、实事，包括船只到岸时及时送上新鲜的蔬果，给每一艘船配上饮水机、健身器材，每天为船员提供丰富的时事要闻信息，设计科学的晋升机制，提供专业的职业规划咨询服务、心理辅导，听取船员意见和反馈并对口跟进等等。这些看似简单的小事，体现了中远海运特运对员工的尊重和关爱。通过制度化的实施，中远海运特运形成了关爱船员的固定做法和氛围，使全体船员更热情、更高效高质地完成各项任务，创造更好的经营效益回报公司。

公司对员工的关怀在这次新冠肺炎疫情中体现得更为明显，特运行胜于言，将关心关爱船员工作做细做实。公司对国内航行船舶和靠国内港口作业船舶持续跟踪、督促落实疫情防控工作，搞好船舶伙食，与超期工作船员谈心交心，协调各方资源帮助船员解决实际困难。公司通过驻国内港口办事处、兄弟单位、港口代理等各种渠道，想方设法采购口罩、红外线测温仪、消毒液、医用洗手液、防护手套等防疫物资送船，为船舶有效开展疫情防控工作提供了充足的物资保障。疫情发生后，公司第一时间对湖北籍在家休假及在船工作共计 184 名船员家庭情况进行排查了解，并及时沟通协调集团武汉地区现场工作小组为有需要的船员家庭提供支援帮助。公司天祺轮王老轨家住武汉市区，妻子带着两个孩子在家，其中一个不足周岁，武汉封城后，家里物资缺乏，家属思想压力很大。公司船管部得知这一情况后，立即与集团武汉地区工作小组联系，请求提供帮助。当天下午，集团工作组即委托工作人员上门，将粮、油、蔬菜等一批食材送至楼下，将集团和公司的关爱送到船员和家属的心坎上。公司工会还委托各驻港办事处做好对疫情期间接受隔离观察的上船接班船员的服务工作，第一时间前往看望慰问，感谢他们服从安排支持公司正常经营生产，并嘱咐他们安心等候、养精蓄锐，以良好状态投入工作。2 月 28 日，上海公司特地派人看望慰问了正在酒店接受 14 天隔离观察的 9 名接班船员，给大家送去水果及慰问品。

3. 通过制度建设引导员工

将企业文化纳入考核评价体系。为了切实有效地传承以爱国主义为核心的企业文化，让企业文化落地，中远海运特运将企业文化纳入对全体员工的考核评价体系中，通过明确的指标引导员工的行为。

领导者的引导和鼓励对企业文化的传承和发展至关重要，将企业文化纳入对领导者的考核中，无疑能够激发领导者的积极性，对企业文化的传承起到极大的推动作用。在领导层考核方面，中远海运特运将企业文化建设列入党建责任制考核主要指标，与奖惩、评先等挂钩，建立健全企业文化建设的领导体制。

对于普通员工的考核，中远海运特运将"爱国奉献"确定为对员工职业道德的基本要求。当船员跨出国门，船员就是中国的代表。因此，中远海运特运要求船员发扬爱国主义精神，在执行远洋运输任务时，时刻注意维护国家主权、利益和尊严，表现出高尚的民族气节；立足本职岗位，从小事做起，为实现公司发展目标做出应有的贡献。

与此同时，通过考核各个部门的精神文明建设，爱国主义的文化内涵也有所体现，公司引导员工自觉地拥护和践行爱国主义文化。党委副书记、工会主席李宏祥解释说："企业文化和价值观的考核并非形式主义，而是要结合实际，落实到底。在对员工进行考核时，要分阶段分层次推进。"中远海运特运通过将企业文化纳入考核体系，综合评价和考核员工的价值观和绩效，从而用考核的硬指标将企业文化落到实处。

4. 通过奖惩机制激励员工

将企业文化融入奖惩机制。中远海运特运积累了丰富的企业文化建设经验，意识到只有将企业文化传承与企业各项工作紧密地结合起来，才能增强企业核心竞争力，为企业实现永续经营、为企业文化永葆生命力提供活力。因此，中远海运特运运用企业文化与其他工作的内在一致性，将企业文化建设融入企业各项奖惩机制中，推动企业文化的传承。

中远海运特运将以爱国主义为核心的企业文化内涵融入薪酬机制的设计中，把个人利益和集体利益紧密地联系一起。在行业发展不景气的时候，公司领导还通过主动减少工资来保证大部分船员的福利，使员工真切感受到集体利益重于个人利益的文化传统，激励员工不仅注重当期业绩，而且还要注重国家利益、注重公司中长期可持续发展，克服不当的短期行为。

中远海运特运鼓励员工把个人职业生涯发展需求与企业发展及国家远洋运输事业的发展紧密地联系在一起。中远海运特运常常鼓励员工以远洋运输事业为追求，并为那些忠于国家、表现突出的员工提供了非常多的学习和晋升机会，拓宽和加快优秀员工的晋升之路等。这一系列的激励制度有效地与企业文化相融合，促使员工全身心地投入到远洋运输事业中。与此同时，中远海运特运坚持激励和约束共存，奖励与惩罚结合，及时清理损害集体利益、怕吃苦的船员。

四、文化发展：爱国主义文化与商业文化的融合

企业文化具有连续性与发展性，遵循着文化的积累、传播和发展的规律，不断演进与成长。在新时期，中远海运特运的发展战略是"打造全球综合竞争力最强的特种船公司，成为大型工程项目设备运输的领导者"。在强调经济效益和高效率的商业时代，爱国主义文化是不是过时了？爱国主义文化能与商业文化相互融合吗？

中远海运特运对爱国主义文化的坚守以及其辉煌的业绩证明了爱国主义文化和商业文化并不矛盾。相反，爱国主义文化是激励中远海运特运员工敬业奉献的强大精神动力。在新时期，中远海运特运一方面坚持以爱国主义为核心的企业文化；另一方面，不断地适应商业环境的变化，扩展企业文化内涵，创新

传播方式，为企业文化体系注入新的活力，从而不断推进企业文化向前发展。

1. 企业文化内容的拓展

为了适应外部环境的变化，中远海运特运结合企业实际情况提炼和丰富企业文化内涵，发展了以爱国主义文化为核心，以安全文化、创新文化、和谐文化等新型子文化为重要组成部分的文化体系。新型的子文化继承了爱国主义文化的内涵，又符合商业时代的发展要求，实现了爱国主义文化与商业文化的相互融合。

（1）安全文化：保障员工安全，提高工作效率。在安全文化方面，中远海运特运以推进安全长效管理机制建设为契机，不断总结和创新安全管理经验，出版"平安之旅"系列安全文化手册和《水上交通事故典型案例分析》，提炼出"安全管理十大创新理念"，并且不断进行更新与修订，成为各级管理人员和操作人员共同接受的安全价值观。"安全靠大家、平安每一天"的安全愿景成为所有员工的共识和行动指南，中远海运特运的安全文化建设取得了重大成效，2015 年，为提升公司管理标准，更好地服务国际高端客户，特运开始引入 OVMSA 标准并正式推出第四版管理体系，更名为"QHSE 管理体系"，标志着公司的管理标准正式与国际高端客户要求接轨；与此同时，适时推出"QHSE 黄金法则"，比对油公司救命法则，体现了航运公司独特的安全文化。安全文化体现了爱国主义文化和商业文化的融合：一方面，中远海运特运以人为本、重视员工工作安全、国家财产安全；另一方面，安全意识也提高了员工工作的规范和效率，帮助公司创造更好的业绩。

TCO 项目是全球最大油气项目之一，特运在 2020 年顺利完成该项目，在这背后，QHSE 管理体系发挥了重要作用。特运体系管理团队依据公司 QHSE 管理体系，建立了规范的分包商审核制度，编制了细致的审核检查表，并在与韩、日分包商充分沟通制定详尽审核方案的基础上，于 2016～2019 年共开展了四次分包商审核，不仅为项目实施保驾护航，同时也极大提升了公司在业界的声誉，彰显了公司在 QHSE 管理方面的自信。

圆满完成"再航北极，双向通行"航行任务的永盛轮也高度重视船舶安全文化建设工作，永盛轮坚持"安全至上"的管理理念及采取的有关安全管理举措，取得了良好的成效。通过开展广泛的安全宣传教育培训，不断规范船员的安全行为，养成船员按章作业习惯，让安全文化深入人心，安全意识生根发芽，营造"人人重视安全、人人懂得安全、人人能够安全"的良好安全文化氛围。

"亲情祝安全"是中远海运特运多年来探索形成的特色安全文化品牌，对夯实船舶生产安全基础、维护船舶安全生产秩序发挥着独特的作用。以往，"亲情祝安全"活动常在船舶或船员家属站现场举行。2020年，一场突如其来的新冠肺炎疫情打乱了原有的工作和生活节奏，远航回国船舶抵靠国内港口时，家属不能探船，船员不能下地，部分工作到期的船员不能换班。面对这一难题，公司通过微信群视频形式，开展了一次别开生面的线上"亲情祝安全"活动。这也是公司对"亲情祝安全"活动形式多样化的有益尝试。

（2）创新文化：求是创新，推动转型升级。在创新文化方面，中远海运特运积极地适应外部业务需求，进行营销创新、技术创新和经营创新，搭建起以广州本部为中心的全球营销网络格局，加强全球营销能力。成立亚洲首个货运技术中心，提供最全面的特种货装卸技术支持，推进船队结构转型升级。建立并运作了全球首个半潜船联营体，开拓了新的盈利空间。"求是创新，图强报国"的企业精神不断激励着员工以国家的事业为己任、报效国家，从而孕育了新时期的创新文化，实现了爱国主义文化和商业文化的融合，推动中远海运特运转型升级为如今的高科技特种船运输，也印证了中远海运特运"精神转物质"的理念。

TCO项目涉及逾千个支墩的建造与安装。项目设计中，特运技术服务团队以"安全经济"为目标，创新引入"通用型"支墩结构设计理念，成功实现一套支墩适用于多种模块并可多航次重复使用，在确保货物和船体结构安全的前提下，大大节约了项目成本。在航次工程设计之外，为满足雪佛龙对支墩建造和安装精度的高要求，技术组深入研究，提供了一套跨专业、跨分包商的解决方案，使支墩安装精度有效控制在5毫米以内，有力地支撑了项目运行，得到客户高度肯定。

（3）责任文化：履行社会责任，自觉节约成本。在责任文化方面，中远海运特运要求员工肩负起振兴中国远洋运输行业的重任，热爱祖国、热爱远洋，坚持与各利益相关方建立和谐互信、互惠共赢的合作关系。中远海运特运在提高绩效的同时，积极履行环境保护责任，把绿色发展深入到公司的发展理念中，获得"交通运输行业节能减排先进企业"称号。中远海运特运还积极参与社会公益活动，圆满完成对口扶贫点任务。此外，中远海运特运积极地参与海上救助，充分体现了中远海运特运的责任文化和爱国情怀。公司的责任文化对员工产生了潜移默化的影响，员工们形成了强烈的主人翁意识，不惜牺牲个人利益，为公司增加效益、为振兴国家远洋运输业贡献自己的力量。

2016 年 9 月 27 日，中远海运特运获得了 TCO 项目模块海上运输服务总包合同。回馈社会、反哺当地是油气开发项目的最基本要求，TCO 项目也不例外。根据合同规定，作为 TCO 项目海运物流板块总包商的中远海运特运，在海运服务之外，还必须提供一份对当地富有建设性和实质性的贡献。为了更好地帮助当地，TCO 项目组进行了多方调研，经过细致的调查，项目组发现哈萨克斯坦竟然有一个航海学院，并且该学院即将毕业的航海系学生急需登船实习以便完成学业，但由于条件的限制，他们通常只能到里海的一些拖轮或作业船上实习，鲜有远洋实习的机会。经过慎重考虑和研究，同时与韩国分包商磋商说服对方同意共同接纳这批实习生，最终，项目组将一个完整的《哈萨克斯坦航海学院学生上船实习方案》提交到了 TCO 总部。TCO 总部对这一提议非常满意，对项目组的创造性工作表示非常感谢，顺利批准方案实施。经过项目组一年零四个月的全程监护，15 名哈萨克斯坦实习生累计在船培训 2235 人天，未发生任何安全事故；在受新冠肺炎疫情影响，国际航班不确定性显著增加等不利情况下，项目组针对每个实习生、每条船舶均制定了周密的返航计划，最终克服重重困难，将所有实习生安全送回家。据估算，整个实习培训计划共为哈萨克斯坦创造了超过 50 万美金的实际价值。

中远海运特运其他子文化也各自发挥了重要作用。如学习文化引导员工完善知识结构，巩固和提升企业核心竞争力。廉洁文化倡导诚实守信，阳光化操作，并通过强化内部控制，建设内控体系加强反腐倡廉建设。这些新型的文化内涵不仅都体现了以报效祖国为己任的爱国主义精神，并且还推动公司适应商业时代的要求，不断学习、发展，在激烈的商业竞争中提高综合实力和业绩表现，进而推动以爱国主义为核心的企业文化与商业文化相互融合，形成一个具有时代性和独特个性的企业文化体系。

2. 企业文化传播方式的创新

在传递企业文化载体的创新方面，中远海运特运与时俱进，采取多种宣传方式和途径，充分利用网络技术，以商业时代信息传播的迅速和高效，克服了远洋企业特有的各种困难，实现企业文化的同步传播和教育，增强员工对企业文化的认知度和认同感。

远洋运输工作环境艰险、突发事件多、远离祖国，员工分布高度分散。中远海运特运根据形势和任务的需要组织攻关，建立了网络宣传系统。对于在航船舶，公司进行"跨海送学"，增强企业文化教育的时效性。"送学上船"的典型经验受到中央四个长效机制检查组的肯定，被写入中央办公厅印发的正式文件，在全国上下推广介绍。对于陆地员工，中远海运特运利用网络宣传平台开展多媒体教育，把教育资料链接上网站供广大员工学习参考。完善的企业文化工作平台，为员工开展学习教育提供便利，使企业文化建设的优良传统进一步发扬光大。中远海运特运"零距离"网络宣传质量管理小组因此被评为全国优秀质量管理小组。

中远海运特运还紧跟信息化潮流，不断提升企业文化传播创新水平。在开展的主题活动中，公司创新思维，除利用办公电脑发布警句和每日一条提要外，还开通了微信公众号，及时发布公司活动信息和相关学习资料、心得，图文并茂，形式新颖，方便广大员工随时学习和掌握相关文件精神，及时了解活动动态，让广大员工能够充分利用碎片时间，增强活动的影响和实效。

教学笔记

一、案例导入

过去有非常多的国有企业都崇尚爱国主义。然而随着时代的变迁与市场经济的迅速发展，企业面临着更加复杂的经营环境和更加激烈的竞争，部分企业的文化中已不再推崇爱国主义，而是强调效率和经济效益至上的商业文化。在不少人看来，企业提倡爱国主义文化更像一种空泛的说教，很难让员工真正地接受和认可。但自成立以来，中远海运特种运输股份有限公司（以下简称中远海运特运）一直坚持以爱国主义为核心的企业文化并取得了卓越的成效，员工也以振兴中国远洋运输业为使命，报效祖国。中远海运特运如何培养爱国主义文化并影响员工将爱国之情化为自觉的行动？面对着商业社会的新挑战，中远海运特运如何融合爱国主义文化与商业文化，如何传承和发展爱国主义文化？

二、教学目的与用途

1. 本案例主要适用于《组织行为学》课程当中的《组织文化》章节。

2. 本案例的教学目的是：结合中国企业的实际，通过中远海运特运爱国主义文化传承与发展的真实案例，引导学生分析企业文化对员工的作用机制和企业文化传承机制，启发学生思考在社会经济迅速发展的和平年代，爱国主义文化如何与商业文化相互融合。

三、启发思考题

1. 中远海运特运爱国主义文化对员工有何影响？为什么能够产生这些影响？

2. 员工如何看待爱国主义文化？

3. 中远海运特运爱国主义文化传统为什么能传承至今？

4. 在新时期，中远海运特运的爱国主义文化如何与商业文化相互融合？

四、分析思路

1. 爱国主义文化对员工的作用机制

由案例可知，在爱国主义文化的激励下，中远海运特运的员工不惧艰难地投身于远洋运输事业，把青春和生命献给祖国、献给企业。为什么爱国主义文化能够产生如此强大的激励效应？企业文化是如何对员工产生影响的？

中远海运特运是在国家的支持下成长起来的企业，肩负着振兴国家远洋运输事业的光荣使命，而爱国主义文化传统则是公司克服困难、快速发展的精神支柱和不竭动力。中远海运特运高度重视爱国主义文化的建设，设置了企业文化部，专业高效地负责企业文化工作，并通过创建网络宣传系统和各类内部期刊，形成有效的舆论引导机制，从而落实爱国主义教育，全方位地向员工传达中远海运特运的文化传统和精神主张，鼓励员工以报效祖国为己任，以远洋运输事业为追求。与此同时，中远海运特运积极地向员工宣扬公司的优良传统、历史使命和辉煌成就，让员工感受到了公司的伟大，感觉到加入这个大集体的荣誉感、使命感和责任感，鼓励员工通过在岗位上敬业奉献报效祖国，从而引导员工将爱国之情转化为爱企之情，激发了员工的忠诚感，培养了敬业奉献的精神，创造了高绩效、低流动率的成果（见图9-1）。

图9-1 爱国转化为爱企

以爱国主义为核心的企业文化向员工表达了一种身份认同感，让员工感受到作为中国人的骄傲和使命，促使员工认同和致力于比个体利益更高层次的事业。在爱国主义教育和爱公司教育的熏陶下，员工意识到每一个在大洋远航的中远人都代表着中国人的形象，他们作为中国人的强烈认同感传递为作为中远海运人的认同感。员工感受到其工作任务的重大意义，感受到作为中国人和中远海运人的骄傲和重担，因此提升了工作态度，增强了使命感、责任感和荣誉感，不惧艰难地投身于远洋海运事业，把青春和生命献给祖国、献给企业（见图9-2）。

图9-2 认同感传递

由此可见，爱国主义作为优秀的文化传统，是一种黏合剂和控制机制，不仅能够激发员工的爱国之情和作为中国人的自豪感，还能够增强员工对公司的情感和认同感，从而影响员工的工作态度，引导和塑造员工的行为。

2. 企业文化的传承机制

过去有非常多的国有企业都强调爱国主义、爱国敬业、产业报国等信念。然而，随着时代的变迁与市场经济的迅速发展，部分企业的文化价值观中已不再强调爱国主义了。为什么中远海运特运能够一直保持爱国主义文化的生命力，将优秀的文化传统传承至今，发扬光大？

企业文化建设并非空中楼阁，而是需要有效的组织制度作为依托。中远海运特运爱国主义文化之所以能够传承至今并保持强大的生命力，正是因为将优秀的文化传统融入企业的制度和管理工作中，在制度中贯彻爱国主义理念，形成企业文化的传承机制，利用制度的导向性和规范作用，使员工自觉地学习和培养爱国主义精神，塑造了员工的行为模式，从而使文化落地生根，经久不衰。

通过建立案例库，树立榜样等宣传制度，员工感受到前辈们、同事们的爱国情怀和敬业精神，产生了强烈的共鸣，并效仿爱国行为、践行爱国主义精神；通过在日常的管理活动中以实际行动和人性化关怀感化员工，使员工产生感恩之情，更加认可公司以及爱国主义文化，义无反顾地投入到远洋运输事业中；通过将企业文化建设和爱国奉献的职业道德准则纳入包括领导者和普通员工的考核体系中，从而用明确的考核的硬指标将企业文化落到实处，引导员工贯彻企业文化的精神主张；通过将企业文化精神融入薪酬和职业发展等奖惩机制，把个人的利益和集体的利益紧密地联系一起，把个人的职业生涯发展需求与企业发展及国家远洋运输事业的发展紧密地联系在一起，从而有效地激励员工爱国爱企、敬业奉献。

综上所述，中远海运特运的企业文化传承机制的作用机理是：爱国主义文化传统与各项制度建设相互结合、相互促进，文化传统在制度中得以落实和发扬，从而塑造和强化了员工的行为，最终形成一种被员工广为认可和接受的行为模式（见图9-3）。

图9-3　企业文化的传承机制

3. 爱国主义文化与商业文化的融合

由案例可知，在过去，中远海运特运肩负着重大的历史使命，时刻在为维护国家利益、振兴中国航运业而奋战，形成了以爱国主义为核心的企业文化。然而，随着时代的变迁，中远海运特运面临着新的充满竞争的商业环境，此时，爱国主义文化还适应中远海运特运的发展吗？我们可以借用"环境—战略—文化—结果"模型（如图9-4）进行分析，判断爱国主义文化是否过时以及爱国主义文化如何与商业文化相融合？

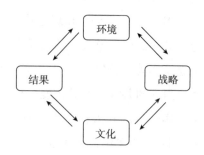

图 9 - 4　"环境—战略—文化—结果"模型

"环境—战略—文化—结果"模型是宝洁公司常用的组织绩效模型（Organization performance model），用以设计与企业文化相互匹配的战略以及根据组织结果进行逆向的战略评估，其原型由斯坦利·戴维斯（Stanley M. Davis）在1981年提出。该模型的逆向诊断是指从企业的"结果"出发，分析企业现状和问题，找到其"文化"根源以及"文化"与"战略"不匹配之处，在找到解决问题的关键后，再从分析组织所在的"环境"开始，正向（顺时针）地设计"战略""文化"以及所期待的"结果"。

在新时期，面对着低迷的航运市场，竞争环境更加复杂，中远海运特运的发展战略是"打造全球领先的特种船公司，实现向'产业链经营者'和'整体解决方案提供者'转变"，这就要求企业不断创新、不断地激发员工创造更高的经济效益，化危为机，巩固和建立更加强大的综合实力和行业地位。与战略相对应的是以爱国主义为核心的企业文化。无论是过去还是和平的新时期，爱国主义文化一直是中远海运特运持续发展的精神支柱和不懈动力。虽然环境发生变化，但追求卓越、创造效益、回报股东的目标与爱国主义文化的内涵并不矛盾。相反，爱国主义从未过时，只有怀着爱国奉献的崇高理想，才有更强大的精神动力去克服困难、实现公司的战略目标。这也是中远海运特运能够从当初营运杂货船的航运企业蜕变成为特种船运输行业的翘楚的重要原因。

然而，文化总是在不断适应环境的过程中吐故纳新，遵循着文化的积累、传播和发展的规律，不断演进与成长。为了实现更好地适应外部环境的变化和实现公司的战略目标，中远海运特运的爱国主义文化需要与新时期的商业文化更好地融合。因此，中远海运特运结合企业实际情况和时代特征提炼和丰富企业文化内涵，发展了以爱国主义为核心，以安全文化、创新文化、责任文化、学习文化、廉洁文化、和谐文化等新型文化为重要组成部分的文化体系（见图9-5）。

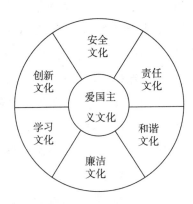

图9-5　新时期的企业文化体系

新时期的企业文化体系体现了爱国主义的文化内涵，又补充了适应商业社会的新型子文化，从而推进文化的不断发展与创新。同时，中远海运特运与时俱进，不断创新传递企业文化的载体，根据远洋运输点多、线长、面广，高度流动分散、工作环境艰险、涉外性强、突发事件多、远离祖国、独立作战等特殊性，采取多种宣传方式和途径，充分利用网络技术特别是新媒介创新传播方式，对于在航船舶，公司依托卫星船岸电子邮件系统，实施"跨海送学"，增强企业文化教育的时效性。对于陆地员工，中远海运特运利用网络宣传平台开展多媒体教育，把教育资料链接上网站、发布到微信平台供广大员工学习参考。从而更有效率地实现了企业文化的传播和教育效果，也体现了商业文化对效率的追求。

具备时代特征和企业个性特征的文化体系以及与时俱进的传播手段共同推动了中远海运特运企业文化的发展，一方面，不断地适应公司的发展战略和经营环境；另一方面，也能够更好地激励员工敬业奉献、提升业绩，从而推动公司在经营上和文化建设上获取卓越的成果。

五、理论依据与分析

爱国主义文化对员工的作用机制可以用社会认同理论（Social Identity）来解释，该理论由泰弗尔（Tajfel，1972）引入，表现为个体认识到自己属于某一社会群体，同时也认识到自己作为群体的一员所带来的情感和价值意义。社会认同理论的应用对组织有三个主要的影响（Ashforth and Mael，1989）。首先，员工通常选择和实施与其社会身份一致的行为，并支持保护其社会身份的组织。其次，这种社会认同通常对群体结果影响深远，如凝聚力、合作、对群体的积极评价等（Turner，1982），并与员工对组织的忠诚和荣誉感呈正相关（Ashforth and Mael，1989）。最后，随着员工对组织的认同度越来越高，这一组织的价值观和行为相比于其他组织，会变得更加独特和积极。这些越来越积极的认知会提高员工对组织及其文化的忠诚度和参与度。

中远海运特运高度重视企业文化建设，通过爱国教育、爱公司教育和爱员工教育等激发员工的爱国、爱企精神，引导员工报效祖国、奉献社会，爱国主义精神融入了全体员工的血脉里。

中远海运特运建立了以爱国主义为核心的企业文化，首先通过建立有效的舆论机制、合适的载体和方式逐步宣传爱国主义，通过网络宣传系统、企业文化宣传栏和内部刊物等使爱国主义文化潜移默化地影响员工，让员工们认可自己中国人的身份并且以此为荣，从而不畏艰险、奋发图强，坚定地将自己的青春奉献给祖国的远洋运输事业。爱公司教育是中远海运特运爱国主义教育的落脚点，通过举办文化活动，从公司艰难的成长历程中，让员工感动和受教，自觉地继承和发扬公司的优良传统。通过公司取得的辉煌成绩，让员工感到骄傲和振奋，坚定信心，攻坚克难，再创辉煌。通过宣传企业的文化内涵，还让员工感受到了公司的伟大，感受到了加入这个大集体所带来的荣誉感、使命感和责任感，并且中远海运特运高度重视员工的个人价值、职业规划以及员工日常生活，给予员工无微不至的关怀。一方面，中远海运特运通过举办关爱员工的系列活动激发员工热爱公司、敬业爱岗的精神；另一方面，又教导员工以实际行动表达对公司的支持。通过爱国、爱企和爱员工三种类型的教育，引导员工将爱国之情转化为爱企之情，使员工以中国人为荣，以中远海运人为傲，他们作为中国人的强烈认同感转化为中远海运人的认同感，从而实施与该身份相一致的行为，将国家和集团利益放在第一位。

中远海运特运员工把发展壮大远洋海运事业作为奋斗目标，报效祖国也体现了马斯洛需求层次理论。该理论由美国心理学家亚伯拉罕·马斯洛在 1943 年提出，是人本主义科学的一种需求层次理论。该理论将人类需求分成五个层次：生理需求、安全需求、社交需求、尊重需求和自我实现需求。

中远海运特运将船员视为公司的战略竞争优势，贯彻落实"关爱船员、尊重船员、服务船员""上了特运船就是特运人"的管理理念，尽心尽力为员工解决实际问题，通过建立员工家属站，帮助船员家庭解决实际困难；在船只到岸时及时送上新鲜的蔬果，配备饮水机、健身器材、娱乐用品，提供专业的职业规划咨询服务、心理辅导等帮助船员克服海上的艰苦条件。中远海运特运通过制度化的措施，形成了关心船员的固定做法和氛围，体现了对员工的尊重和关爱，满足了员工的各级需求，促使员工认同和致力于比个体利益更高层次的事业，以更加饱满的热情、更高效率的工作，高质量地完成各项任务，忠于国家，敬业奉献。

六、背景信息

中远海运特运的企业文化经历了三个发展阶段，分别是起步阶段、充实发展阶段和整合提升阶段。中远海运特运有一套完整的企业文化体系，包含企业目标、企业价值观、企业精神、团队精神、学习理念、治企思想、文化内涵等方面。其中企业目标是："打造全球领先的特种船公司，实现向'产业链经营者'和'整体解决方案提供者'转变"；企业的价值观是："客户为上，人才为本，安全为基，创新为魂"；学习理念是："终身学习、全员学习、团队学习、全程学习"和"奉献、创新、协作和感恩"的文化内涵等内容。除了以爱国主义为核心的企业文化，中远海运特运在发展过程中还产生了管理文化、安全文化和廉洁文化。扁平化管理、全面流程管理、项目管理和船岸信息一体化管理是管理文化的组成部分，通过上述管理，中远海运特运充分发挥员工的特长，调动了员工的工作积极性、创造性，责任明确到位。公司坚持以人为本，安全第一，追求"零伤害、零事故、零污染"的目标，依法诚信经营，严惩腐败，在这些管理措施的支持下，企业蓬勃发展。

中远海运特运的企业文化内涵除了核心的爱国主义，还包含了奉献、创新精神、感恩等内涵和"四个一"文化目标。中远海运特运坚持一个团队、一个文化、一个目标和一个梦想，努力打造具备"务实、高效、协调、融合、智慧"精神特质的"钻石团队"；建设了同舟共济的和谐文化，明确了核心价值理念；确立了世界一流的奋斗目标，为企业的发展指引方向；最后，把复兴梦、强国梦、发展梦、强企梦和员工个人梦想结合起来，共同实现梦想。在这样的企业文化的熏陶下，公司和员工都有着强烈的奉献精神，核心价值观便是公司奉献精神的体现，员工们则以实际行动为祖国与公司做出贡献。企业在重视爱国主义文化的宣传时，也不忘创新，提出了："人无我有、人有我优、人优我特"的口号，大力推动创新，在企业内部也倡导合作精神，给予员工一定的自主权，倡导"互为客户"的工作理念，极大提高了员工的工作效率，从而在激烈竞争的市场中站稳脚跟。

七、关键要点

本案例的核心是以爱国主义为核心的中远海运特运的企业文化为何会对员工产生影响，以及影响如何产生，企业文化如何传承以及在新时期，爱国主义文化如何与商业文化融合，从而在适应时代变化的同时不失去企业的初心。

以爱国主义为核心的企业文化是中远海运特运强大的精神支柱，为公司应对危机、攻坚克难增添了百倍的信心。企业文化建设是企业与员工之间的互动。中远海运特运一方面高度重视企业文化建设，通过爱国主义教育、爱企业教育和爱员工教育逐渐培育起以爱国主义为核心的企业文化，使员工认识到自己是中国人、中远海运人；另一方面，在爱国文化的影响下，员工高度认同爱国主义文化，将员工的爱国之情迁移为爱企之情，从而提高员工的忠诚度和敬业精神，员工绩效得到提高，流失率降低。员工以中国人为荣，以中远海运人为傲，爱国主义精神早已融入了全体员工的身体里，集团和国家利益是第一位。他们愿意将青春献给祖国的远洋运输事业，愿意为公司的发展做出贡献。企业出版的《艰难历程 光辉业绩》系列书籍记录了企业成长的历史足迹，记载了60年来那些感人肺腑的爱国事迹。

在企业文化的传承上，中远海运特运反对说教，以制度为引导，通过文化宣传工作，如建立案例库、树立榜样等对员工进行教育，用鲜活的案例与身边榜样的力量感染员工，使员工切实感受到企业文化中爱国主义的深刻内涵。同时中远海运特运也以实际行动关怀员工，为员工提供工作、生活等多方面的支持，解决员工的后顾之忧。为了确保企业文化落到实地，中远海运特运将企业文化纳入考核评价体系和奖惩机制，结合公司实际情况，制定了明确的考核指标。中远海运特运党委副书记、工会主席李宏祥解释说："企业文化和价值观的考核并非形式主义，而是要结合实际，落实到底。在对员工进行考核时，要分阶段分层次推进。对于基本的价值观和道德要求，要列为必要项目，如果员工无法达到就要受到处罚；对于较高要求的部分，应该用奖励来激励和引导员工努力达到。"中远海运特运利用企业文化与其他工作的内在一致性，将企业文化建设融入薪酬机制、职业发展等奖惩机制中，把个人利益和集体利益紧密地联系一起，将员工职业生涯发展需求与企业发展及国家远洋运输事业的发展紧密联系在一起，推动企业文化的传承与发展。

在爱国主义文化与商业文化的融合上，中远海运特运尊重企业文化的连续性与发展性，没有故步自封，而是直面时代的发展，不断地适应商业环境的变化，将爱国主义文化与商业文化紧密结合，扩展企业文化内涵，创新企业文化传播方式，为企业文化体系注入新的活力，从而不断推进企业文化向前发展。中远海运特运结合企业实际情况提炼和丰富企业文化内涵，发展了以爱国主义文化为核心，以安全文化、创新文化、责任文化、学习文化、廉洁文化、和谐文化等新型子文化为重要组成部分的文化体系。新型的子文化继承了爱国主义文化的内涵，又符合商业时代的发展要求，实现了爱国主义文化与商业文化的相互融合。

八、建议的课堂计划

1. 分组并提前阅读案例。由于案例较长，建议课前阅读，选择 1～2 组学生通过案例分析展示或者角色扮演方式向全班做口头报告，用 15 分钟左右陈述并分析案例，其他学生提问并讨论。

2. 教师提问并组织讨论。教师抛出一个个企业文化建设与推进及其作用的问题：应该建设什么样的国企文化？怎样建设国企的文化？爱国主义企业文化怎样才能深入人心？怎样让企业文化深刻影响员工的行为？引导学生展开讨论过程，可以设计一些策略来挑起学生之间的争论，如投票表决、角色扮演、让发表了不同观点的两个学生直接争辩、支持少数派的观点等，最后得出结论应该怎样建设国企的爱国主义文化。

3. 教师总结，在国企的企业文化建设中，怎样让红色基因在文化建设中发挥引领作用？需要把党建与管理实践相结合，把爱国主义与商业文化相结合，把爱国主义落实在企业的管理制度和管理行为中，才能让企业文化真正接地气。

九、案例研究方法说明

案例作者利用校友资源进入企业进行案例调研，中远海运集团广州中远海运建设实业有限公司董事、党委书记吴杰是中山大学校友（2015 年访谈时任中远海运特运企业文化部总经理），吴杰校友积极协助并安排了与党委书记、人力资源部、企业文化部、工会等相关人员的访谈，提供了多项与党建以及企业文化相关的企业一手资料，在此对以上人员表示衷心感谢！作者在访谈和资料整理的基础上开发了本案例，文责自负。

十、其他教学支持材料

参考材料：

中远海运特种运输股份有限公司.http：//spe.coscoshipping.com.